霍英东教育基金会项目（131110）
贵州省农林经济管理国内一流学科建设项目（GNYL[2017]002）
贵州大学文科重大科研项目（DZT2016005）

**本书由贵州大学管理学院学术创新团队（2015MC007）经费资助出版**

# 外出就业、半城市化与供给潜力

## 中国农村劳动力转移问题研究

申鹏 胡晓云 ◎ 著

Alternative Employment,
Semi Urbanization and Supply Potential:
Study on the Transfer of Rural Labor in China

中国财经出版传媒集团

经济科学出版社
Economic Science Press

图书在版编目（CIP）数据

外出就业、半城市化与供给潜力：中国农村劳动力转移问题
研究/申鹏，胡晓云著．—北京：经济科学出版社，2018.8
ISBN 978 - 7 - 5141 - 9692 - 4

Ⅰ.①外… Ⅱ.①申…②胡… Ⅲ.①农村劳动力 - 劳动力
转移 - 研究 - 中国 Ⅳ.①F323.6

中国版本图书馆 CIP 数据核字（2018）第 201002 号

责任编辑：李　雪
责任校对：郑淑艳
责任印制：邱　天

**外出就业、半城市化与供给潜力**
——中国农村劳动力转移问题研究
申　鹏　胡晓云　著
经济科学出版社出版、发行　新华书店经销
社址：北京市海淀区阜成路甲 28 号　邮编：100142
总编部电话：010 - 88191217　发行部电话：010 - 88191522
网址：www. esp. com. cn
电子邮件：esp@ esp. com. cn
天猫网店：经济科学出版社旗舰店
网址：http：//jjkxcbs. tmall. com
固安华明印业有限公司印装
710 × 1000　16 开　15.75 印张　230000 字
2018 年 8 月第 1 版　2018 年 8 月第 1 次印刷
ISBN 978 - 7 - 5141 - 9692 - 4　定价：56.00 元
（图书出现印装问题，本社负责调换．电话：010 - 88191510）
（版权所有　侵权必究　打击盗版　举报热线：010 - 88191661
QQ：2242791300　营销中心电话：010 - 88191537
电子邮箱：dbts@ esp. com. cn）

# 前　言

改革开放40年来，我国经济社会发展取得了举世瞩目的成就。近年来，受经济全球化及国际国内大环境的影响，中国经济发展步入了中高速增长的经济新常态，影响了中国经济供给侧结构性改革的外部环境，迫切需要推动新时代供给侧结构性改革，而供给侧结构性改革的首要任务是制度创新，这也是新时代深化开放的主旋律。"十二五"以来，中国劳动密集型产业已经出现由东部地区向中、西部地区转移的趋势，农民工返乡创业、就业成为中国经济发展的新现象。党的十八大报告指出要"有序推进农业转移人口市民化"，这为研究中国农村劳动力转移潜力及供给趋势问题，提出促进农村劳动力有序转移和城镇落户的对策建议提供了研究背景。

根据已有理论来看，农村劳动力转移与产业转型之间存在一定的互动关系。一方面，产业梯度转移与产业结构调整以及区域经济发展是相辅相成、互成因果的关系；另一方面，劳动力转移与区域经济发展之间存在着一定的作用机制，即区域经济发展是吸引劳动力转移的必要条件，起着"拉力"作用，而劳动力转入又能增强转入地的比较优势，加速了区域经济发展。总之，农村劳动力转移与产业转型升级已紧密地结合在一起，二者呈同方向变化。

由于不同时期的制度变革及其政策变化，使改革开放以来我国农村劳动力流动经历了急剧流动、曲折起伏发展和劳动力有限供给的"新常态"阶段。当前，我国农村劳动力外出就业的现状是：总量规模持续增加；以男性为主，年长农民工比重逐年增加；以已婚为主，文化程度以初中为主；在现居地工作生活具有长期化的趋势；就业仍以制造业、建筑业和服务业为主；主要通过二级劳动力市场来实现就业，从事现职的平均时间为2.7年；外出就业月均收入不断增长；基本能按时领到工资，工作满意度相对较高；在维护劳动权益方面有明确的意愿选择。

从农村劳动力流向来看，受区位优势和产业集聚的影响，农村劳动力大多是从中、西部地区流向东部地区。从流出地来看，中、西部地区农村劳动力流动人数增长快于东部地区。随着产业转移升级和区域经济发展，假如能够自由流动，选择省内流动的农村劳动力占84.9%，选择省外就业的农村劳动力占14.4%；从选择省外就业的地点来看，选择大城市或（和）省会城市（自治区首府）作为就业地点的农村劳动力占63.8%。这就需要在制度和政策设计上关注农村劳动力转移与产业转型的有效联动，促进农村劳动力合理有序地流动和迁移，提高"农业转移人口市民化"进程。

不过，农民工仍面临着自身素质低、月均收入低于城镇非私营单位在岗职工月均收入、社会保障缴费率低、劳动合同签订比率不高、在城市劳动力市场上遭遇过不公正待遇、依靠政府维权所占比例不高、就业和收入不稳定、随流子女入学入托和升学难等问题，这实际上说明中国农村劳动力进城之后面临着比较突出的"半城市化"问题，即工作生活在城市、却不能真正与城市社会体系有效衔接而呈现出的既不同于城市生活方式又不同于农村生活方式的"半城市化"状态。中国农村劳动力转移"半城市化"的成因主要在于制度安排（主要制度变量有户籍制度、教育培训制度、农村土地制度、社会保障制度和劳动力就业市场制度，正是因为这些制度障碍的存在，致使农村劳动力转移"半城市化"面临制度困境）、政策执行（包括政策执行的社会环境、社会管理体制和人员意识）、个人禀赋（主要包括农村劳动力及家庭的人力资本、社会资本和资源资本）。

为掌握中国农村劳动力转移潜力，首先详细分析劳动力供给现状，其次运用要素人口预测法预测未来人口状况，最后结合劳动参与率假设计算得出未来劳动力供给结构特征，即劳动力供给规模总体下降，劳动力供给各年龄段下降趋势略有差异；中老年劳动力供给占比和中青年劳动力供给占比呈相互交错变动态势；进而综合国内学者对农业劳动力需求的预测分析结果来看，2020年可供再转移的农村劳动力规模约2000万人，2030年则所剩无几。从我国东、中、西三大区域的总体农村劳动力规模趋势变化来看，三大区域农村劳动力供给均呈递减趋势。2020年与2015年相比，三大区域农村劳动力减少规模不同，其中，东部及中部地区减少幅度要大一些，西部地区减少要缓慢一些，这说明东、中、西三大区域农村劳动力总量下降趋势明显，东、中部地区农村劳动力流出农村的规模较大。从区域产业转型对农村劳动力转移趋势的影响来看：东部地区产业转型对农村劳动力的从业素质要求有所提高，农民工市民化成本较大，影响农村劳动力流向东部地区；中部地区要素市场渐趋完善，具备东部地区产业转移的条件，吸纳农村劳动力本地就业能力得到提高；西部地区随着开发步伐加快和区域经济发展，已迈入"起飞"阶段，对农村劳动力的需求加剧，从而影响西部地区农村劳动力的跨省流动趋势。

　　最后，从服务管理视角提出农村劳动力转移的相关对策建议，分别从国家层面和省级层面提出了促进农村劳动力转移的对策建议。从国家层面来看，主要包括以下几个方面：加快改革户籍制度，分阶段将"农业转移人口"纳入城镇户籍登记范围；完善农民工社会保障基本服务体系；抓好农民工职业技能培训，提高其就业适应能力；健全劳动力市场制度，搭建农村劳动力公平就业的"平台"；逐步将农民工纳入城镇住房保障体系；推动农村土地制度改革；加快推动城乡一体化发展，提高人口城镇化率。从省级层面来看，省级层面的对策建议主要是做好流入本省的农村劳动力服务管理工作，同时也兼顾考虑农村劳动力跨省流动的服务管理工作。省级层面的对策建议是本书研究的重点内容，主要思路在于通过加强农民工服务管理来推动农民工市民化进程，主要包括九个方面：转变服务管理理念；理顺服务管理体制；创新服务管理模式；

搭建服务管理平台；完善农民工子女教育服务机制；构建服务管理支持体系；推动农村土地流转制度改革；加强跨省流动农民工的服务管理工作；加快健全农民工服务管理经费保障机制。每一个方面的对策建议都包含着若干具体的内容，力争使促进农村劳动力有序流动的对策建议体现出针对性更强、操作性更具体的特点。在此基础上，从培育新型职业农民工、加大人力资本投资和加强劳动力市场建设三个方面为挖掘农村劳动力供给潜力提出相应的对策建议。

本书研究的目的在于分析新时代中国农村劳动力外出就业的现状，探析农村劳动力"半城市化"的表现、成因及其制度改革面临挑战，预测新时代中国农村劳动力供给趋势及转移潜力，提出促进农村劳动力转移的对策建议，实现区域产业联动发展和引导农村劳动力有序流动。本书能够适应新时代农村劳动力转移就业的现实需求，对于指导新时代中国农村劳动力转移及区域流动格局具有较强的实践价值和应用前景。

目录

# 问题识别：绪论

## 1.1 研究背景和研究意义

### 1.1.1 研究背景

#### 1.1.1.1 经济新常态下的供给侧结构性改革

当前，国际金融危机深层次影响仍在持续，各国从利己角度实施的经济政策仍在发挥作用，世界经济进入了深度调整的关键时期。经济全球化鼓励各个国家在全球范围内集聚生产要素，加快经济相互融合成为一个整体，这是当前世界经济的主要特征之一，也是世界经济演变的重要趋势。创新驱动成为经济全球化进程的核心动力，是一国经济发展的主要发展路径，在供给侧改革中起着战略引领作用。受经济全球化及自身经济发展方式转变的影响，近几年来中国经济逐渐步入了中高速增长的经济新常态，面临着一些亟待解决的突出问题，尤以供给侧结构性改革问题尤为突出。

1. 中国经济发展的阶段性特征

（1）经济增长速度演变的一般规律

自人类社会诞生至工业革命前，世界经济长期处于缓慢增长过程，生产力及技术水平提高很慢，导致人类经济活动空间狭小，而且受自然条件的约束很大，经济增长更多依赖于传统生产要素量的扩张，人均产出水平没有显著的提高。

工业革命开启了经济增长的新历程，使各国经济增长呈现出多样化的特点。一般而言，较早开启工业革命的国家利用经济发展的先发优势率先开发和占领市场，进而在更大更广范围内支配生产要素实现经济高速增长。在经历一段高速增长之后，先发国家（或地区）随着经济总量不断扩张，人均收入也逐渐提高，人均收入增长带来了人们生产消费行为的变化，进而导致对生活质量的追求和劳动力成本上升，这就对要素供给和市场需求产生了约束条件，经济增长速度必将趋于下降，并逐渐呈现低速增长的态势。当然，在这一过程中，技术、制度等经济要素会在一段时期内使经济发展态势反弹或波动，但是不会持续很久。可见，后发国家（或地区）在追赶先发国家（或地区）的过程中，通常也会出现由高速增长经中低速增长向低速增长逐渐演化的规律，这在世界前沿经济技术约束难以取得重大突破背景下尤为如此。因此，由高速增长逐渐转向中低速增长抑或低速增长这一经济现象是世界各国面临的普遍经济现象。

在这一经济增长速度演变过程中，必然面临相应的经济增长阶段。美国经济学家华尔特·惠特曼·罗斯托（Walt Whitman Rostow，1960）的起飞模型将经济发展分为六个阶段，认为起飞阶段是所有阶段中最为关键的阶段，是经济发展阶段的分水岭，在这一阶段经济增速会明显加快，并逐渐达到高速或较高速增长的状态，随着其后阶段的逐渐来临，经济增长速度会逐渐向正常的增长速度及较低的增长速度演变。余斌等（2014）也认为，"综合追赶进程中资本积累、要素投入和全要素增长率的共同影响，将后发国家（或地区）追赶周期划分为起飞阶段、高速增长阶段、中高速增长阶段、中低速增长阶段、增速回归阶段五个阶段，并认为这五个阶段的更替是渐进的过程"①。

2006 年，世行《东亚经济发展报告》首提"中等收入陷阱"（middle income trap）概念。通常认为，人均收入突破 3000 美元的起飞阶段后，如果不能顺利实现经济发展方式转变，将导致新的增长动力特别是内生动力不足，经济长期停滞不前；同时，快速发展中积累的问题集中爆发，自身体制与机制的更新进入临界，造成贫富分化加剧、产业升级艰难、城市化进程受阻、社会矛盾凸显等，使很多发展中国家在这一阶段由于经济发展自身矛盾难以克服，发展战略失误或受外部冲击，经济增长回落或长期停滞，陷入所谓的"中等收入陷阱"阶段。1960 年被世界银行列为中等收入国家的 101 个经济体中，截至 2008 年，只有 13 个进入高收入经济体行列，成功跨越"中等收入陷阱"的概率不足 13%。

从世界经济增长的历程来看，后发国家（或地区）在追赶先发国家（或地区）的过程中可能在相同阶段实现更快的经济增长速度。解释这一经济现象的主要理论是后发优势理论，认为后发国家（或地区）在经济发展过程中可利用后发优势赶上或超过先发国家（或地区），从而实现更快的经济增长速度。当然，后发优势的确立仅仅是提供了一种可能性，要使其成为现实需要具备一定的条件，比如实施经济改革开放、加大人力资本投资等。

（2）中国经济增长速度演变及中国经济新常态

①中国经济增长态势

中华人民共和国成立后，立即开展恢复经济工作，经济发展基础得以夯实，经济体系逐步健全。"1949～1978 年，中国通过高积累和优先发展重工业战略建立了相对完整的国民经济体系和独立的工业体系"②，中国经济成就喜人。据麦迪森的数据表明，1952～1978 年，国内生产总

---

① 余斌，吴振宇. 中国经济新常态与宏观调控政策取向 [J]. 改革，2014（11）：17-25.
② 武力. 中国经济发展 60 年述论 [J]. 贵州财经学院学报，2009（5）：1-10.

值（GDP）增长了两倍，人均实际产出增长了82%，劳动生产率增长了58%①。以这一阶段的经济发展为基础，改革开放后中国经济发展取得了令人瞩目的成果。据国家统计局数据显示，1978～2011年的34年间，中国经济增长速度达9.9%（见图1-1），居于世界经济增速排行榜第一位。可见，改革开放以来中国经济增长都经历了高速增长的趋势。然而，2012～2015年经济增速逐渐降至8%以下，2015年甚至低于7%，系1990年以来中国经济增长首次低于7%，2016年降至6.7%，2017年小幅上升至6.9%。

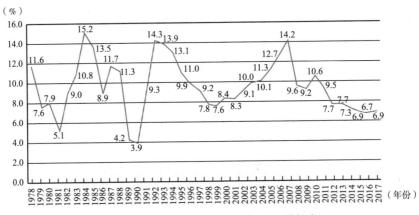

**图1-1　1978～2017年中国GDP增长率**

资料来源：1. 1978～2016年数据：国家统计局. 中国统计年鉴2017 [M]. 北京：中国统计出版社，2017；

2. 2017年数据：国家统计局. 2017年国民经济和社会发展统计公报 [R/OL]. 2018-02-28. http：//www. stats. gov. cn/tjsj/zxfb/201802/t20180228_1585631. html.

据有关国际机构预测，中国经济未来增长速度恢复至改革开放后前30年间的经济增长速度也不可能，恢复至7%的难度也比较大。据世界银行等对中国经济增长愿景展望分析显示，2016～2020年中国GDP潜在增长率为7.0%，2021～2025年为5.9%，2026～2030年则为5%；

---

①　[英] 安格斯·麦迪森. 中国经济的长期表现：公元960～2030年 [M]. 伍晓鹰，马德斌，译. 上海：上海人民出版社，2011：59.

英国经济学家安格森·麦迪森推测，2030 年中国经济将保持大约 5% 的年均增长速度[①]。可见，未来中国经济发展极有可能面临经济增速下降的演变态势。

②中国经济进入中高速增长的新常态

针对近几年中国经济增长态势的变化，国内学者对其演变态势进行了探讨。白永秀等（2013）根据"改革开放以来中国经济发展的实践，展望中国经济的发展未来，结合对国外经济发展情况的判断，把改革开放后中国经济的发展速度概括为超高速增长（年均 GDP 增长率 9% 及其以上）、相对高速增长（6% ~9%）、正常增长（3% ~6%）和低速增长（1% ~3%）四种类型"，并认为中国经济进入了相对高速增长时期[②]。从图 1 - 1 可见，改革开放以来，中国经济年均增速超过 9%，经济增长呈 V 型走势，1981 年、1990 年和 1999 年分别是前三次 V 型走势的底部，尤其是 1990 年，其增速为 3.9%，是改革开放以来经济增速最慢的一年。经过 30 多年的经济增长，人们已对中国经济 V 型走势习以为常，形成了一种惯性思维。然而，2011 年以来，中国经济增速呈递减趋势，而且这种趋势何时见底难以预料。可见，中国经济 V 型走势已经发生了改变，"L 型"极有可能是中国经济未来发展的基本态势，也就是说，受经济全球化和国内经济环境的影响，中国经济进入了新常态，即 GDP 增长率超高速增长的阶段已经过去，相对高速增长抑或正常增长成为中国经济增长的新常态。

从当前凸显的变化和未来演变趋势来看，新常态下中国经济已表现出如下的时代特征：a. 经济从高速增长转为中高速增长，即随着中国经济总量规模的持续增长，未来经济增长区间将维持在 6% ~7%，内需尤其是消费对经济增长的贡献率提高。b. 经济结构持续优化升级，经济增

---

① ［英］安格斯·麦迪森. 中国经济的长期表现：公元 960 ~2030 年 ［M］. 伍晓鹰，马德斌，译. 上海：上海人民出版社，2011：59.

② 白永秀，吴航. 中国经济增长速度的演变趋势及相关对策 ［J］. 经济学动态，2013（8）：49 - 55.

速下降为各生产要素优化配置减轻了压力，为提高各类资源配置效率创造了条件，经济增长质量提升，第三产业将成为经济的主导部门。c. 经济增长动力"从要素驱动、投资驱动转向创新驱动"，创新成为引领发展的第一动力，科技创新是社会生产力提高的重要力量，提高全要素生产率将是经济发展方式加快转变的关键。

2. 新常态下中国经济的主要矛盾及其供给侧结构性改革

（1）中国经济新常态面临的主要矛盾

进入新常态后的中国经济除面临经济增速下降以外，受经济周期性波动的影响及经济增长长期积累的矛盾，中国经济还面临如下待解的主要矛盾：

①收入分配问题

基尼系数是衡量收入分配差异状况的重要指标。2016 年，我国人均 GDP 收入 5.38 万元，超过 8000 美元，已进入"中等收入陷阱"的上中等收入阶段。这一阶段各种矛盾接踵而来，其中居民收入分配差距已成为一大热点。从我国具体情况来看（见表 1-1），2000 年以来，我国基尼系数一直处于 0.4~0.5，超过收入分配差距的"国际警戒线"，说明我国居民之间收入差距较大。虽说 2012~2015 年，基尼系数值有所减少，但仍处于偏高的水平，而且 2016 年基尼系数相比 2015 年上升。可见，新常态下中国经济增速放缓对城乡居民收入倍增计划形成了较大的压力，影响各级财政收入及其财政再分配调节力度，进而对收入分配政策规避风险提出了更高要求，制约着政府改善收入分配状况的政策手段。

表 1-1　　　　　　　　2000~2016 年中国基尼系数值

| | 2000 年 | 2001 年 | 2002 年 | 2003 年 | 2004 年 | 2005 年 | 2006 年 | 2007 年 | 2008 年 |
|---|---|---|---|---|---|---|---|---|---|
| 基尼系数 | 0.417 | 0.49 | 0.454 | 0.479 | 0.473 | 0.485 | 0.487 | 0.484 | 0.491 |

| | 2009 年 | 2010 年 | 2011 年 | 2012 年 | 2013 年 | 2014 年 | 2015 年 | 2016 年 | |
|---|---|---|---|---|---|---|---|---|---|
| 基尼系数 | 0.49 | 0.481 | 0.477 | 0.474 | 0.473 | 0.469 | 0.462 | 0.465 | |

资料来源：国家统计局网站，http：//www.stats.gov.cn。

②产能过剩问题

按照国际规律，如果一个行业的产能利用率低于75%，即判定该行业出现产能过剩。根据我国工业化阶段、人均GDP、城市化率等国际通行的评价因子测算，现阶段中国钢铁、煤炭、水泥、建材等行业产能已达峰值，属于"绝对过剩"。以2012年为例，钢铁、水泥、电解铝、平板玻璃、船舶行业产能利用率分别仅为72%、73.7%、71.9%、73.1%、75.2%[①]。近年来，因各种原因，上述行业的产能利用率可能已变得更低。以钢铁为例，"2004年末中国粗钢产能仅有4.2亿吨，至2012年末就增加到9.7亿吨，增量相当于2012年世界产钢排名第2位至第10位国家粗钢产量的总和。[②]"当前这一以重化工行业为代表的产业过剩阶段是多种原因造成的，既有地方政府和企业对未来经济的乐观预期形成的过度投资等供给侧的问题，也有因新常态下经济增速放缓与全球金融危机的双重影响导致需求下降等需求侧的问题。

③增长质量问题

中国经济发展在取得巨大成就的同时，也承受着在要素投入、能耗等方面的巨大压力。国家统计局数据显示，2015年，中国能源消费总量43亿吨标准煤，比2014年增长0.9%，全国万元GDP能耗下降5.6%，但整体能耗水平仍低于世界平均水平。陆佑楣院士曾指出："2012年我国一次能源消耗量36.2亿吨标煤，消耗全世界20%的能源，单位GDP能耗是世界平均水平的2.5倍，美国的3.3倍，日本的7倍，同时高于巴西、墨西哥等发展中国家。[③]"而且，我国经济发展不仅面临高能耗问题，还积累了大量生态环境问题，无论是大气污染、水污染、土壤污染，还是食品安全，都面临着极大的环境压力，这也影响着中国经济增

① 本处数据根据国务院发展研究中心《进一步化解产能过剩的政策研究》课题组在《管理世界》（2015年第4期）刊文《当前我国产能过剩的特征、风险及对策研究》中相关数据整理而得。

② 胡荣涛. 产能过剩形成原因与化解的供给侧因素分析 [J]. 现代经济探讨，2016（2）：5－9.

③ 佚名. 中国单位GDP能耗达世界均值2.5倍 [J]. 山东经济战略研究，2013（12）：5.

长要素供给与要素配置问题。

④科技支撑问题

现代经济增长理论及实践已证明，研究与试验发展（R&D）投入比例、科技进步对经济增长的贡献率是评价经济发展方式转变的主要指标。我国经济步入新常态后，科技对我国经济发展的贡献率并未明显提高。从总体上看，我国科技创新基础不牢，自主创新特别是原始创新能力不强，关键领域核心技术受制于人的格局没有从根本上改变。以 R&D 投入来看，"2016 年，全国共投入研究与试验发展（R&D）经费 15676.7 亿元，比上年增加 1506.9 亿元，增长 10.6%，增速较上年提高 1.7 个百分点；研究与试验发展（R&D）经费投入强度（与国内生产总值之比）为 2.11%，比上年提高 0.05 个百分点"①，这与发达国家的 3% ~ 3.5% 相比悬殊较大，尤其是中国规模以上的工业企业，研发投入只占主营业务收入的 0.9%，与发达国家企业研发投入占 2% ~3% 相比差距明显。目前，科技对中国经济增长的贡献率不超过 50%，与发达国家 60% ~70% 相比差距也很大，而且中国科技创新的机制仍需完善，核心技术和关键技术的自主创新能力不强，科技成果转化率低。

⑤要素供给问题

从要素供给来看，进入新常态的中国经济还面临着资本效率偏低、劳动力供给不足等问题，致使长期以来主要依靠资源、资本、劳动力等要素投入支撑经济规模扩张的增长方式难以为继。受 20 世纪末"少子化"因素的作用，2011 年我国劳动年龄人口总量达到峰值后开始下降，至 2016 年已累计减少了 1700 万人，预计"十三五"期间年均减少 200 万人左右，此后减幅还会扩大，这直接影响了劳动力要素供给，说明我国传统比较优势减弱，劳动力成本上升，经济发展无法依靠劳动力数量投入拉动经济马车，中国经济已由需求决定型向供给决定型转变。"中

① 国家统计局. 2014 年全国科技经费投入统计公报［R/OL］. 2015 – 11 – 23. http：//www. stats. gov. cn/tjsj/tjgb/rdpcgb/qgkjjftrtjgb/201511/t20151123_1279545. html.

国供给侧改革的目标是发展知识密集型经济，重中之重是为自主研发和创新提供足够的激励，从而必将体现为一系列的体制改革，包括教育体制、科研体制和企业制度的改革等"①。尽管 2017 年我国全员劳动生产率为 10 万元/人，比 2016 年提高 6.7%，但与发达国家相比，我国劳动生产率比较低，结构性矛盾日益突出。受高投资率和产能过剩的影响，作为劳动生产率主要构成部分的全要素生产率自 2011 年以来呈下行趋势，而且还将继续下去，这在某种程度上说明我国经济增长处于高投入、低效率、低水平运作的模式，其发展质量还有待提高。

以上这些问题是新常态下中国经济面临的突出问题，也就是新时代供给侧结构性改革的重点问题。当然，也与需求侧动态变化有关，即供给与需求发生错位的结构性经济现象，也为新时代深化中国经济改革提供了思路。

（2）新常态下中国经济发展方向——供给侧结构性改革

供给侧结构性改革是我国适应全球化挑战和国内新形势的主动选择，也是以习近平同志为核心的党中央对当前世界经济形势和中国经济新常态的研判。2015 年 11 月，习近平总书记在中央财经领导小组会议上首次提出了"供给侧改革"。2015 年 12 月的中央经济工作会议不仅对 2016 年经济工作进行了全面部署，更重要的是对供给侧结构性改革做了重点部署。"供给侧结构性改革，是以习近平同志为核心的党中央，坚持解放思想、实事求是的思想路线，坚持问题导向的思想方法，作出的又一项重大战略决策，是适应和引领经济发展新常态的必然要求，也是党的又一次重大理论创新。②"

所谓供给侧结构性改革，是指从提高供给质量出发，改革影响供给的要素，矫正要素配置扭曲，提高全要素生产率，释放新需求，创造新

---

① 龚刚. 论新常态下的供给侧改革［J］. 南开学报（哲学社会科学版），2016（2）：13 - 20.
② 杨伟民. 适应引领经济发展新常态　着力加强供给侧结构性改革［J］. 宏观经济管理，2016（1）：4 - 6.

供给，更好满足经济社会需求，促进经济更加稳定、协调和可持续增长，具体来说就是从劳动力、土地及自然资源、资本、科技、制度五个方面进行结构调整，实现生产要素优化配置，通过提高产品竞争力的方式促进经济增长。供给侧改革的实质是改革政府公共产品的供给方式，更好地与市场导向相协调，"既要发挥市场在资源配置中的决定性作用又更好地发挥政府作用，既立足当前又关注长远"。应该说，新常态下中国经济发展面临多方面的问题，供给侧的结构性问题是当前中国经济改革面临的最紧迫问题，需要从制度层面完善要素市场、降低经济成本、改善经济环境和提高经济效率，从而适应经济动态变化的需求，推动中国经济不仅实现量的扩张，更要实现质的提升，以保持中国经济增长的可持续性。因此，新常态下中国经济面临的经济风险随着时间推移变得更加复杂、日益困难，必须认真面对，根据供给决定型的经济新常态特征，通过制度创新实现经济动力转型和居民收入分配的现实需求。通过制度创新增加有效供给，从长期视野中加强"供给管理"，才能在全球化背景下增强国际经济的综合竞争力和发展驱动力，才能在既防通缩的同时又打造引领"新常态"的经济升级版，进而实现中国经济的持久增长。实际上，中国农村劳动力转移潜力问题同样属于供给侧改革的问题，也就是说，从长远来看，未来能够有多少农村劳动力进城的问题。

### 1.1.1.2 产业结构的区域变化

改革开放以来，东部地区凭借其得天独厚的区位优势条件、国家政策倾斜、人口商品意识等多方面的有利因素，抓住 20 世纪 80 年代以来的国际产业转移机遇，积极承接由国外高梯度产业转移的劳动密集型产业，利用从中、西部地区流入的廉价劳动力，致使我国东部省份经济发展水平已远高于内陆省份，区域间经济发展极不平衡，形成了东、中、西三大区域经济发展和产业结构的梯度特征。

2017 年我国东部地区生产总值（gross regional product，GRP）占当年中国 31 个省区市（不包括港澳台，下同）GRP 的比重达到 55.36%，东部地区经济比重超过全国经济总量的一半以上，具有举足轻重的地位；中部地区 GRP 占当年中国 31 个省区市 GRP 的比重为 24.65%；西部地区 GRP 占当年中国 31 个省区市 GRP 的比重为 19.98%（见表 1-2）。以上数据表明，东部地区劳动密集型产业利用我国劳动力价格低廉的优势，吸收中、西部廉价的劳动力，具有较强的竞争力，这是东部地区 GRP 绝对值"做大"的客观条件。同时，值得关注的是，2013～2015 年，中部地区 GRP 占全国的比重逐年下降，这与中部地区少数省份近年的经济发展有关，2016 年开始，中部地区 GRP 占全国的比重开始上升，2017 年继续这一趋势；而西部地区在 2014 年 GRP 占全国的比重创造新高，2015～2017 年呈现波动态势，特别是 2017 年所占比重下降幅度更大，这说明经济新常态下中、西部地区经济发展各有千秋，既有增速排在前列的省份，也有经济增速挂末的省份，这一变化极有可能影响未来几年农村劳动力流动与转移态势。

表 1-2　　　　　2007～2015 年东、中、西部地区和东部沿海地区

GRP 占全国 GRP 的比重　　　　　单位：%

| 地区 | 2007年 | 2008年 | 2009年 | 2010年 | 2011年 | 2012年 | 2013年 | 2014年 | 2015年 | 2016年 | 2017年 |
|---|---|---|---|---|---|---|---|---|---|---|---|
| 东部地区 | 59.05 | 58.23 | 58.00 | 57.31 | 56.3 | 55.63 | 55.49 | 55.34 | 55.57 | 55.44 | 55.36 |
| 中部地区 | 23.37 | 23.63 | 23.67 | 24.06 | 24.48 | 24.61 | 24.5 | 24.48 | 24.36 | 24.46 | 24.65 |
| 西部地区 | 17.58 | 18.14 | 18.33 | 18.63 | 19.22 | 19.76 | 20.01 | 20.18 | 20.06 | 20.10 | 19.98 |

　　注：东部地区包括：北京、天津、河北、上海、江苏、浙江、福建、山东、广东、海南和辽宁，在本书研究中也称东部沿海地区；中部地区包括：吉林、黑龙江、山西、安徽、江西、河南、湖北和湖南；西部地区包括：内蒙古、广西、重庆、四川、贵州、云南、西藏、陕西、甘肃、青海、宁夏和新疆。

　　资料来源：2007～2011 年数据：国家统计局．中国统计年鉴 2012［M］．北京：中国统计出版社，2012.7．根据表 2-14 计算而得；2012～2015 年数据：国家统计局．中国统计年鉴 2016［M］．北京：中国统计出版社，2016.10．根据表 3-9 计算而得；2016 年数据：国家统计局．中国统计年鉴 2017［M］．北京：中国统计出版社，2017.10．根据表 3-9 计算而得；2017 年数据：根据《21 世纪经济报道》数据整理而得。

　　与改革开放推进战略相同步的是，随着城乡各项改革的顺利推进和

限制农村劳动力迁移流动的各项制度改进，从土地上释放出来的农村劳动力越来越多地通过外出务工经商实现了非农就业，形成了流动于城市之间、城乡之间日益庞大的农村转移劳动力群体。作为城乡经济互动发展的纽带——农村劳动力转移对实现农民增收发挥着越来越重要的作用，同时对我国东部地区承接国际产业转移和发展国民经济作出了较大的贡献。然而，随着东部地区产业结构同质趋势明显以及产业竞争的不断增加，导致东部地区产业结构调整与升级的压力越来越大，迫切需要将昔日为东部地区经济发展做出贡献的劳动密集型及资源密集型产业转移到具有比较优势的中、西部地区，缓解东部地区面临的日趋紧张的人口、环境和资源压力，并促进产业结构的优化升级。同时，中、西部地区正积极承接东部地区的产业转移，国家在政策上对中、西部地区经济发展也给予了倾斜。随着西部大开发战略、东北振兴战略和中部崛起战略的相继实施，中、西部地区投资环境明显改善，发展机遇日渐增多，加之中、西部地区本身具有的劳动力、能源、资源等优势和广阔的市场，为东部地区陷入发展困境的产业提供了新的出路。从表 1 - 2 来看，2007 年以来，中部地区和西部地区 GRP 占当年中国 31 个省区市 GRP 的比重逐渐上升，其中西部地区 2017 年 GRP 所占比重比 2007 年上升了 2.4 个百分点，而东部地区所占比重则有所下降，2017 年 GRP 所占比重比 2007 年下降了 3.69 个百分点。这说明随着我国区域发展战略的实施，中、西部地区 GRP 所占比重有所上升，区域经济结构在逐步改善，这符合区域经济协调发展的需要，也有利于中、西部地区实施后发赶超战略。

　　由于中国总人口规模庞大、劳动力资源丰富，一直以来，中国被认为是一个劳动力无限供给的国家。也就是说，在二元经济社会中，只要有需要，来自农村、农业的劳动力将源源不断地补充到非农业部门。"无限供给"是我国劳动力市场供给最典型的特征之一。由于劳动力无限供给，至 21 世纪初农民工工资水平考虑物价因素基本保持不变。然而，由于传统的城乡二元制度以及流入地基础设施建设等因素的影响，农民工在城市享受到经济社会发展带来的利益"蛋糕"过小，面临着城市融合的一些现实制约，诸如子女教育、社会保障、职业技能、劳动权益、政治权益等。正是各种主客观因素的影响，难以真正融入城市社会、难以扎根城市社会成为农民工在城市生存和发展面临的现实问题。此外，农民工外出就业改变了农村人口结构，致使"三留"人员（留守儿童、留守妇女、留守老人）问题的出现且日益严重，影响了农业本身的高效生产和农村经济的长远发展，进而影响了农村社会的和谐稳定。可见，农民工外出就业在促进城市经济发展的同时，也给城乡关系及农村社区带来了一系列的社会问题，这说明农民工尤其是中西部地区农民工跨省外出就业具有双向的作用。而且，从农民工外出就业情况来看，大多数农民工属于灵活就业人员，属于城市劳动力市场的二级劳动力市场，相关就业权益未能得到有效保障，容易受整体经济环境的影响，就业稳定性较弱，职业流动频繁，一旦经济环境出现起伏波动，他们极易成为较早失业的群体。

从 2004 年开始，东部地区部分企业连续出现用工短缺，出现"民工荒"现象，这一现象进一步扩散到作为农村劳动力主要流出地的中、西部地区。时至今日，中国 31 个省区市都大幅度提高了最低工资标准。随着劳动力成本的上升，东部地区和大中城市仍面临着局部性的"用工荒"问题，这从产业结构演进来看，东部地区具备了产业梯度转移的条件，迫切需要实现产业转型升级，发展经济附加值更高的技术型产业，同时，传统的高能耗和劳动密集型的产业需要向我国具有比较优势的中、西部地区转移。可见，进入 21 世纪以来，农村劳动力转移和产业转型是相互制约、相互影响的，可视为同一事物的两个方面，尤其是在国际产业转移的新趋势下，东部地区产业转型对我国农村劳动力转移格局具有深远的影响。

当前，我国正经历着人类历史上规模最大的人口流动，农村劳动力由农业向非农产业、城乡、跨地区流动的规模和速度日益扩大，带动了三次产业就业人口结构的变化，产生了明显的经济效应以及一系列联动效应。1982～2017 年，我国流动人口数量由 657 万人上升至 2.44 亿人，占 2017 年全国总人口的比例约为 17.55%，在此期间，流动人口自 2013 年达到峰值的 2.53 亿人（占总人口的比例为 18.5%）后持续下降，下降了约 1 个百分点；同时，自我国城镇常住人口在 2011 年超过 50% 后，2017 年常住人口城镇化率达到 58.52%，这标志着数千年来以农村人口为主的城乡人口结构继续发生逆转；而且，我国仍是世界上人口最多的国家，正处于工业化城镇化加速发展的阶段，产业转型升级成为东部地区产业发展的必然选择。通过产业转移，将东部地区的资本、技术和中、西部地区劳动力和资源等比较优势有机结合起来，带动中、西部地区经济发展，有利于培育新的经济增长极，推动中、西部地区工业化进程迈入快速发展的轨道，这种范围内的产业转型升级过程必将影响农村劳动力的区域流动格局，尤其是对中、西部地区农村劳动力流动格局的影响更为显著，比如近几年来农民工返乡就业创业可以看作是这种影响的表现之一，而且这种表现只是初期或早期的表现而已，当然这也为缓解中、西部地区"三农"问题创造了一定的基础条件。

20 世纪 90 年代，农民工进城务工出现"回流"，加之受 2008 年金融危机的影响，农民工返乡创业就业的脚步加快。出现这种现象有多种原因存在，首先，最根本的原因是传统城乡二元制度的差异，使农民工虽在城市就业却不能共享城市发展成果，难以融入就业所在城市的社会文化生活；其次，农民工进城就业期间，学到了相对农村来说比较先进的技术、管理经验，掌握了一定的职业技能，积累了一定的资金支持，这是他们返乡创业中自身的人力资本条件；最后，家庭因素也是农民工返乡的又一重要诱因。农民工进城就业虽然加速了城市发展，但是同时给农村带来了严重的社会问题，农村空心化及"三留"（留守儿童、留守妇女、留守老人）问题是其中的重要体现，特别是老一代农民工大多面临"上有老下有小"的状况。故，尽量承担家庭责任、缓解"三留"问题的发展也是农民工返乡创业就业的一个重要因素。

伴随着沿海地区劳动密集型等产业向内陆地区转移，农民工返乡创业就业成为中国经济发展的新现象。2015 年 3 月，李克强总理的政府工作报告提出了"大众创业，万众创新"的新理念，鼓励全社会积极推进创新创业活动。2015 年 6 月，国务院发布《关于支持农民工等人员返乡创业的意见》明确指出，"支持农民工、大学生和退役士兵等人员返乡创业，通过大众创业、万众创新使广袤乡镇百业兴旺，可以促就业、增收入，打开新型工业化和农业现代化、城镇化和新农村建设协同发展新局面"①，旨在培育经济社会发展新动力，催生改善民生、调整经济结构和促进社会和谐稳定的新动能，使农民工返乡创业就业成为统筹城乡经济发展的重要驱动力。支持农民工返乡创业是国家"大众创业 万众创新"重大战略部署的重要组成部分，是适应经济发展新常态、深化农业产业结构调整、增添"三农"发展新动能的重要举措。据农业部统计，目前全国农民工返乡创业人数累计约 480 万人②。

基于此，本书研究在了解农村劳动力转移现状（不仅包括外出就业，还包括返乡就业）基础上，运用相关数据分析中国农村劳动力转移的潜力趋势及区域产业转型对农村劳动力转移潜力产生的影响，进而提出中国农村劳动力转移的对策建议。

## 1.1.2 研究意义

本书研究试图立足于已有的研究理论，运用实地调查数据和宏观统计数据分析中国农村劳动力转移现状及农村劳动力转移后"半城市化"问题，着力探讨我国农村劳动力转移潜力及供给趋势，进而探讨经济新常态下产业梯度转移态势对农村劳动力区域转移产生的影响，进而从服务管理视角提出中国农村劳动力转移的对策建议。

---

① 国务院办公厅．关于支持农民工等人员返乡创业的意见［EB/OL］. 2015 – 06 – 21. http：//www. gov. cn/zhengce/content/2015 – 06/21/content_9960. htm.
② 全国 480 万农民工返乡创业［N］. 人民日报，2017 – 08 – 23（02）.

### 1.1.2.1 学术价值

农村劳动力转移问题是经济新常态下中国经济社会发展面临的一个重要理论话题，也是供给侧结构性改革的主要问题之一。当前，我国常住人口城镇化率已超过 58.52%（2017 年），劳动年龄人口规模和比例都持续下降，必将改变中国人口与劳动力供给的新态势。因此，在这一人口与劳动力变动的新常态下研究中国农村劳动力转移潜力及供给趋势问题，掌握中国农村劳动力城镇化转移意愿，对于合理规划经济社会与城镇化发展战略具有重要的理论价值，同时也能进一步拓展经济学、管理学、人口学等研究领域和理论视野。

### 1.1.2.2 现实意义

掌握中国农村劳动力长期供求变化为农村劳动力供给趋势及转移潜力研究提供了内在条件。本书研究的目的在于通过分析中国农村劳动力转移潜力，探析产业转型对农村劳动力转移区域格局产生的影响，实现区域产业联动发展和引导农村劳动力有序流动。通过本书研究，可以掌握和了解中国内地东、中、西三大区域吸纳农村劳动力转移情况，提出促进农村劳动力有序转移和城镇落户的对策建议，使对策建议具有全局性、战略性、前瞻性。这些对策建议旨在合理引导中国农村劳动力流向、促进区域经济协调发展，是有效解决"三农"问题的关键，也是建设社会主义新农村和全面建成小康社会的需要，关系到构建社会主义和谐社会和统筹解决人口问题的进程，将影响到全面小康社会的建成和更长远的发展。

因此，在上述人口与劳动力变动的新常态下，本书研究中国农村劳动力转移的相关问题，不仅是有效配置农村劳动力资源、减缓农村地区人口生态环境压力、突破城乡二元结构的必然选择，还是有效保障农村劳动力转移的权利和质量、有序推进农业转移人口市民化、经济发展方式转变、产业结构转型升级及新常态下供给侧结构性改革的内在要求，对于拓宽中国城镇化未来发展的策略和思路、提升中国城镇化未来发展质量具有更为重要的现实意义。可见，本书研究成果能够适应社会转型时期农村劳动力转移的现实需求，对于指导中国农村劳动力区域转移格局具有较强的实践价值和应用前景。

## 1.2 国内外研究现状述评

农村劳动力转移是当前世界各国尤其是发展中国家普遍关注的重要而复杂的问题。国内外学者主要从人口学、经济学、社会学、管理学、地理学等学科角度对农村劳动力转移进行了大量的研究。时至今日，在理论和方法上已形成了不少经典学说或理论观点，这些经典学说或理论观点是研究农村劳动力转移问题的理论基础和出发点。

### 1.2.1 国外研究现状

国外关于农村劳动力转移理论研究主要在于劳动力转移理论或人口迁移理论，其中最为系统、最有价值的理论是刘易斯劳动力转移的拓展模型及其相应的二元经济结构理论；同时，人口迁移理论的发展也为解释农村劳动力向城市转移的决策提供了理论支持。

#### 1.2.1.1 文献综述

根据已掌握的文献来看，古典经济学的创始人威廉·配第（William Petty）可能是最早从经济发展角度揭示人口流动原因的学者，即"配第法则"。这一法则表明，各产业劳动生产率的提高以及经济重心和劳动力从低生产率产业向高生产率产业的转移，能够促进经济发展。英国经济学家柯林·克拉克（Colin Clark）在配第研究基础上，计量和比较了不同收入水平下就业人口在三次产业中分布结构的变动趋势后，认为经济发展过程中劳动力就业结构的这种非农化倾向是由各产业间的收入差异所引起。这个由配第和克拉克所揭示的就业结构变动规律称为"配第-克拉克定理"。

亚当·斯密（Adam Smith）揭示了工业化过程能够促进国民财富增加的本质。在工业化过程中，农业部门的相对规模缩小带来农产品价格的相对提高，同时工业吸收了由农业部门转移出来的劳动力，并由于分工的发展和技术的进步扩大了生产，结果使工业品的价格相对降低。威廉·配第、亚当·斯密与克拉克的上述理论提供了一条通过产业结构及产业劳动生产率的变化来研究农业劳动力转移以及经济发展的新途径，虽然这些理论只是在研究经济问题时附带的成果，也为后来劳动力转移方面的经济研究确立了大致方向。

业内人士基本公认 19 世纪中后期的瑞文斯汀（E. G. Ravenstein，1889）是最早系统研究劳动力转移现象的先驱（Todaro，1969；Qian，1996；周国伟，2004）。瑞文斯汀从人口学的角度全面研究了人口迁移的原因，总结出那个时代的"人口迁移规律"并扩展了他的"迁移法则"，被看作是迁移理论研究的起点（Cohen R.，1996），为后人研究人口迁移流动创造了深入研究的基础。在此之后，劳动力转移理论主要体现在模型构建与实证分析上，出现了一些劳动力转移理论和模型，尤以刘易斯影响最为突出。

刘易斯劳动力转移拓展模型是指对刘易斯、费景汉和拉尼斯三人构建的二元经济模型的统称。美国经济学家刘易斯（W. Arthur Lewis，1954）根据发达国家经济起飞过程的具体情况，提出了劳动力转移的二元经济模型[1]，该二元经济模型包括经济学上所称的"刘易斯转折点"。1972 年，刘易斯提出了两个拐点，即"刘易斯第一拐点"和"刘易斯第二拐点"，使其广泛用于分析发展中国家农村劳动力转移分析。但这个模型忽视了一些经济变量对农业劳动力转移的影响，因与发展中国家的实际情况并不相符而受到批评。但不管怎样，刘易斯模型第一次在宏观层面上科学地展示了劳动力转移的动力和过程，揭示了工农业结构变

---

[1] Lewis, W. Author. Economic Development with Unlimited Supplies of Labor [J]. *Manchester School of Economic and Social Studies*, 1954, 22（2）：139 – 191.

动及可能消除城乡差别的内在机制，具有无与伦比的理论意义。刘易斯的理论后来经拉尼斯和费景汉（Ranis & Fei, 1961）拓展，形成了含有转折区间的二元经济模型。这二人建构的理论模型克服了刘易斯二元经济模型的一些内在缺陷，但由于与刘易斯的建模假设一样而被认为与发展中国家的实际不符。

美国经济学家乔根森（D. W. Jorgenson）应用新古典的分析方法，创立了一个新的二元模型，即乔根森模型。他从刘易斯剩余劳动下的经济发展转变为分析农业剩余产品经济发展，这是对刘易斯二元经济分析的一个重要发展，但是该模型也存在着明显的缺陷，如同样忽视了农业投资的重要性和城市失业。不仅如此，该模型还有一个明显的缺陷，就是始终强调供给因素在经济发展中的作用。事实上，需求因素在经济发展中的作用已经越来越明显。

美国经济学家托达罗（Michael P. Todaro）提出了绝对收入差距假说下的乡城劳动力转移模型，回答了为什么农村向城市的移民过程会不顾城市失业的存在而继续进行，从而补充了刘易斯劳动力转移拓展模型的部分缺陷①。在所有的劳动力转移模型中，被最为广泛引用的就是托达罗的乡城劳动力转移模型，这主要是因为托达罗用城乡预期收入解释劳动力转移，在理论抽象的层次上具有最基本的意义，其他的解释因素只是具有补充或扩展的意义。预期收入差距假说虽然对发展中国家劳动力从农村到城市的转移做出了一般性解释，但它在比较宏观和比较微观的一些层面不能做出很好的解释，而伊斯特林的相对经济地位变化假设下的城乡劳动力转移模型正好弥补托达罗"预期收入差距假说"解释力的不足②。

无论是早期的古典迁移理论还是后来的新古典迁移理论，在宏观的

① Todaro, Michael P. A Model of Labor Migration and Urban Unemployment in Less Developed Countries [J]. *American Economic Review*, 1969 (59): 138–148.

② 蔡昉，等. 劳动力流动的政治经济学 [M]. 上海：上海三联书店，上海人民出版社，2003：89.

层面上都没有解释这样一个问题：面对相同的城乡收入差距或预期收入差距，为什么有些人迁移了而另一些人仍留在农村？流出农村的和留在农村的劳动力有什么不同？以舒尔茨（Schultz，1961）、斯加思塔（Sjaastad，1962）和贝克尔（Becker，1975）等为代表人物的人力资本迁移理论对农村劳动力流动的个体差异进行了解释。而唐纳德·博格（D. J. Bogue）和李（E. S. Lee，1966）的"推—拉"理论则比较形象地解释了农村劳动力转移的动因，但基本上是建立在经验观察基础上的，缺乏科学推断和假设检验，因而具有历史的局限性。

相对于前面的古典迁移理论和新古典迁移理论都强调城乡收入差距是迁移的唯一动力，新迁移经济学理论（New Economics of Labor Migration）认为迁移决策是由相互关联的人所构成的较大的单位如家庭作出的，人们在作迁移决策时要考虑许多因素，不仅仅是工资差异。

与传统迁移理论和新迁移经济学理论不同，皮奥里（Piore，1970）的二元劳动力市场理论主要是从城市经济的内生需求方面来解释迁移的动力和必然性，是城市的拉力在吸引外来劳动力，而不仅仅是城乡地域之间的工资差距[1]。但是，由于二元劳动力市场理论单纯从需求一方，而没有从供给一方来解释移民，因此作为理论本身是存在缺陷的。

在上述理论中，对农村劳动力转移研究最为系统、最富有应用价值的理论视角主要有：一是以刘易斯等的"二元结构理论"为代表的二元结构视角；二是以托达罗等的"预期收入理论"为代表行为主体视角。这些理论可以奉为世界上关于农村劳动力转移理论的经典，也是本书研究的理论基础。

### 1.2.1.2 研究述评

综观国外关于劳动力转移的各个主要流派、观点和模型，可以看出，最近几十年来，国外关于劳动力转移的研究取得了较大的发展，各种模型和理论日趋多样化，这些理论各自从不同的角度创造了不同的假

---

[1] Piore, M. J. The Dual Labor Market: Theory and Application [J]. 1970.

设和结论。这些理论模型分别是在不同的假设条件下提出的劳动力转移模型，而且各种理论对于其研究的内容也比较充分，大多是在定量统计分析视角进行的研究。然而，由于制度因素的作用，使这些理论模型在发展中国家的实践都不能真正解决具体的劳动力转移问题，而且对制度因素在劳动力转移中的地位和作用的研究没有得到充分展开。诚然，有些研究者涉及甚至强调了制度因素对于劳动力转移的影响作用，如在对其他模型尤其是刘易斯模型进行评论时，托达罗指出这些理论和模型的某些假设"放到大多数第三世界经济的制度与经济框架中是不现实的"（Todaro，1997）；斯塔克也指出，"如果市场和金融制度是完善的和完全的，那么大量的迁移现象是不会发生的"（Stark，1991）。但是，上述理论和模型大多数还处于古典或新古典经济学的范畴内，在农村劳动力转移的制度分析问题上相对比较薄弱，没有对制度因素在农村劳动力转移或迁移过程中的作用进行系统分析，更没有强调发展中国家农村劳动力转移过程中制度因素作用的重要性。

## 1.2.2　国内研究现状

国内学者对农村劳动力转移的理解认识和研究视角各不相同，有的学者把转移理解为流动、有的学者把转移理解为迁移，尽管有着不同的认识和理解，但对农村劳动力转移问题的研究越来越深入、全面，构成了本书的研究基础。

纵观国内有关农村劳动力转移的研究文献，有两个突出的特点：一是选题广泛，从描述劳动力转移流动的经济、社会、人口、管理和地理分布特征到分析劳动力转移流动的原因、意义、效果和数量估计，再到二元劳动力市场形成、分割、城市歧视性制度障碍及以破除制度约束为中心的户籍制度改革，等等。从人口学、经济学、社会学、管理学及地理学等多视角、全方位地考察了中国农村劳动力流动转移现象。二是以实证研究为主，多数研究运用国际上比较经典的劳动力转移理论及最新的研究成果，结合统计数据、调查数据和实际资料，对所关注的问题或假设进行证明。这些研究成果丰富了人们对中国农村劳动力转移现象的认识，推动了政策制定和实施。国内学者探讨了现行制度、体制等对农村劳动力转移的影响，并特别强调了不合理的制度安排对农村劳动力转移的阻碍，制约了农村劳动力流动与转移过程的统一。实际上，制度因素发挥着相当重要的作用。正是由于制度因素的影响，农村劳动力转移才会出现反复流动的"民工潮"，它很难称得上是一般意义上的劳动力转移。也正是由于这种反反复复的转移，对农村劳动力流入城市产生了较大的冲击。然而，国内有关农村劳动力转移潜力的直接研究成果较少。相关研究主要集中在：

（1）劳动力供求研究

国内学者在这方面研究主要与"刘易斯拐点"的中国现象紧密结合，同时结合劳动力成本上升这一新现象分析了当前我国劳动力供给的变化（即由过剩到供求失衡），并进行区域比较分析。相关文献不多，主要有王德文（2007），刘钧等（2011），王金营（2006，2011），熊燕西、杨云彦（2012），李宝庆等（2013），徐平华（2013），沈于、朱少非（2014），王欢、黄健元、王薇（2014），黄文义、杨继国（2015），张建青（2015）等。

（2）劳动力供给研究

对21世纪初延续至今的"民工荒"现象的不同解读：主要是结合"刘易斯拐点（转折点）"、老龄化、人口生育政策调整、退休政策等方面分析劳动力供给，其中尤以"刘易斯拐点"的中国特征争论尤为激烈，主要有蔡昉（2007，2008，2009，2010，2011，2012），白南生（2009），韩俊（2009，2010），樊纲（2009），王德文（2009），钱文荣（2009），周天勇（2010），李朝晖（2011），张晓波（2011），焦克源、张彦雄、张婷（2012），邓垚、王健（2012），李浩（2012），封进、张涛（2012），王立军、马文秀（2012），郭瑜（2013），张延平、王满四等（2013），付保宗（2013），张超等（2013），王裕雄（2013），刘畅、邹玉友（2013），张抗私、王振波（2013），李宾、马九杰（2013），童玉芬（2014），吕昭河、刘癸成（2014），杨瑞龙、张泽华（2014），隋澈、周晓梅（2014），苟露峰、高强（2014），袁磊、王冬冬、尹玉琳（2015），陈宇学（2015），周浩、刘平（2016），刘畅、许菁（2016），郭凯鸣、颜色（2016），郭敏（2017），童玉芬、王静文（2017）等。时至今日，劳动力供给仍是一个热点话题，特别是在延迟退休及生育政策调整的新时代背景下，相关研究开始关注这一新话题，主要有刘晓光、刘元春（2017）、裴越芳（2017）、杜航（2018）、林宝（2018）等。龙晓君等（2017）分析发现，"在2030～2035年45～64岁中老年劳动力比重超过25～44岁中壮年劳动力比重，劳动力内部年龄结构老化趋势日益明显，认为'全面二孩'政策实施将在一定程度上缓解未来劳动力供给缩减的趋势，放缓劳动力结构老年化速度"[①]。

（3）劳动力需求研究

结合我国产业、行业与经济增长的相关数据为基础，运用一些定量方法，测定我国劳动力市场的需求变化，如盛斌、牛蕊（2009），赖德胜等（2011），李愿等（2012），田大洲、张雄、肖鹏燕（2013），宁满秀、荆彩龙（2014），何璇、张旭亮（2015），王颖、刘秋燕、杨芊羽（2015），李娟、吴建利（2015），史青、张莉（2017）等。

（4）农村劳动力转移规模研究

童玉芳（2010，2011）测算了中国未来20年内农村劳动力非农化转移的潜力和趋势；汪进、钟笑寒（2011）回归分析结果表明，中国的农业劳动力转移仍有较大潜力；李迅雷等（2014）测算出农村剩余劳动力仅存4000万～6000万人，表明粗放式经济增长已不可持续，中国未来经济增长将更多倚仗资本和技术进步。此外，还有学者着力研究城市人口规模、城镇化与劳动力转移、收入的关系或影响，如徐清、陈旭（2013），

---

① 龙晓君，郑健松，李小建."全面二孩"背景下我国劳动力供给预测研究［J］.经济经纬，2017，34（5）：128－134.

余吉祥、周光霞、闫福雄（2013），周密、张广胜、黄利、彭楠（2014），高虹（2014），王敏琴（2015），郝金磊、姜诗尧（2016）等。

（5）省际人口迁移区域模式研究

分析20世纪90年代以来中国省际人口迁移（流动）的区域模式、空间变化、多边效应，分析其迁移的演变特征，如杨云彦（1992），丁金宏（2005），王桂新等（2004，2012），段平忠、刘传江（2012），于文丽、蒲英霞等（2012），王永培等（2013），于潇、李袁园、雷俊一（2013），王秀芝（2014），闫庆武、卞正富（2015），杨传凯、宁越敏（2015），蒲英霞等（2016），刘大伟、蒲英霞等（2016），藏玉珠等（2016），刘颖等（2017），朱孟钰等（2017），曾永明（2017），李毅等（2017），李诗韵等（2017），冯媛媛等（2017），雷小乔等（2017），龙晓君等（2018）等。

总之，从国内外已有研究文献来看，缺乏对我国农村劳动力转移潜力的直接相关成果，尽管有少量的相关研究成果，但都是基于宏观数据的统计数据，缺乏微观调查数据予以证实，也缺乏联系各区域的实情进行影响分析，难以有效发挥相关研究的政策资鉴价值。基于此，本书研究通过宏观统计数据和微观调查数据全面分析中国农村劳动力转移的潜在规模，判断中国的"刘易斯拐点"是否到来，并探析中国城镇化未来发展态势，这是已有研究尚未做过的工作，能够弥补已有研究在这方面领域之不足。

# 1.3 基本概念的界定与说明

## 1.3.1 农村劳动力流动及相关概念

### 1.3.1.1 农村劳动力的概念界定与相关说明

目前，关于农村劳动力的定义，有不同的界定方法。在本书研究中，对农村劳动力的概念从户籍身份角度进行界定，即农村劳动力是指处于16~64岁年龄段的、具有劳动能力且户籍所在地为农村社区的人口。它既包括从事广义农业的农村劳动力，也包括从事农村第二、第三产业及在本乡镇外务工的劳动力，但不包括其中的在校学生、服兵役人员以及因身体原因不能劳动的人等。在此，需要对农村劳动力和农民工进行说明：

"'农民工'是中国经济社会转型时期的特殊概念，是指户籍身份还是农民、有承包地，但主要从事非农产业、以工资为主要收入来源的人员。[①]"农民工包括跨县域外出的进城农村劳动力，也包括在县域内二、三产业就业的农村劳动力。他们是在农村拥有或其家庭拥有承包地，但又离开了农村和土地，在城市务工，但又没有城市户口的群体；是农村进入城镇从事非农职业但户籍身份依然是农民的劳动者。"农民工"这一名称的产生本身就是现行户籍制度的产物，是一个职业身份与社会身份相分离的独特的社会群体。农民工的身份一直没有明确的界定，该群体的社会身份是农民，职业身份是工人。在整个社会群体中，农民工的这种双重身份使他们处于一种"两栖人""边缘人"的状态。

长期以来，由于受户籍制度及相关福利制度安排等一系列制度限制，农民工虽然离开了农村，但又无法取得城市户口，不能获得城市居民身份，不能享受各种与城市职工同等的待遇，是一个处于城市边缘状态的弱势群体。因此，农民工是指农村劳动力中处于流动过程的那一部分，他们可能是专营非农产业，也可能是兼营农业。需要说明的是，本书使用的"农村流动劳动力"、"农村外出劳动力"和"农民工"在内涵上一致，均是指处于流动状态的进城农村劳动力。

### 1.3.1.2　农村劳动力转移、迁移与流动的界定

就国外研究而言，转移、迁移与流动都属于人口移动——人口地理或空间位置的变动，三者之间并没有严格的区分。但在中国，由于户籍

---

① 国务院研究室课题组. 中国农民工调研报告［M］. 北京：中国言实出版社，2006：1.

制度及其他相关制度作用下的二元体制使人口自由迁徙度低，这是对劳动力的硬约束。这种特定的制度安排把劳动力分为各种不同的市场，各市场间交叉流动率较低，劳动力市场制度分割特征明显，劳动力只能在制度安排给定的市场进行再配置，其方式各具特色。为了便于研究，笔者对农村劳动力转移、迁移与流动分别界定如下：

1. 农村劳动力转移

农村劳动力转移是指农村劳动力户口性质、工作地点以及所从事的产业都发生改变。具体而言，是指农村劳动力从农民身份变为城镇居民身份，从农村到城镇①，从传统的农业生产到现代产业的生产，是从落后部门到现代部门的转移，而由于婚姻关系而引起地域的变化，以及由于考学、参军、旅游等原因离开农村的，不能当作是劳动力转移。农村劳动力转移后很少存在回流，是最稳定、个体收益最高、最迫切，也是障碍最多的转移。

从表象、本质及其成因三个方面来看，农村劳动力的转移可以理解如下：第一，劳动力从农业中分离出来，进入非农产业。这就是说，农村劳动力转移的本质是劳动力在产业间的重新配置，即实现产业转移。第二，由于工业发展要求的"聚集经济效益"，工业化进程是与城市化程度的提高是相互促进的。所以，工业化进程中出现的农村劳动力转移，也必然带来人口的聚集和人口城市化，这就是通常意义上的地域迁移。第三，农村劳动力转移过程中的产业转移和地域迁移，造成了这些劳动者职业生活的转变，由此改变农民的身份，同时也是生活方式、消费方式的改变。因此，本书所涉及的农村劳动力转移主要包括三层含义：产业转移、地域转移及身份转变。

2. 农村劳动力流动

农村劳动力流动是指户口不发生变动，不发生户口所在地的变化，

---

① 主要是本乡镇以外的城镇，如本地县城，本省内中小城市、省会城市（自治区首府）和省外各类城市等。

更不发生性质上的变化，即农民户口与城镇户口不发生交叉变化，农民身份没有改变。这种再配置一般指异地，即农村劳动力跨城、跨省或乡城间的流动。这种流动一般通过非正式渠道，比较依赖于血缘、地缘和业缘等社会关系网络，是一种纯市场的行为，发生在国家的正式制度之外，处于国家福利制度光芒的背后，其发生人群多为在非国有部门或非正规部门就业的农村劳动力，是我国劳动力市场中流动性最强的一个群体。这一群体涵盖了各素质层次的人，有高层管理和技术人员、城市下岗就业人员，主体是农民工，是中国劳动力市场中流动性最强的一个群体。

3. 农村劳动力迁移

农村劳动力迁移是指农村劳动力户口所在地和工作地点发生改变，户口性质可能发生变化。如伴随户籍变更和就业地点发生变更，农村劳动力迁移到另一农村地区就业和生活的，由于婚姻关系而引起的地域的变化，以及由于考学、参军等原因离开农村的，都属于农村劳动力迁移的情况。

## 1.3.2 人口转变的概念

狭义的观点认为，人口转变（Demography Transition）是指人口发展由高出生率、高死亡率、低自然增长率，经过高出生率、低死亡率、高自然增长率，向低出生率、低死亡率、低自然增长率转变的过程。它是指随着社会经济条件的发展，各种人口现象处于同一相互联系的体系中，呈有规律的阶段性递进、转变的现象，这其中主要是人口再生产模式的转变，以人口再生产模式转变的动因、过程、行为以及结果为线索，通过分析人口与经济社会间的交互作用，旨在揭示人口发展与社会经济发展的内在规律。而广义的观点则认为，人口转变不仅包括狭义的人口再生产模式的转变，还包括人口的婚育行为模式转变、家庭结构类型转变、生育观念内化与生育文化转变、死亡模式转变等一系列转变的过程，这更加强调经济社会变迁在广义人口转变中的作用，使人口转变成为一种自觉行为而非外部的制度或政策因素作用的结果。

### 1.3.3 产业转型的概念

由于农村劳动力转移必然涉及产业结构的问题，故而在此也对产业转型做简单界定。经济发展往往伴随着产业转型，产业转型的实质是生产力的空间转移，是市场经济发展到一定阶段出现的必然现象。产业转型一般是指在一定历史时期内通过政策工具依靠一国或地区的资源供给或产品需求条件以及产业技术发展，实现一国或地区的产业结构向高层次发展及其他区域转移的过程。这是一个具有时间和空间维度的动态过程，是国际或地区间产业分工形成的重要因素，也是转移国（或地区）与承接国（或地区）产业结构调整和产业升级的重要途径。产业转型是经济发展的内在规律，是产业结构从低端向高端、生产要素从初级向高级、国际贸易从限制为主向开放为主、政府管理由管制为主向引导为主、发展目标从满足民生需要扩大到增强核心竞争力和节能环保等更多社会目标的阶段性演进过程。

## 1.4 研究思路与研究方法

### 1.4.1 研究思路

本书研究按照"理论准备—现状问题—供给趋势—对策建议"的研究思路进行分析（见图 1 - 2）。

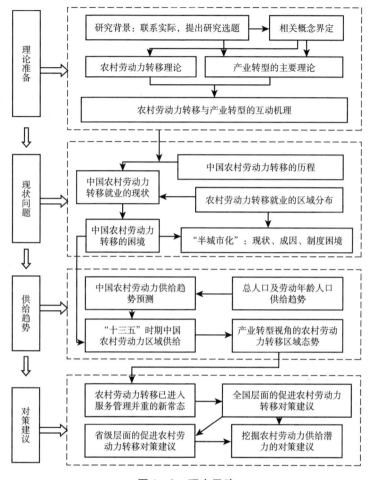

**图 1-2 研究思路**

## 1.4.2 研究方法

（1）文献分析法：该方法主要是通过评述农村劳动力转移和产业转型的基础理论，把握已有理论的主要观点及研究趋势，据此提出本书研究的核心问题和理论框架，明确具体的研究方向。

（2）定量分析法：该方法主要用于预测分析，即在预测农村劳动力供给趋势及其转移潜力时运用相关统计分析法进行预测分析，如年龄移算预测模型、多要素分析模型等。此外，本书研究分析有关农村劳动力转移现状的调查数据时也用到定量分析法。

（3）定性分析法：本书研究在分析中国农村劳动力转移的过程、现状、规模、结构及其区域分布和促进农村劳动力转移的制度设计与政策安排时将使用定性分析法，并在其他分析中也将适当运用这一方法。

（4）问卷调查法：本书研究根据研究内容设计调查问卷，分别在选择 4 个东部省市、2 个中部地区省份和 3 个西部地区省份共 9 个农村劳动力转移（含转出、转入）省份随机选择样本进行农村劳动力转移摸底调查，以便掌握基层实情，面向农村劳动力的调查问卷不少于 1500 份。此外，本书研究还针对农村外出劳动力落户城镇意愿进行了问卷调查。

# 1.5  创 新 之 处

农村劳动力转移受劳动供给条件、经济发展水平、交通基础设施、产业促进政策、城市化成本、受教育程度、职业技能水平、土地产权制度、务工经历和家庭照料等条件的影响，其转移潜力将是一个动态的变动规模。

（1）研究视角新。摸清当前农村劳动力转移现状，聚焦经济新常态和供给侧结构性改革背景下中国农村劳动力供给趋势这一现实问题，结合相关数据和研究结论判断经济新常态下所谓的"刘易斯拐点"是否到来，并探析农村劳动力转移的对策建议和挖掘农村劳动力供给潜力，这是值得深入思考且有意义的工作。

（2）研究内容新。中国农村劳动力转移是一个受人口生育政策、劳动参与率、农业生产关系变化、农业生产技术水平及农村经济发展等因素影响的劳动力资源再配置过程。认清中国未来农村劳动力转移潜力，通过城镇化发展战略促进农村劳动力转移就业及其市民化质量，需要在制度设计和政策安排上予以合理引导，科学构建完善的制度环境和政策体系，为无论是在农村还是转出的农村劳动力提供相应的政策保障。准确把握中国农村劳动力供给潜力，掌握中国劳动力供求变化的"刘易斯拐点"及其区域特征，对于全面认识经济新常态下中国农村劳动力整体及各区域的供求态势具有较高的参考价值，有利于厘清中国"刘易斯拐点"争论的焦点，有助于推动新型城镇化进程。本书研究通过宏观统计数据和微观调查数据分析中国未来农村劳动力转移的潜在规模，掌握农村劳动力未来迁移意愿，并根据分析结论提出相关的制度设计和政策安排，为政府城乡发展政策提供科学依据。

2

# 理论基础：农村劳动力转移与
# 产业转型的互动机理

尽管影响农村劳动力转移的因素有多种，而人口结构内部变动、产业结构变动或产业转型无疑是其中的主要原因。在已有的农村劳动力转移（流动或迁移）理论中，与人口结构内部变动关联较大的理论主要是与产业结构变动和劳动力转移关联较大的理论，主要有刘易斯模型、乔根森模型、托达罗模型。另外，还有其他比较经典的劳动力流动理论，如"推—拉"理论、新迁移经济学理论、二元劳动力市场理论等，这些理论在转移结果上引起了农村劳动力就业产业的变化，进而引致三次产业就业人口比例的变化。此外，相关产业转型理论也是本书研究必备的基础理论。

## 2.1 农村劳动力转移理论

尽管农村劳动力流动的影响因素有多种，而产业结构变动或产业转型无疑是其中的主要原因。在已有的农村劳动力流动（迁移或转移）理论中，与产业结构变动关联较大的理论主要有刘易斯模型、乔根森模型、托达罗模型；另外，还有其他比较经典的劳动力流动理论，如人力资本迁移理论、"推—拉"理论、新迁移经济学理论、二元劳动力市场理论等，这些理论在流动结果上引起了农村劳动力产业就业的变化，进而引致三次产业就业人口比例的变化。

### 2.1.1 新古典经济学理论

#### 2.1.1.1 刘易斯模型

刘易斯模型是指对刘易斯、费景汉和拉尼斯三人构建的二元经济模型的统称，它是专门研究发展中国家乡城人口迁移的宏观模型，这一模型主要是分析劳动力从传统农业部门流动到现代工业部门的过程。美国经济学家刘易斯（W. Arthur Lewis, 1954）在《劳动力无限供给条件下的经济发展》一文中提出了发展中国家劳动力流动的二元经济模型。他认为，在允许劳动力自由流动的条件下，只要现代工业部门劳动力的工资水平高于农业部门劳动力的平均收入水平，相对于现代工业部门所提供的就业机会来说，来自农业部门的劳动力供给具有无限性。因此，只要现代工业部门能够不断扩张，农业剩余劳动力流动就会持续下去，一旦农业剩余劳动力消除，劳动力就会像其他生产要素一样变得稀缺起来。这时，现代工业部门对劳动力的进一步需求就会引起劳动力价格的上升。后来，刘易斯模型经拉尼斯和费景汉（Ranis & Fei, 1961）拓展，形成了含有转折区间的二元经济模型。拉尼斯和费景汉强调了农业劳动生产率的重要性，指出只有提高农业劳动生产率，才可能有一部分剩余农产品提供给流动出来的劳动力消费，并明确提出了劳动力流动的三个阶段：第一阶段劳动力边际生产率为零或很低的无限供给阶段，劳动力对现代部门具有无限供给的弹性；随着现代工业部门扩张和大量农村劳动力转入现代工业部门，经济发展进入第二阶段，农村劳动力边际生产率为正，固定工资率开始提高的"第一个转折点"出现阶段；通过对农业部门引入现代要素进行改造，农业专业化和规模化生产，提高了劳动生产率，劳动力边际生产率与工资率相当的"第二个转折点"出现，农业产出增长能够有效地满足现代部门的需要，部门之间的均衡发展把经济发展带入第三阶段。

### 2.1.1.2 乔根森模型

美国经济学家乔根森（D. W. Jorgenson）应用新古典的分析方法，创立了乔根森模型。该模型认为劳动力流动的动力在于需求结构和消费结构的改变，农业人口向非农产业部门流动的原因在于消费结构的变化，可以说是消费需求拉动的结果。农业人口向工业部门流动的基础是农业剩余而非边际生产率等于零或虽大于零但小于实际收入水平的剩余劳动力存在。只有农业剩余的出现，才为农业人口流向工业部门提供了重要条件。随着农业技术的不断发展，农业剩余的规模将不断扩大，更多的农村剩余劳动力将流动到工业部门。因此，农业剩余的规模决定着工业部门的发展和农村剩余劳动力流动的规模。乔根森模型是建立在农业剩余基础之上的，它把对二元经济的研究从剩余劳动转向农业剩余，这是乔根森对二元经济理论研究的最重要贡献。

### 2.1.1.3 托达罗模型

美国经济学家托达罗（Michael P. Todaro）在《欠发达国家的劳动力迁移与城市模型》（1969）和《迁移、失业和发展：两部门分析》（与哈里斯合作，1970）两篇论文中提出了绝对收入差距假说下的乡城劳动力流动模型。托达罗将传统部门和现代部门理论单独应用于分析城市，认为一国经济由"农业部门""城市中的传统部门""工业部门（城市中的现代部门）"所构成。在现实中，农村劳动力很少能够直接进入现代部门，他们主要是进入城市的传统部门，这些部门是用劳动密集方式和简单技术进行小规模生产作业来提供服务的部门。

根据托达罗模型的基本假定：农村劳动力的流动决策是根据预期的城乡收入差距而不是仅仅根据实际城乡收入差距做出的，这是托达罗模型的基本观点。作为对收入均等化理论的补充，伊斯特林（Richard Easterlin）较早地借用相对经济地位变化（又称"相对剥夺"）假说来解释城乡间的劳动力流动现象。在他看来，相对收入决定人们的经济行为。根据这种假说，农村劳动力流动与否，不仅取决于他们与城市劳动力之间的预期收入差距，还取决于他们在家乡感受到的相对经济地位变化，以及流动之后按照转入地的期望生活标准感受到的相对经济地位变化[①]。当然，如果他们选择向一个文化上、地理上都与其十分疏远的地区迁移，他们也有可能通过把自己与当地社区隔绝起来而不改变参照系。

在所有的劳动力流动模型中，被最为广泛地引用的就是托达罗的乡城劳动力流动模型，这主要是因为托达罗用城乡预期收入解释劳动力流动，在理论抽象的层次上具有最基本的意义，其他的解释因素只是具有补充或扩展的意义。预期收入差距假说在比较宏观和比较微观的一些层面也不能做出很好的解释，而伊斯特林的相对经济地位变化假设下的城乡劳动力流动模型正好弥补托达罗"预期收入差距假说"解释力的不足[②]。

### 2.1.1.4 "推力—拉力"理论

劳动力流动"推—拉"理论是唐纳德·博格（D. J. Bogue）于 20 世纪 50 年代末明确提出的。唐纳德·博格认为农村劳动力是在"推力"和"拉力"的正负效益权衡中作出是否流动的决定。李（E. S. Lee，1966）建立了一个完整的分析框架，包括三个方面的因素：迁入地、迁出地和二者之间一系列的中间障碍。这些中间障碍可归纳为四类因素：一是与迁出地有关的因素；二是与迁入地有关的因素；三是介于迁出地和迁入地之间的障碍因素；四是迁移者个人因素。每种因素都可分正、负或中性三类，正、负因素是相对而言的，真正的迁移者是在不断估量各种推拉力量的过程中进行迁移决定的，只有当迁移的收益（包括当期

---

① O. Stark & J. E. Taylor. Migration Incentives, Migration Types: The Role of Relative Deprivation [J]. The Economic Journal, 1991（101）：1163 – 1178.

② 蔡昉，等. 劳动力流动的政治经济学 [M]. 上海：上海三联书店，上海人民出版社，2003：89.

收益与未来预期的收益）大于迁移成本（包括各种直接成本和间接成本）时，人们才会采取迁移行为。

## 2.1.2　新迁移经济学理论

新迁移经济学理论（new economics of labor migration）认为迁移决策不是由相互孤立的个人行为主体单独作出的，而是由相互关联的人所构成的较大单位——比较典型的就是家庭作出的。新迁移经济学理论强调家庭作为决策主体的重要性，家庭根据预期收入最大化和风险最小化的原则，决定其成员的外出或迁移①。新迁移经济学理论强调家庭和家庭策略在劳动力转移决策中的基本地位和重要性。

斯塔克认为，在发展中国家，劳动力外出或迁移的决策是由家庭集体决定的。家庭作为生产和生活的基本单位拥有共同的资源和财产，家庭成员共同决定家庭的生产经营决策，以追求福利最大化。家庭成员的年龄是不一样的，素质和技能也不一样，家长通常根据个人特点和家庭需要安排谁外出挣钱、谁留在家里从事农业生产活动。外出劳动者与留守家里的劳动者在完全不同的工作环境下从事不同的生产活动，收入具有极强的互补性和负相关性，血缘关系和家庭继承合约把他们紧紧地结合在一起，外出劳动者有义务将其收入寄回或带回，以补充家庭不时之需。当外出者没有挣得收入或受到挫折时，他可以从家庭得到支持。在城乡之间或地区之间存在收入差距的情况下是这样的，在收入差距不大或没有差距的情况下，这种制度安排也有存在的必要，劳动力总有其迁移的理由。

新古典经济理论认为收入是同质的，关键是数量的不同。而新迁移经济学理论认为，收入是不同质的，具有不同的效用。因此，家庭有时

---

① Stark, O. & Taylor, J. E. Migration Incentives, Migration Types: The Role of Relative Depre-vation [J]. *the Economic Journal*, 1991 (101): 1163 - 1178.

在决策时不是一味地追求收入的最大化，也追求收入来源的多元化（Taylor，1996）。对于不同收入水平和生活条件的住户，或对于收入相同但处于不同收入分配链上的住户来讲，同等的收入是具有不同效用和感受的。因此，新迁移经济学理论另一个重要的假设就是，家庭决定部分劳动力流动或迁移不仅是为了提高绝对收入水平，而且是为了改善在一个特定群体中的收入相对剥夺的地位（Stark & Taylor，1991）。

可见，新迁移经济学理论认为，人们在作出迁移决策时要考虑许多因素，不仅仅是工资差异。新迁移经济学理论不是对过去理论的否定，而是对它们的完善，该理论仍然遵守收入最大化和成本最小化的假设。外出劳动力总是流向预期收入最高的地方，家庭在决定派谁外出时是经过慎重权衡的，一般是决定容易找到工作的、人力资本较高的成员外出，这样可以保证家庭收入最大化。这样，人力资本理论也能在新迁移经济学理论中找到应有的地位。

### 2.1.3  二元劳动力市场理论

与传统迁移理论和新迁移经济学理论不同，皮奥里（Piore，1970）二元劳动力市场理论假设迁移的动机来自城市经济的二元结构及其内生的劳动力需求[①]。根据这个理论，劳动市场层次化是先进工业社会的内在品质，并因此产生了对外地劳动力的永久性需求，这种需求进而导致了迁移行为。由于种种原因，城市经济需要外地劳动力来从事本地工人拒绝或不愿意从事的劳动。城市经济之所以存在不稳定的工作，是因为在发达国家的经济或城市经济中存在一个资本密集、高效率的主导部门（即一级劳动力市场）和一个劳动密集、低效率的辅助部门（即二级劳动力市场），这种划分导致了劳动力市场的层次化，各自的劳动力市场供求是不一样的，城市本地居民一般在一级劳动力市场工作，不愿从事

---

① Piore，M. J. The Dual Labor Market：Theory and Application ［J］. 1970.

不稳定和低效率的工作，因为它有损脸面、有碍升迁、有损积极性；而二级劳动力市场由于条件差对本地居民没有吸引力，劳动力供给长期不足，需要吸引外地劳动力补充，由此产生了迁移动机。可见，二元劳动力市场理论主要是从城市经济的内生需求方面来解释迁移的动力和必然性，是城市的拉力在吸引外来劳动力，而不仅仅是城乡地域之间的工资差距。

农村劳动力流动是世界各国尤其是发展中国家普遍关注的重要而复杂的问题。综观农村劳动力流动的主要理论，基本上可以归纳为两类：一类是宏观视角，主要阐述劳动力从农业部门向现代部门转移的基本原因或可能的后果；另一类是微观视角，主要是从家庭迁移决策或边际效用最大化出发分析家庭劳动力资源配置、迁移（流动）决策与家庭效用之间的关系，从中揭示了农村劳动力流动的动机和行为后果。上述理论中，对农村劳动力流动研究最为系统、最富有应用价值的理论视角主要有：一是以刘易斯等的"二元结构理论"为代表的二元结构视角；二是以托达罗等的"预期收入理论"为代表的行为主体视角。这些理论可以奉为世界上关于农村劳动力流动理论的经典，也是本书研究的理论基础之一。

## 2.2  产业转型的主要理论

根据前述的定义来看，本书研究的产业转型主要指产业结构转型和产业梯度转移。世界经济发展史上的事实证明，产业转型的发生，既能促进地区产业结构升级，带动区域经济协调发展，也会对当地的人口环境、社会稳定和就业产生巨大的影响。当前，我国正处于承接国际产业转移、产业结构转型和产业梯度转移的阶段，特别是国际金融危机以来，国际国内产业转移面临新的发展趋势，对高质量人力资本的需求变得更加迫切，也就为农村劳动力流动与就业带来较为深刻的影响。

## 2.2.1　产业结构转型理论

产业结构是指经济领域中各次产业的分布及其配置状态。产业结构转型是指产业结构系统和产业水平不断从低级向高级进化的过程。随着科技进步和社会需求的变化，产业之间会出现不平衡发展，从而导致产业之间比例关系的转变，各次产业的相对地位和相互关联也会随之发生变化。当这种变化达到一定程度时，产业结构就会产生根本性变化。因此，产业结构转型就是不断地从量变到质变，然后在质变基础上发生新的量变和质变的过程。赛尔奎因的研究表明，产业结构转型是经济发展过程的中心特征和解释经济增长速度和模式的本质因素。在产业结构转型理论中，先后形成了"配第－克拉克定理""库兹涅茨产业结构演变理论""工业化阶段理论"等。

### 2.2.1.1　配第－克拉克定理

17世纪，英国经济学家威廉·配第（William Petty，1623～1687年）通过经济发展不同阶段中三次产业的不同比例关系来研究产业结构的一般演进规律。英国经济学家克拉克（Colin Clark）揭示了经济进步过程中产业部门结构变化的趋势是，劳动力总是从低收入的产业向高收入的产业移动，在第一产业就业的比重下降，在第二产业和第三产业就业的比重不断提高。该理论有三个重要特点：其一，克拉克是把不断提高人均国民收入水平与一定时间序列结合来考察产业结构的演进。其二，克拉克首先使用了劳动力这一指标来分析产业结构的演进。同配第一样，克拉克认为，经济发展过程中劳动力就业结构的非农化倾向，是由各产业之间的收入差异所引起，劳动力在不同产业之间的流动是由于经济增长过程中各产业之间人均收入的相对差异造成的。其三，克拉克的产业结构研究采用三次产业分类法，即把全部经济活动分为第一次产业、第二次产业及第三次产业。

### 2.2.1.2　库兹涅茨产业结构演变理论

美国著名经济学家西蒙·史密斯·库兹涅茨（Simon Smith Kuznets）在克拉克研究成果的基础上，收集和整理 20 多个国家的庞大数据，结合国民收入对产业结构演变作进一步探讨，把产业结构演变规律的研究深入到研究三次产业国民收入的比例，从而把产业结构演变的动因分析推进了一大步。库兹涅茨指出：这种产业结构演变的主要原因是"比较劳动生产率"的差异决定的，他对产业结构与经济发展进行研究，得出三点结论：一是农业部门实现的国民收入在整个国民收入中的比重，以及农业劳动力在全部劳动力中的比重，会随着时间的推移而不断下降；二是工业部门国民收入的相对比重，大体是上升的趋势，工业部门劳动力的相对比重大体不变或略有上升；三是服务部门劳动力的相对比重几乎在所有国家都呈上升趋势。

### 2.2.1.3　工业化阶段理论

这一理论主要有两位经济学家提出和论述。一位是德国经济学家 W. C. 霍夫曼（W. C. Hoffmann），他提出了工业化阶段理论，开创了产业内结构变迁研究的先河。该理论揭示了一个国家或区域的工业化进程中工业结构演变的规律，也就是工业化过程中的重工业化规律，是指在工业结构中由以轻工业为主转向以重工业为主的过程。霍夫曼关于工业化的阶段理论揭示了工业部门内部结构演进的一般规律，即重工业产值占工业总产值的比重越来越大。这种工业化演化过程中的重工业化趋势，被称为"工业化经验法则"。霍夫曼对工业结构的研究，实际上就是对工业结构"重工业化"的分析，即工业由轻工业为中心的发展向以重工业化为中心的发展推进；另一位是美国经济学家霍利斯·钱纳里（Hollis B. Chenery），他从经济发展的长期过程中考察了制造业内部各产业部门的地位和作用的变动，揭示制造业内部结构转换的原因，即产业间存在着产业关联效应。钱纳里利用回归方程建立了 GDP 市场占有率模型，提出了标准产业结构，即根据人均国内生产总值，将不发达经济到成熟工业经济整个变化过程划分为三个阶段六个时期，从任何一个发展阶段向更高一个阶段的跃进都是通过产业结构转化来推动的。

总之，三次产业主导作用更替是经济体产业转型的宏观表现，三次产业主导地位由农业到工业再到服务业的依次更替规律是产业转型一般规律的集中体现。自威廉·配第和克拉克对产业结构进行了开创性研究以来，三次产业结构转型及其与经济增长的关系问题引起了经济学家们的高度重视。从"配第 - 克拉克"到库兹涅茨、钱纳里，他们所做的以不同国家实际经济数据的统计研究，无不证明了产业转型规律的一般性和普遍性。美国著名经济学家西蒙·库兹涅茨和钱纳里等人运用大量统计资料对世界各国三次产业结构演进进行了深入研究，发现了一些具有共性的规律。这些规律反映出世界各国三次产业结构演进的趋势是：第一产业的产值份额和劳动力份额呈现出不断减少的趋势；第二产业的产值份额和劳动力份额先是很快上升，然后上升缓慢或趋于稳定；第三产业无论是产值份额还是劳动力份额都一直上升。产业结构转型规律有利于我们分析产业转型及其劳动力流向，把握其产业转型的方向，进而分析劳动力流动的区域性变化。从资源结构变动情况来看，产业结构转型沿着劳动密集型产业—资本密集型产业—知识密集和技术密集型产业方向发展。可以说，产业结构转型的过程也就是经济发展的过程。

### 2.2.2 产业梯度转移理论

从产业梯度转移理论角度看，一国之内不同地区的产业之间存在一定的梯度，这是由于不同地区的产业技术水平、比较劳动生产率相对全国水平来说都处于不同的位置而形成的。当高梯度地区的产业处于工业生产生命循环阶段中的成熟阶段，各种生产要素在扩展效应影响下，受利润的驱使会流动到第二梯度地区。依次类推，产业便随着梯度的高低次序在国家（地区）与国家（地区）之间逐步推移。在研究这一产业梯度转移过程中，先后形成了产品生命周期理论、雁行形态论、边际产

41

业扩张论、"中心—外围"理论等主要理论。

### 2.2.2.1 产品生命周期理论（product life cycle）

产品生命周期理论是美国著名经济学家弗农（Raymond Vernon，1966）在其《产品周期中的国际投资与国际贸易》一文中首次提出的。他认为，产品生命周期的变化在不同的国家是不同的。一种新开发的产品将经历新产品阶段、成熟产品阶段、标准化产品阶段这三个发展过程，产品生产技术的周期波动，导致产品生产地点的变动，从而促进了生产产品的产业在不同国家和区域之间的转移，也决定了生产产品的厂商利润和劳动力收入的变化，决定了产品的生命周期波动。该理论根据地区之间生产力发展水平、科技和产品的创新能力高低，提出每个国家或地区都处在一定的经济发展梯度上，每出现一种新行业、新产品、新技术，都会随时间的推移由处在高梯度地区向低梯度地区传递。

### 2.2.2.2 雁行形态论（the flying – geese model）

雁行形态论是日本经济学家赤松要（Kaname Akamatsu，1935，1937，1962）提出的，主张在投资国与被投资国之间实施动态的产业转移。所谓"动态产业转移"是指投资国将本国产业按生产成本排序，将已处于比较劣势的边际产业依次进行转移。由于各国（或地区）之间存在产业发展层次的差异及技术转移空间，这为后发国家（或地区）通过产业转移提升本国产业结构提供了可能。该理论认为本国产业发展与国际市场密切相关，一国产业结构如果国际化，则产业结构的调整可以通过国际产业间的梯度转移来实现。"雁行模式"成为20世纪70年代日本向ANIES（亚洲新兴工业国家和地区）和ASEAN（东南亚国家联盟）进行产业转移，推动本国经济发展的重要理论根据。

### 2.2.2.3 边际产业扩张论（marginal industry expansion theory）

日本一桥大学教授小岛清（K. Kojima，1978）将雁行形态论与产品生命周期理论综合起来，提出了自己的产业转移理论，即"边际产业扩张论"。他认为，边际产业是指在产业转出国内部已丧失或即将丧失比较优势，而在产业承接国具有明显或潜在比较优势的产业。根据边际产业扩张论，产业转出国应该出口具有比较优势的产品，而将具有比较劣势的产业转移出去投资，产业承接国通过承接产业转移而促进其经济增长和福利改进。小岛清比较优势论的特点：第一，从事对外直接投资的企业与承接国的技术差距越近越好，这样容易在海外特别是在发展中国家找到立足点，占领当地市场；第二，中小企业在制造业中投资往往比大企业更占优势，因为他们转移到承接国的技术更适合于当地生产要素结构，为承接国创造就业机会，受他们欢迎；第三，无论是转出国还是承接国都不需要有垄断和寡头垄断市场。

总之，在现行的产业转移理论中，美国哈佛大学经济学家弗农（1966）提出的产品生命周期理论最早。他认为，一个地区产业结构是否优良决定了该区域经济的繁荣与否，而一个地区产业结构的优劣又是由该地区的主导产业在产品生命周期中所处的阶段决定的。在实践中，日本著名经济学家赤松要等人（1976）提出了著名的"雁行形态论"，由于这一理论假说客观地描述了后起国内部产业发展的顺序和走向高度化的具体途径和过程，同时表述了东亚国家（或地区）在相互依存、互相波及中依次相继起飞的客观历程，因此被称为"雁行模式"而颇负盛名。日本另一位经济学家小岛清（1978）提出"边际产业扩张论"，进一步修正和完善了"雁行形态论"。这些理论的共同点是产业从高梯度地区向低梯度地区转移，因此将它们统称为产业梯度转移理论。这些理论从各个角度对产业转型做了充分细致的研究，建立了产业转型的理论框架，其共同点是将研究对象都放在了发达国家的高梯度产业向发展中国家的转移上，但其对实行区域间非均衡发展策略的发展中国家如何在一国内部实现经济发达地区与欠发达地区的产业转型，进而缩小地区差异也具有重要的指导和借鉴意义。

## 2.3　农村劳动力转移与产业转型的互动机理

### 2.3.1　农村劳动力转移与产业转型的关系理论及其研究进展

从前面的理论综述可见，农村劳动力转移总是伴随着产业转移而流动、转移，可以这样认为，产业转型升级是农村劳动力转移的基本前提。

克拉克通过其开创性研究发现，随着人均国民收入水平的提高，劳动力依次由第一产业向第二产业转移；随着人均收入水平的进一步提高，劳动力再向第三产业转移。库兹涅茨在克拉克研究基础上，不仅论证了产业结构转型对经济增长的影响，而且还发现经济增长后人均产值的增加对结构变动趋势的反作用规律。刘易斯模型认为，现代工业发展可以从传统农业中获得无限的廉价劳动力供给，在劳动力供给价格与边际劳动生产率差额中获得巨额利润。托达罗认为一国经济由"农业部门""城市中的传统部门""工业部门（城市中的现代部门）"所构成，农村劳动力主要是进入"城市的传统部门"。由此可知，产业部门及其转型与农村劳动力转型之间存在着一定的关系，这种关系相互制约着农村劳动力转移与产业转型的过程。产业转型过程就是劳动力、资本、技术、制度等要素在不同区域各个产业之间重新配置的动态发展过程；农村劳动力转移是伴随着产业在不同区域的聚集和转型而转移的动态配置过程，本质上属于一种要素禀赋的市场配置过程。据此认为，农村劳动力转移与产业转型之间的大致关系见图2－1。

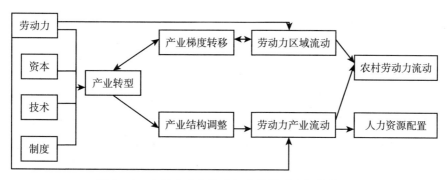

**图 2 - 1　农村劳动力转移与产业转型之间的关系**

从图 2 - 1 可以看出，劳动力、资本、技术和制度构成产业转型的主要要素，产业转型可分为产业结构调整和产业梯度转移两个方面：产业结构调整是一个地区内部产业结构演变的主要方式，相应的结果是区域内产业结构优化，进而引起劳动力资源的合理流动和有效配置，这是劳动力就业结构的产业性流动，即在三次产业内部和三次产业之间的转移，是一个地区内部的人力资源配置过程；产业梯度转移是产业在地区间的梯度接力转移，主要是从先发地区（或高梯度地区）转移到后发地区（或低梯度地区），即先发地区相对落后或不再具有比较优势的产业可以转移到其他与该地区存在产业梯度的地区，成为其他地区相对先进或具有比较优势的产业，从而提高后发地区的产业结构层次与水平。产业梯度转移必然引起要素禀赋的跨区域流动，劳动力（主要是非稳态就业的农村劳动力）流动也就成为一种区际之间的要素流动，同时也可能引起先发地区要素禀赋成本的上升而渐失比较优势，后发地区因劳动力要素禀赋显性优势而渐现比较优势。

地区间产业梯度转移使先发地区加快了产业升级，摆脱了传统产业带来的包袱，从而可以"轻装上阵"，集中人力、物力承接国际新兴产业转移，发展高附加值、高技术含量的产业，实现产业结构调整和优化升级；后发地区则以较低成本引进相对先进的产业与技术，以后发优势尽快提高产业层次与水平，从而实现产业转移方与承接方的双赢。一方面，产业转移促进了整个区域的产业结构优化，并进而推动了区域经济发展；另一方面，区域产业结构优化与经济发展又反过来会进一步促进产业在区域内、区域间的转移，最终呈现出"螺旋式"上升格局。总之，在要素（劳动力、资本、技术、制度等）自由流动的情况下，产业与技术存在着由先发地区向后发地区扩散与转移的趋势。产业的适时转移不仅是先发地区产业结构调整的需要，还能促进后发地区的经济发展。

可以认为，一方面，产业梯度转移与产业结构调整以及区域经济发展是紧密联系在一起的，三者相辅相成，互成因果；另一方面，劳动力转移与区域经济发展之间存在着一定的作用机制，即区域经济发展是吸引劳动力转移的必要条件，起着"拉力"作用，而劳动力转入又能够增强流入地的比较优势，加速了区域经济发展。因此，产业转型、区域经济发展与劳动力区域流动的关系见图 2-2，其中劳动力区域流动主要包括农村劳动力区域转移，即主要是我国农村劳动力从中、西部地区流向东部地区及回流等。相关研究也表明：经济因素是农村劳动力流动的基本动力机制，产业结构升级与布局则是农村劳动力流动实现的基本路径。

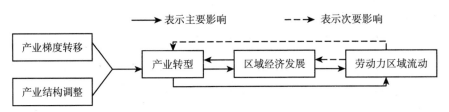

图 2-2　产业转型、区域经济发展与农村劳动力区域流动的关系模型

以上分析只是一种理论思考，区域经济与产业发展的梯度差异，蕴涵着产业转移的客观基础，但产业转型的发生却是转出区"推力"与承接区"拉力"共同作用的结果。在现实中，这种产业转型是与要素禀赋流动相伴随的一个长期过程，这一过程不仅是"拉力""推力"因素的

作用，还包括要素禀赋、区域文化、资源条件等多种因素影响的结果，而且这一过程还具有反复性和阶段性等特点。

农村劳动力转移与产业转型的关系随着我国工业化进程、区域经济发展和产业结构演变而不断注入新内容，分别从产业聚集、产业结构调整等方面探讨二者的关系，时至今日，从产业转型、城镇化、劳动力转移三方面关系的研究成果开始涌现，这就为我们探讨农村劳动力转移与产业转型的关系理论提供了基础。如武晓霞等认为产业集聚引致劳动力流动的机制可以从外部经济、竞争优势、空间经济学等角度进行分析，并通过实证分析表明，劳动力跨区域流动主要影响因素为制造业的集聚程度、劳动力跨省流动与制造业集聚之间形成一种正反馈机制①；叶琪认为农村劳动力转移推动我国产业结构调整，而产业结构调整反过来又拉动农村劳动力转移，由此得出东部地区劳动密集型产业应向中、西部转移，以实现东部地区产业结构升级和西部农村劳动力转移②；刘新争认为 2011 年初发生新一轮"民工荒"引致的我国农村劳动力流动新趋势反映了劳动力要素成本的比较优势在我国区域之间的动态转化，东部地区逐步丧失劳动力成本的比较优势，中、西部地区劳动力要素禀赋的显性优势开始呈现③。佟光霁等研究表明，第一产业和第三产业技术进步与农村劳动力转移之间存在长期显著相关关系，而第二产业技术进步与农村劳动力之间并不存在显著相关关系④。关海玲等运用数据包络分析法的实证研究结果表明，产业结构升级使农村转移劳动力的吸纳效率不断提高，同时也使三次产业内部投入产出逐步趋于合理⑤。因此，做

---

① 武晓霞，任志成. 基于产业集聚的中国劳动力流动研究 [J]. 南京审计学院学报，2007 (4)：21 - 27.

② 叶琪. 论农村劳动力转移与产业结构调整互动 [J]. 财经科学，2007 (3)：80 - 85.

③ 刘新争. 比较优势、劳动力流动与产业转移 [J]. 经济学家，2012 (2)：45 - 50.

④ 佟光霁，王卫. 产业技术进步与农村劳动力转移的动态影响关系研究 [J]. 中国科技论坛，2014 (4)：68 - 73.

⑤ 关海玲，丁晶珂，赵静. 产业结构转型对农村劳动力转移吸纳效率的实证分析 [J]. 经济问题，2015 (2)：81 - 85.

好产业在区域间的转移和承接，才能转变依靠廉价劳动力的外向型经济增长方式，促使东部地区进行产业升级，同时带动中、西部地区工业化和城镇化进程，实现区域间协调发展。

### 2.3.2　农村劳动力转移与产业转型的互动机理

从前面分析农村劳动力转移与产业转型的关系可见，产业转型速度决定农村劳动力就业结构优化水平，从而影响农村劳动力转移及其区域分布；而农村劳动力转移可以提高产业的劳动生产率，为产业转型升级创造良好的人力条件，为经济可持续性增长提供重要的人力资本保障。

#### 2.3.2.1　产业转型决定农村劳动力转移的趋向、规模和特点

产业转型的实质是要素资源流动的过程，往往通过跨区域直接投资方式进行，产业转型的表现就是资本、劳动、技术、制度等生产要素在产业和区域之间的流动，是进行产业结构优化升级的重要方式之一。而且，产业转型必然伴随着劳动力资源的优化配置，即劳动力就业结构调整，主要是各次产业就业人口所占比例的变化，其变动趋势是第一产业就业人口向第二、第三产业转移，即劳动力资源配置过程，这一过程必然伴随着人口的乡城转移过程。曾湘泉等认为，区域之间资本、市场、技术和劳动力之间相互流动、相互配合，会改变产业结构与城镇化模式相互作用的路径，从而提升城镇吸纳农村劳动力的效率①。因此，产业转型及其优化水平决定劳动力资源就业的产业结构，进而引起农村劳动力乡城转移。而且，在一个地区差距明显的更大区域内，产业梯度转移直接引起农村劳动力跨区域转移，产业梯度转移的区域与农村劳动力转移呈线性关系，产业梯度转移的速度与农村劳动力转移的规模呈一致性

---

① 曾湘泉，陈力闻，杨玉梅. 城镇化、产业结构与农村劳动力转移吸纳效率［J］. 中国人民大学学报，2013（4）.

变化，农村劳动力转移的特征与产业转型密切相关，主要是与产业结构区域性变化密切相关。

此外，产业结构转型和产业梯度转移能够改善产业转出地区的人口结构，为产业转出地区承接更高层次的产业转移创造条件。通常来说，产业转出地区的经济发展很大程度上得益于劳动密集型制造业，正由于劳动密集型制造业在产业转出地区的大规模集聚，吸引了区域外大量的农村劳动力在本地就业。转移就业的农村劳动力高度聚集，对产业转出地区的环境和社会发展都带来诸多问题：一方面加大了社会管理成本，公共服务压力加大，人居环境持续恶化等方面的问题突出；另一方面，农村转移劳动力素质普遍不高，不能胜任高端产业发展的技能要求。因此，产业转出地区将低端的劳动密集型产业或其中的制造环节转移出去，可以大大降低大量外来劳动力转入的人口压力，有利于提高常住人口平均素质，为提高人力资本质量、发展高技术产业和承接国际新兴产业转型创造条件。

### 2.3.2.2　农村劳动力转移影响产业转型的速度、质量和效果

劳动力就业结构的调整与升级必然会带动产业结构的调整与升级，这也反映了经济发展的阶段性特征。劳动力就业结构的变化反映了一个国家（地区）经济发展的特征（见图2-3）。

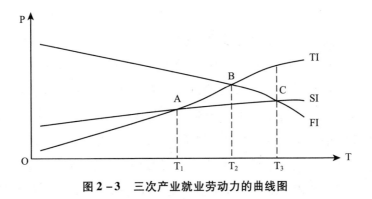

图2-3　三次产业就业劳动力的曲线图

在图 2-3 中，T 代表时间，P 代表就业劳动力的相应比率，FI 代表第一产业，SI 代表第二产业，TI 代表第三产业。交点 A 表示第三产业就业劳动力超过第二产业就业劳动力，是一个国家经济进行现代产业结构的初步调整期，也是第三产业吸纳新增劳动力就业的起步时期，是劳动力就业结构调整的第一个交点，相对应的时间为 $T_1$；交点 B 表示第三产业就业劳动力超过第一产业就业劳动力，是一个国家经济进行现代产业结构调整的关键期，也是第三产业吸纳劳动力就业的发展时期，是劳动力就业结构调整的第二个交点，相对应的时间为 $T_2$；交点 C 表示一个国家产业结构调整基本完成，三次产业就业结构合理，第三产业就业劳动力占主体的时期，在这一时期，一般也基本实现工业化和现代化，进入后工业后现代时期，是劳动力就业结构调整的第三个交点，相对应的时间为 $T_3$。由此推演出就业劳动力演变现代化的四个阶段：第一阶段为 $O \sim T_1$，是第二、第三产业吸纳劳动力就业发展的初期阶段，这一阶段往往要经历较长的过程，需要在资本、劳动和土地等方面的投入和集聚，主要是技术发展和制度变迁推动农业经济发展，使农业劳动力出现剩余，迫使农村劳动力向非农产业（即第二、第三产业）转移；第二阶段为 $T_1 \sim T_2$，是第二、第三产业吸纳劳动力就业较快发展的中期阶段，根据各个国家和地区具体情况的不同，经历的时间长短不一，这一阶段主要是服务业发展较快，工业发展稳步发展，第二、第三产业吸纳劳动力就业增长的趋势加强，农业劳动生产率提高使更多的农村劳动力剩余并向非农产业就业，主要是向第三产业转移；第三阶段为 $T_2 \sim T_3$，可称为第二、第三产业吸纳劳动力就业的快速发展阶段，主要是第三产业吸纳劳动力就业能力增强，农业劳动生产率继续提高，促使更多的农村劳动力非农就业，向第三产业转移；第四阶段为 $T_3 \sim T$，为第三产业吸纳劳动力就业增速趋缓阶段，这一阶段，农业劳动力就业比例继续下降，第二产业劳动力就业在缓慢增长一段时间之后也开始下降，第三产业劳动力就业继续增加，逐渐成为吸纳劳动力就业的最主要产业，在 60% ~ 70%，此时可以说是完成了现代化，进入了后现代化、后工业化阶段①。简要表述见表2－1。

表2－1　　　　劳动力就业各交叉点阶段对应的经济发展特征

| 交叉点阶段 | 劳动力供给态势与经济发展内涵 |
| --- | --- |
| 第一阶段<br>（O ~ T₁） | 劳动力就业发展的初期阶段，劳动力供给主要是无限供给，农村劳动力开始向非农产业转移且规模越来越大，经济发展大致处于工业化初期中期阶段 |
| 第二阶段<br>（T₁ ~ T₂） | 劳动力就业发展较快发展的中期阶段，劳动力供给由开始减少到有限供给，农村劳动力转移规模扩大，劳动力转移制度创新进入新的阶段，经济发展大致处于工业化中期阶段 |
| 第三阶段<br>（T₂ ~ T₃） | 劳动力非农就业快速阶段，劳动力供给继续减少并出现短缺，第三产业逐步成为吸纳劳动力就业的主要部门，劳动力转移制度持续创新，经济发展大致处于工业化后期阶段 |
| 第四阶段<br>（T₃ ~ T） | 劳动力成为稀缺要素，农业劳动力就业比例开始下降，第二产业就业劳动力达到峰值后也开始下降，第三产业成为吸纳劳动力就业的最主要产业部门，劳动力基本能够实现自由流动，经济发展进入后工业化阶段，经济现代化基本实现 |

　　农村劳动力转移是一个后发国家（地区）必须经历的人口再分布过程，不仅改变着劳动力人口的城乡分布，还改变着劳动力人口的地区分布。一般认为，劳动力就业结构优化对产业结构演进、劳动生产率提高和区域经济发展起着重要的推动作用。产业转型一般是转向具有成本优势的劳动力聚集地区，而农村劳动力往往是向具有比较优势的地区和产业转移，劳动力与产业的有效互动才能促进区域经济的持续增长。特别是，伴随着农村劳动力从农业转向工业以及向劳动密集型产业的集聚，城镇化进程加快，产业集聚又会创造出新的劳动密集型产业，从而形成了分工细致的产业链，客观上有助于区域经济增长。农村劳动力进一步流动，劳动供给进一步增加，劳动力进一步集聚，而且高质量的劳动力投入不仅有助于提高经济系统的产出，而且有利于引导其他要素资源流

① 申鹏．农村劳动力转移的制度创新［M］．北京：社会科学文献出版社，2012：62－63.

向转型产业，推动产业结构优化。因此，农村劳动力转移影响产业转型的速度、质量和效率。

### 2.3.2.3 农村劳动力与转移产业转型的内在一致性

农村劳动力向城镇和非农产业转移，是工业化和城市化发展的必然趋势。大量的农村劳动力转移不仅有利于农村经济结构调整与升级，而且会对产业转型升级起积极的推动作用，产业转型升级反过来又会引导农村劳动力转移的方向。正如佟光霁等（2014）认为，农村劳动力转移作为资源重新配置的过程，不但受制于产业技术进步，也会影响产业技术进步。农村劳动力转移为产业转型提供了劳动力资源，一个国家（地区）劳动力资源的规模和结构决定了产业转型的渐进性与长期性，必然要求大力发展劳动密集型产业和推动产业结构调整，并促进产业的梯度转移，两者之间有极强的关联性。

首先是两者之间存在的"推拉"作用。英国经济学家瑞文斯坦（Ravenstein）等人最早提出的推力—拉力模型，把农村劳动力转移的条件和这一转移的效应用具有普遍意义的图形表现出来，体现产业结构调整与农村劳动力转移的互动作用。大力发展非农产业必然会产生对农村劳动力的大量需求，在农村劳动力非农就业工资比在家种地的收入高的前提下，基于比较利益的考虑，农村劳动力会转向非农产业就业，这对农村劳动力转移产生"拉力"作用。农村劳动力转移也会对产业结构调整起"推力"作用，大量的农村劳动力存在要求发展非农产业以创造更多的就业岗位满足他们的就业需求。同时，随着农业过多劳动力的释放也会带动农村经济结构的调整和优化，促使农业劳动生产率提高，有利于农业产业结构优化。

其次是二者之间存在的互动作用。这种互动作用主要是以产业转型来实现地区间产业结构协调和引导劳动力合理有序转移。顺应国际产业转移的新趋势和中国经济新常态，以及加快产业结构调整的要求，先发地区低附加值的产业也必然要进行转移，首先是劳动密集型产业逐步向后发地区转移。由于后发地区农村富余劳动力多于先发地区，将这部分产业转移到后发地区，可以实现后发地区农村劳动力就地转移。同时，从劳动力跨区域转移成本来看，后发地区农村劳动力向先发地区转移要花费较高成本，而农村劳动力外出就业的工资收入不高，在工资收入与就地务工收益进行综合比较之后，如果二者相差不大，理性的农村劳动力就会减少外出的意愿。如果他们在本地就能找到合适的就业岗位，无疑将更多地会选择就地转移。在工业化城镇化加速发展的阶段，各地应在发挥区域比较优势和发展主导产业的前提下，通过组织产业转型升级和区域互补空间的扩张，同时采取积极有效措施将适应本地区产业发展要求和产业特色的人口集聚起来，在人口集聚与产业集聚之间实现有效的循环，实现地区优势产业的集聚和产业结构的逐步调整，引导区域劳动力合理有序转移。比如，先发地区已积累了较为深厚的经济基础，可以通过将部分劳动密集型产业转移出去和对传统产业升级改造，既能使先发地区减少对普通劳动力的需求和加快工业化建设，又能带动后发地区工业化的进程，以实现区域协调发展。

因此，农村劳动力转移与产业转型升级已紧密地结合在一起，二者呈同方向变化。

**3**

# 外出就业：中国农村劳动力转移现状

　　按照经济学的观点，农村劳动力向非农产业和城镇转移，是工业化、城镇化和现代化必然经历的过程。在工业化、城镇化和农业现代化的过程中，农村劳动力从传统农业部门（如传统农业）向现代经济部门（如城市非农产业）转移，既是世界各国都曾经或必将面对的一种普遍现象，也是其现代经济发展的必由之路。一般认为，二元经济过程的一个重要特征，是两个部门中的传统农业部门劳动力就业规模是逐渐缩小的，而现代经济部门劳动力就业规模则是不断扩大的。推动这个过程的重要机制就是农村劳动力的乡城转移。因此，了解和掌握中国农村劳动力转移现状是开启一项研究工作的基础，只有了解现状，才能更好地分析和思考其面临的问题及相应的对策建议。

## 3.1　中国农村劳动力转移历程

　　由于不同时期的制度变革及其政策变化，使改革开放 40 年来我国农村劳动力转移经历了急剧流动、曲折起伏发展和经济新常态下的"民工荒"阶段。

### 3.1.1　1979～1988 年是急剧流动阶段

这一时期主要是农村土地制度变革和户籍制度改革导致的农村劳动力转移。以家庭联产承包制为主要内容的农村土地制度变革和人民公社制度解体，农户家庭不仅具有了土地利用和资源配置的自主权、劳动产品的归属权，而且生产经营成果以及不同的资源配置选择直接体现在家庭收入和福利上，土地制度变革的激励作用开始凸显，农民生产经营的积极性空前高涨，农业劳动生产率得到大幅度提高，粮食产量得到迅速增加，粮食供求矛盾得以缓解。同时，随着农村产品和要素市场的逐步放开、农业劳动生产率的提高和农产品价格的提升又使农业收入得以提高，农村经营环境得以改善，农村经济发展所产生的强大经济刺激暂时弱化了农民向非农领域流动的冲动程度。然而，那些与其经营土地相比劳动力过多的农户家庭，为使家庭劳动力得到充分利用，开始在农业以外的其他经济部门寻求就业机会。在此条件下，政府开始实施以促进经济增长为目标的全面政策调整，开始逐步放宽农村劳动力向非农产业就业的制度及政策限制。

这一时期最主要的制度创新是户籍制度开始松动。1984 年 10 月，政府发出《关于农民进入集镇落户问题的通知》。此后，作为非农业户口的"自理口粮户"开始出现，这实际上开启了农村劳动力转移的先河，农村劳动力进城务工经商的潮流开始涌现，即"民工潮"。

从 1984 年开始，乡镇企业开始发展壮大起来，成为农村劳动力非农就业的主要渠道，同时，国家准许农民自筹资金、自理口粮进入城镇务工经商。从这一年开始，农村劳动力以空前的规模和速度向农村非农产业就业。乡镇企业成为这一时期吸纳农村劳动力就业的主要场所（见表 3 - 1）。

表 3 - 1 显示，1984～1988 年是乡镇企业吸纳农村劳动力就业最多的 5 年，但增幅逐年有所下降，这是由于乡镇企业发展规模较小、发展

潜力有限和管理方式落后等内在特性决定的就业创造能力引起的。

表 3 - 1　　　　　　　　1978 ~ 1988 年乡镇企业吸纳农村
劳动力就业情况

| 年份 | 农业从业人员（万人） | 乡镇企业吸纳就业人员（万人） | 比上年增加数（万人） | 增幅（%） | 占农村从业人员比重（%） |
|---|---|---|---|---|---|
| 1978 | 30638 | 2826 | | | 9.23 |
| 1979 | 31025 | 2909 | 82 | 2.91 | 9.38 |
| 1980 | 31836 | 2999 | 90 | 3.12 | 9.42 |
| 1981 | 32672 | 2969 | -30 | -1 | 9.09 |
| 1982 | 33867 | 3112 | 143 | 4.83 | 9.20 |
| 1983 | 34690 | 3234 | 121 | 3.91 | 9.32 |
| 1984 | 35968 | 5208 | 1973 | 61.01 | 14.48 |
| 1985 | 37065 | 6979 | 1770 | 33.99 | 18.83 |
| 1986 | 37940 | 7937 | 958 | 13.73 | 20.93 |
| 1987 | 39000 | 8805 | 868 | 11.09 | 22.58 |
| 1988 | 40067 | 9545 | 740 | 7.75 | 23.82 |

　　资料来源：中国乡镇企业年鉴编辑委员会. 中国乡镇企业年鉴（1993）［M］.作者根据资料整理而来。

## 3.1.2　1989 ~ 2003 年是曲折起伏发展阶段

　　由于户籍制度改革滞后、农民工社会保障缺失、劳动力市场制度不完善等制度和政策因素的影响，这一阶段农村劳动力转移经历了三个时期：1989 ~ 1991 年为缓慢增长时期，1992 ~ 1996 年为快速流动时期；1997 ~ 2003 年为调整发展时期。

### 3.1.2.1　1989 ~ 1991 年的缓慢增长时期

　　这一时期主要是由于国民经济治理整顿导致城镇新增就业机会减

少，且因农村劳动力市场就业制度缺失，使农村劳动力流动陷入了停滞的低谷时期。从 1988 年底开始，国家对国民经济进行为期三年的治理整顿，就业机会主要向城市居民优先，控制农村劳动力过快向城市流动。1989 年 3 月至 1991 年 12 月出现了大量农村外出劳动力由城市向农村的"回流"，这是一种被动的无奈的"回流"。应该说，这也是农村劳动力返乡的第一个阶段，尽管规模较小且影响程度较低。

### 3.1.2.2　1992～1996 年的快速流动时期

这一时期由于宏观经济形势好转、东部沿海地区经济发展对劳动力需求的增加，以及提出建立社会主义市场经济体制的改革目标，农村劳动力转移流动的制度和政策进行了改革，并开始对进城农民工进行管理，使农村劳动力转移流动规模快速发展。从 1992 年开始，农村劳动力流动政策逐渐发生变化，从控制盲目流动到鼓励、引导和实行宏观调控下的有序流动，开始实行以就业证（卡）管理为中心的农村劳动力跨地区转移的就业制度，并对小城镇的户籍管理制度进行了改革。"随着乡镇企业逐步由劳动密集型向资本密集型转化，进入 20 世纪 90 年代以后，乡镇企业吸纳农业劳动力的能力已明显下降，在这种情况下，更多的农村劳动力流向城市。据估计，1992 年流入城市的农村人口已达3500 多万人，而 1993 年外出农村劳动力估计在 5000 万～6000 万人。1992～1996 年，农村劳动力累计流动规模为 4122 万人，平均每年 824万人，流动农村劳动力的总量平均每年增长 7.9%，农村劳动力非农化率由 20.7% 又迅速提高到 28.5%，提高了 7.8 个百分点。[①]"

### 3.1.2.3　1997～2003 年的调整发展时期

这一时期主要是国民经济调整和国有企业改组，国有企业下岗再就业人员增多，导致城市非正规就业岗位明显减少，而原有的制度安排没有太大的变化，再加之缺乏相应的农民工就业保障制度和保障机制，使农村劳动力进城非农就业在这一期间明显减少。另外，随着中国正式加

---

① 刘怀廉. 农村剩余劳动力转移新论［M］. 北京：中国经济出版社，2004：48.

入 WTO，东部沿海地区外贸经济和城镇经济的发展，2002~2003 年东部地区农村劳动力需求持续增长，导致农村劳动力流动的规模开始增长。1997 年开始，农村劳动力流动的增长速度出现明显下降的态势，"1997 年为 1.1%、1998 年为 0.6%、1999 年降到了 0.4%"[1]。但是进入 2000 年，农村劳动力转移数量增长加快（见表 3-2）。

表 3-2　　　　　　　　中国农村劳动力流动数量

| 年份 | 农业部 | | 国家统计局 | |
|---|---|---|---|---|
| | 数量（万人） | 占乡村劳动力比例（%） | 数量（万人） | 占乡村劳动力比例（%） |
| 1995 | 5066 | 10.3 | | |
| 1996 | 5585 | 11.4 | | |
| 1997 | 5888 | 12.0 | | |
| 1998 | 5986 | 12.2 | | |
| 1999 | 6331 | 12.9 | | |
| 2000 | 7534 | 15.4 | 7849 | 16.0 |
| 2001 | 8361 | 17.0 | 8399 | 17.1 |
| 2002 | 9684 | 19.8 | 10470 | 21.4 |
| 2003 | 9820 | 20.1 | 11390 | 23.3 |
| 2004 | 10436 | 21.4 | 11823 | 24.3 |
| 2005 | 11186 | 23.1 | 12378 | 25.9 |
| 2006 | 11891 | 24.7 | 13212 | 27.5 |
| 2007 | 12609 | 26.5 | | |

注：转引自蔡昉，等．中国人口与劳动问题报告 No.9：刘易斯转折点如何与库兹涅茨转折点会合 [M]．北京：社会科学文献出版社，2008：94．
资料来源：农业部农村经济研究中心，国家统计局编历年．中国农村统计年鉴 [M]．

表 3-2 表明，农村劳动力转移流动数量一直保持着逐年上升的势

① 刘怀廉．农村剩余劳动力转移新论 [M]．北京：中国经济出版社，2004：48．

头，而且，随着农村劳动力转移流动数量不断上升，农业部门剩余劳动力数量逐渐减少，新增可供流动的农村劳动力减少。"1997～2003年年均转移500万人左右，年均增长约4%，但2003年仅增加490万人，增长3%，低于近年平均水平。①"这实际上是农村劳动力转移的供给态势发生新变化的征兆。

### 3.1.3  2004年至今是劳动力有限供给的"新常态"阶段

由于21世纪初期户籍制度、社会保障制度、就业市场制度、城市服务管理制度等制度改革滞后的长期影响以及中国人口转变导致的劳动力供给变化，2004年春，东部沿海地区部分企业开始出现了用工短缺，即所谓"民工荒"。"受到广泛关注的始于2004年春的'民工荒'，很快便向中、西部地区蔓延。在大多数人的观念中，中、西部地区被认为仍有大量剩余劳动力，但该地区的企业也遭遇了'民工荒'。人们还发现，短缺的并不是如一些学者推测的那样为'技术工人'，短缺的主要是非技术劳动者。②"2005年，东部地区的缺工现象依然没有缓解，反而有扩大的趋势，这带动了农民工工资水平的持续上涨。由于工资水平的迅速提高，涌向东部地区的农村劳动力继续增加，这导致中、西部地区部分省会城市的那些劳动力密集、工资水平偏低的行业，都开始感到招工困难。2006～2008年春，"民工荒"现象进一步蔓延，许多城市都招不着或招不够工人，加之中、西部地区企业迅速扩张，使劳动力短缺问题长期化且更难以得到缓解。"民工荒"反映了2004年以来中国劳动力市场就业形势在持续好转，遭受就业冲击的群体规模在减少，前一阶段没有流动的农村劳动力大量外出务工，农民工城镇

① 阳俊雄. 农村劳动力转移面临的主要问题与对策建议［M］. 中国农村劳动力调研报告2005，北京：中国统计出版社，2005：125.

② 蔡昉. 中国人口与劳动问题报告 No.8［M］. 北京：社会科学文献出版社，2007：73.

就业稳定性提高。

　　然而，2008 年底一场遍及世界的国际金融危机不期而至，中国外贸经济和实体经济也因此受到影响，东部沿海地区各类企业的就业岗位减少，致使 2009 年春节后进城务工的农村劳动力面临暂时性的就业困难，这事实上造成了中、西部地区更多的农民工返乡创业，而且返乡农民工创业规模越来越大，进而带动的就业规模也越来越大，引起了学术界和实践部门的广泛关注，并形成了不少的研究成果。这次国际金融危机及其对实体经济的影响并没有改变我国劳动力供给的基本状态，对农村劳动力转移就业的影响只是暂时的，这种影响是中国经济受到外部冲击的连锁反应，随着外部经济形势的逐步好转、应对金融危机的财政金融政策的有效实施及农村消费需求能力的积极扩张，对农村劳动力需求必将进一步的扩大，使许多失去工作的农村劳动力将重新回到城镇劳动者队伍之中，民工短缺的局面将继续维持。这一点随着 2009～2010 年中国经济的"L"型反转和总体形势回升向好后的就业形势予以证实。进入"十二五"以来，各地纷纷提高最低工资标准，这实际上是"民工荒"对这些省市工资调整形势的一种"倒逼"，这实际上说明我国农村劳动力已进入刘易斯模型的有限供给阶段。

　　2012 年以来，随着经济增速放缓尤其是东部地区经济增速下降，中国经济步入了新常态，即经济高速增长的态势业已过去，中国经济迈入中高速经济增长态势，这变相降低了东部地区吸纳农村劳动力转入的潜力，特别是中、西部地区农村劳动力跨省流动东部地区的潜力（见图 3－1）。正如 2017 年农民工监测调查报告显示，"2017 年农民工总量达到 28652 万人，比上年增加 481 万人，增长 1.7%，增速比上年提高 0.2 个百分点。①"

---

　　① 国家统计局. 2017 年农民工监测调查报告［R/OL］. 2018－04－27. http：//www. stats. gov. cn/tjsj/zxfb/201804/t20180427_1596389. html.

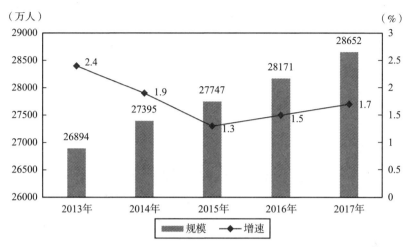

图 3 - 1　2013~2017 年农民工总量及增速

资料来源：国家统计局 . 2017 年农民工监测调查报告 ［R/OL］. 2018 - 04 - 27. http：//
www. stats. gov. cn/tjsj/zxfb/201804/t20180427_1596389. html.

2017 年，在东部地区务工的农民工占农民工总量的 55.8%。从流
入地来看，在中部地区务工的农民工比 2016 年增加 2.9%，占农民工总
量比重上升了 0.2 个百分点；在西部地区务工的农民工比 2016 年提高
增长 4.9%，占农民工总量比重上升了 0.6 个百分点；而在东部地区务
工的农民工比 2016 年减少 0.2%，占农民工总量下降 0.8 个百分点①。
这说明，中国农村劳动力总供给在下降，尤其是 2011 年中国劳动年龄
人口达到峰值之后，其供给呈现逐年下降趋势，而且这一趋势必将继续
延续下去。尽管 2013 年和 2015 年分别调整了人口生育政策，但对于农
村劳动力供给乃至整个劳动力供给态势不会发生大的变化，这一点还可
以通过预测分析清楚地看出。至此，中国农村劳动力转移进入了有限供
给的"新常态"，这也是中国人口转变带来的可预见结果。与此相伴随
的是，人口老龄化、劳动力成本或劳动力价格上升成为整个劳动力市场

---

① 根据 2017 年农民工监测调查报告相关数据整理而得 . 国家统计局 . 2017 年农民工
监测调查报告 ［R/OL］. 2018 - 04 - 27. http：//www. stats. gov. cn/tjsj/zxfb/201804/t20180427_
1596389. html.

的一个显著变化，劳动力成本上升必将对产业转型带来深刻的影响，特别是东部地区尤为明显，这将是东部地区产业转型面临的现实问题。这说明，如果深层次矛盾不解决，将影响东部地区的产业转型与升级。在这一背景下，产业转型对农村劳动力转移流动格局的影响就值得关注和思考。

## 3.2 中国农村劳动力外出就业的现状

为了充分说明农村劳动力流动的现状，课题组在 2013 年 7 ~ 8 月利用大学生（研究生）暑期社会实践机会，按照随机抽样原则选择在上海、广东、山东、辽宁、湖南、安徽、四川、重庆和贵州等省市务工的农民工①进行分组问卷调查，共发放调查问卷 1500 份，回收了 1258 份，剔除没有外出务工和填写信息不完整的问卷，实际有效问卷 1184 份（见表 3 - 3），有效率 94.12%。问卷的基本信息见表 3 - 4。

表 3 - 3　　　　　　　　　　调查样本分布　　　　　　　　单位：人

| 调查地点 | 发放样本数 | 有效样本数 | 调查地点 | 发放样本数 | 有效样本数 | 调查地点 | 发放样本数 | 有效样本数 |
|---|---|---|---|---|---|---|---|---|
| 上海 | 150 | 107 | 辽宁 | 150 | 118 | 四川 | 250 | 197 |
| 广东 | 150 | 119 | 湖南 | 150 | 125 | 重庆 | 150 | 125 |
| 山东 | 150 | 121 | 安徽 | 150 | 104 | 贵州 | 200 | 168 |

资料来源：农村劳动力转移就业问题研究，2013 年 7 月 8 日。

---

① 调查的农村劳动力可能是"本地农民工"，也可能是"外地农民工"。

表 3 - 4                           调查样本基本信息

| 性别（人） | | | 婚姻状况（人） | | |
|---|---|---|---|---|---|
| 男 | 827 | 69.8 | 未婚 | 365 | 30.8 |
| 女 | 357 | 30.2 | 已婚 | 794 | 67.1 |
| 教育程度（%） | | | 离异或丧偶 | 25 | 2.1 |
| 文盲半文盲 | 63 | 5.3 | 年龄 | | |
| 小学 | 357 | 30.2 | 16～25 岁 | 398 | 33.6 |
| 初中 | 544 | 45.9 | 26～35 岁 | 325 | 27.4 |
| 高中 | 164 | 13.9 | 36～45 岁 | 311 | 26.3 |
| 大专及以上 | 56 | 4.7 | 46 岁以上 | 150 | 12.7 |

资料来源：农村劳动力转移就业问题研究，2013 年 7 月 8 日。

从表 3 - 4 来看，农村外出劳动力性别结构以男性为主，婚姻状况以已婚为主，教育程度以初中为主，年龄以 35 岁以下（即 1978 年后出生）的年轻劳动力为主，这符合中国农村劳动力转移的基本特征，说明本次调查的数据[①]具有一般性，可用以说明农村劳动力转移现状及区域格局。为了更好地分析当前中国农村劳动力转移的现状，本书研究将国家统计局历年的"农民工监测调查报告"和问卷调查数据相互补充、互相完善。

## 3.2.1  就业规模

经过 40 年的改革开放，中国农村劳动力转移随着政府对其就业和流动政策的演变而呈现出不同的流动规模。根据国家统计局《2017 年农民工监测调查报告》[②] 显示，2017 年我国农民工总量达到 28652 万

---

[①]  本次调查的相关数据将在后面的分析中使用。
[②]  国家统计局 . 2017 年农民工监测调查报告 ［R/OL］. 2018 - 04 - 27. http：//www. stats. gov. cn/tjsj/zxfb/201804/t20180427_1596389. html.

人，比 2016 年增加 481 万人，增长 1.7%（见表 3 - 5）。

表 3 - 5 全国农村外出劳动力数量 单位：万人

| | 2017 年 | 2016 年 | 增加数量 | 增速（%） |
|---|---|---|---|---|
| 农民工总量 | 28652 | 28171 | 481 | 1.7 |
| 其中：外出农民工[①] | 17185 | 16934 | 251 | 1.5 |
| 本地农民工 | 11467 | 11237 | 230 | 2.0 |

资料来源：国家统计局 . 2017 年农民工监测调查报告 ［R/OL］. 2018 - 04 - 27. http：//www. stats. gov. cn/tjsj/zxfb/201804/t20180427_1596389. html.

从表 3 - 5 可以看出，尽管外部经济环境发生较大变化，中国农村外出劳动力规模逐渐增加，无论是"外出农民工"还是"本地农民工"均出现增长趋势，而且"本地农民工"增加幅度较大，2017 年比 2016 年增加 230 万人。可见，从增速变化来看，2017 年，本地农民工明显快于外出农民工，本地农民工持续增加是近年来农民工规模变化的一大特点。

## 3.2.2 基本特征

### 3.2.2.1 性别年龄特征

从性别年龄特征来看，农村外出劳动力以男性为主，年长农民工比重逐年增加。男性农村外出劳动力占 65.6%，女性占 34.4%；分年龄段看，农村外出劳动力以青壮年为主，16 ~ 20 岁占 2.6%，21 ~ 30 岁占 27.3%，31 ~ 40 岁占 22.5%，41 ~ 50 岁占 26.3%，50 岁以上的农民工占 21.3%[②]，平均年龄逐年增高，2017 年为 39.7 岁，比 2016 年增加

---

① 外出农民工：指调查年度内，在本乡镇地域以外从业 6 个月及以上的农村劳动力；本地农民工：指调查年度内，在本乡镇内从事非农活动（包括本地非农务工和非农自营活动）6 个月及以上的农村劳动力；举家外出：指农村劳动力及家人离开其原居住地，到所在乡镇区域以外的地区居住。

② 国家统计局 . 2015 年农民工监测调查报告 ［R/OL］. 2018 - 04 - 28. http：//www. stats. gov. cn/tjsj/zxfb/201604/t20160428_1349713. html.

0.7 岁。全国农民工监测调查报告显示，41 岁及以上年龄的农民工所占比重逐年上升，由 2013 年的 41.6% 上升到 2015 年的 47.6%①。尽管每年农村新增劳动力大部分会加入到流动就业的农民工行列中，但由于年龄结构变化导致我国农村劳动力"无限供给"状态业已改变，各个地区年轻劳动力供给态势呈减少态势，这与我国"少儿人口"（即 0～14 岁）在 1996 年达到峰值密切相关，将直接影响到各地的劳动力结构及其产业发展，这事实上说明我国农村劳动力转移进入了有限供给的"新常态"阶段。

### 3.2.2.2 婚姻特征

家庭对农村劳动力转移有很大的制约作用。从婚姻状况来看，农民工有配偶者占 77.8%，其中，本地农民工有配偶者占 90.2%，远高于外出农民工有配偶者 64.5% 的比例，这主要是由于本地农民工平均年龄高出外出农民工所致②。我们的调查数据也同样表明了农民工以已婚为主的这一特征（见表 3 - 4），这说明农村劳动力转移已呈现出"家庭化"趋势，反映了已婚、年纪较大的农村劳动力更倾向于就近就地转移或部分因经历了外出务工洗礼而返乡就近就业或创业。大龄农民工不仅外出缺乏竞争力，而且需要照顾家庭，这使得他们的外出积极性减弱。相比较而言，外出农民工年龄结构较轻，大多数属于新生代农民工，他们与其父辈相比，更加看重自己未来的发展，注重体面的就业发展机会；而且，他们大多数是从学校到流入地务工，基本没有农事经历，对他们来说，产业转型也不大可能返乡务农，更有可能的是随产业转型而流动。

### 3.2.2.3 文化素质特征

从文化程度来看，农民工以初中文化程度为主，我们的调查数据也同样说明这一点（见表 3 - 4）。在农民工（合计）中，2017 年，农民

---

① 国家统计局. 2015 年农民工监测调查报告 [R/OL]. 2016 - 04 - 28. http：//www. stats. gov. cn/tjsj/zxfb/201604/t20160428_1349713. html.

② 国家统计局. 2017 年农民工监测调查报告 [R/OL]. 2018 - 04 - 27. http：//www. stats. gov. cn/tjsj/zxfb/201804/t20180427_1596389. html.

工文盲占 1.0%，小学文化程度占 13.0%，初中文化程度占 58.6%，高中文化程度占 17.1%，大专及以上文化程度占 10.3%（见表 3 - 6）。从时间来看，近几年来，高中及以上文化程度的农民工所占逐渐提高，这主要得益于外出农民工高中及以上文化程度所占比例提高所致。外出农民工受教育水平明显高于本地农民工，尤其是新生代农民工受教育最高，也是最具发展潜力的农民工群体，这说明随着社会主义市场经济逐渐完善，高素质农村人力资源的流动性在增强，这为我国区域经济结构调整、区域产业转型升级创造了有利条件。而且，新生代农民工文化素质较高也是符合产业转型对从业人员素质的要求。

表 3 - 6 　　　　　　　农村外出劳动力文化程度构成　　　　　单位：%

| 文化程度 | 农民工合计 | | 外出农民工 | | 本地农民工 | |
| --- | --- | --- | --- | --- | --- | --- |
| | 2016 年 | 2017 年 | 2016 年 | 2017 年 | 2016 年 | 2017 年 |
| 未上过学 | 1.0 | 1.0 | 0.7 | 0.7 | 1.3 | 1.3 |
| 小学 | 13.2 | 13.0 | 10.0 | 9.7 | 16.2 | 16.0 |
| 初中 | 59.4 | 58.6 | 60.2 | 58.8 | 58.6 | 58.5 |
| 高中 | 17.0 | 17.1 | 17.2 | 17.3 | 16.8 | 16.8 |
| 大专及以上 | 9.4 | 10.3 | 11.9 | 13.5 | 7.1 | 7.4 |

资料来源：国家统计局. 2017 年农民工监测调查报告 ［R/OL］. 2018 - 04 - 27. http：// www. stats. gov. cn/tjsj/zxfb/201804/t20180427_1596389. html.

### 3.2.2.4　外出务工时间

从外出务工时间（见表 3 - 7）来看，首先是外出 2 ~ 5 年的农村劳动力较多，占 37.2%，其次是外出 5 ~ 10 年的，占 27.2%，再次是外出 2 年以下的，占 19.0%，最后还有 14.5% 的农村劳动力外出已经 10 年以上了，这说明农村劳动力大部分外出时间都比较长，且随年龄增长外出时间也越长。从外出就业方式来看，我们的调查数据表明，69.7% 的被调查者是专职务工，18.4% 的被调查者是打零工，兼职务工的占

6.8%，这一数据说明专职务工的农村劳动力比例增多，他们的就业稳定性就越强，相应地，其收入就越有保障。当然，还有一定比例的农村劳动力是打零工，容易受就业形势影响，说明他们的就业稳定性和雇用质量有待提高，是需要关注的就业群体。

表 3 - 7　　　　　　　　　　农村劳动力外出务工时间

| 外出时间（年） | 频次（人） | 百分比（%） | 累计百分比（%） |
|---|---|---|---|
| t < 2 | 225 | 19.0 | 19.0 |
| 2 ≤ t < 5 | 441 | 37.2 | 56.2 |
| 5 ≤ t < 10 | 322 | 27.2 | 83.4 |
| 10 ≤ t < 15 | 118 | 10.0 | 93.4 |
| t ≥ 15 | 53 | 4.5 | 97.9 |
| 缺失值 | 25 | 2.1 | 100.0 |
| 合计 | 1184 | 100.0 | |

资料来源：农村劳动力转移就业问题研究，2013 年 7 月 8 日。

### 3.2.3　就业状况

#### 3.2.3.1　就业行业分布

农村劳动力外出流动的主要目的是务工经商，就业率较高，已成为城市劳动力市场的重要组成部分。从就业行业（见表 3 - 8）来看，农民工从业仍以服务业、制造业和建筑业为主，从事制造业、建筑业的比重有所下降。2017 年农民工就业行业以从事制造业的比重最大，占 29.9%，这是东部地区需要区域产业转型的主要行业；其次是建筑业占 18.9%，这与近几年来加强基础设施建设和城镇化发展密切相关；批发和零售业占 12.3%，交通运输、仓储和邮政业占 6.6%，住宿和餐饮业占 6.2%，居民服务、修理和其他服务业占 11.3%，这些产业也会随着制造业转型而实现产业集聚，进而吸纳农村劳动力转移与就业。从农民工监测调查报告数据（见表3-8、见表3-9）对比来看，变化比较明显的是建筑业，农民工从事建筑业的比重在逐年递增，从2008年的13.8%上升到2015年的21.1%，2016年和2017年开始持续下降，2017年比2015年下降了2.2个百分点，即超过600万的农民工从建筑业转至服务业就业；而从事制造业的比重则趋于缓慢下降，2017年比2008年总体下降了7.3个百分点，这说明制造业作为吸纳农村劳动力就业的主要行业地位短期内不会发生变化，更有可能变化的是不同地区制造业吸纳农村劳动力就业的能力变化以及不同地区农村劳动力在制造业就业的比重变化。另外，农村劳动力就业行业主要是制造业、建筑业等，这些行业易受经济下行风险的影响，其就业和收入状况具有不稳定性，相应的劳动权益保护就成为需要重点加强的环节。第三产业作为服务业，同样受总体经济形势的影响，只不过相对于制造业和建筑业而言，其影响程度和效应可能会有所不同或延缓。

表3-8　　　　　2016～2017年农村外出劳动力从事的主要行业分布　　　单位：%

|  | 2015年 | 2016年 | 2017年 |
|---|---|---|---|
| 第一产业 | 0.4 | 0.4 | 0.5 |
| 第二产业 | 55.1 | 52.9 | 51.5 |
| 其中：制造业 | 31.1 | 30.5 | 29.9 |
| 建筑业 | 21.1 | 19.7 | 18.9 |
| 第三产业 | 44.5 | 46.7 | 48 |
| 其中：批发和零售业 | 11.9 | 12.3 | 12.3 |
| 交通运输、仓储和邮政业 | 6.4 | 6.4 | 6.6 |
| 住宿和餐饮业 | 5.8 | 5.9 | 6.2 |
| 居民服务、修理和其他服务业 | 10.6 | 11.1 | 11.3 |

资料来源：1. 国家统计局. 2017年农民工监测调查报告［R/OL］. 2018-04-27. http：//www. stats. gov. cn/tjsj/zxfb/201804/t20180427_1596389. html.

2. 国家统计局. 2016年农民工监测调查报告［R/OL］. 2017-04-28. http：//www. stats. gov. cn/tjsj/zxfb/201704/t20170428_1489334. html.

表 3 - 9　　　　2008 ~ 2011 年农村外出劳动力从事的主要行业分布　　单位：%

| | 2008 年 | 2009 年 | 2010 年 | 2011 年 |
|---|---|---|---|---|
| 制造业 | 37.2 | 36.1 | 36.7 | 36.0 |
| 建筑业 | 13.8 | 15.2 | 16.1 | 17.7 |
| 交通运输、仓储和邮政业 | 6.4 | 6.8 | 6.9 | 6.6 |
| 批发零售业 | 9.0 | 10.0 | 10.0 | 10.1 |
| 住宿餐饮业 | 5.5 | 6.0 | 6.0 | 5.3 |
| 居民服务和其他服务业 | 12.2 | 12.7 | 12.7 | 12.2 |

资料来源：国家统计局 . 2011 年农民工监测调查报告 ［R/OL］. 2012 - 04 - 27. http：//www. stats. gov. cn/ztjc/ztfx/fxbg/201204/t20120427_16154. html.

从调查数据（见表 3 - 10）来看，农村外出劳动力从事过制造业（占 46.6%）、建筑业（占 39.7%）相对较多，与前述的就业行业分布大致相似，其次是餐饮业（占 21.3%），其他的如运输业（占 13.7%）、个体户（占 10.7%）、采掘业（占 8.7%）、家政业（占 4.9%）相对少一些。从他们从事这些行业的原因来看，大多数比较认同的原因是"文化水平、技术要求低"（631 人次），其他主要原因依次是"懂从业行业方面的知识"（472 人次）、"工资高"（452 人次），而工作很轻松、有利自身知识能力结构发展、有益身心健康、培训学习机会多等原因可以看作是少数农村外出劳动力从业的原因。可见，文化素质和技能欠缺成为农村劳动力外出就业的"瓶颈"。

表 3 - 10　　　　　　　被调查农民工从事过的行业分布

| 行业 | 频次（人） | 占总样本的比例（%） |
|---|---|---|
| 制造业 | 552 | 46.6 |
| 建筑业 | 470 | 39.7 |
| 餐饮业 | 256 | 21.3 |

续表

| 行业 | 频次（人） | 占总样本的比例（%） |
|------|-----------|---------------------|
| 运输业 | 162 | 13.7 |
| 个体户 | 127 | 10.7 |
| 采掘业 | 103 | 8.7 |
| 家政业 | 58 | 4.9 |
| 其他 | 142 | 12.0 |

资料来源：农村劳动力转移就业问题研究，2013 年 7 月 8 日。

从 2015 年农村外出劳动力在不同地区从事的主要产业分布（见表 3-11）来看，在东部地区务工的农村劳动力以第二产业为主，占 60.2%，比 2014 年下降 1 个百分点，中、西部地区第二产业比重分别为 50.7% 和 44.1%，比 2014 年下降 1.8 个和 3 个百分点；而从事第三产业的农村外出劳动力所占比例均有所上升，其中在西部地区就业的农村外出劳动力超过 55%。可见，在不同地区，农村外出劳动力就业的产业分布也不一致，这主要是与各个地区产业发展水平密切相关，东部地区因承接国际产业转移，故制造业比较发达，吸纳了较多的农村外出劳动力就业。随着中国产业转型加快，劳动密集型产业从东部地区向中、西部地区梯度转移，农村外出劳动力在不同地区就业结构将继续发生变化，第二产业就业比重将呈现区域性变化。

表 3-11　　　　　　　分地区的农村外出劳动力产业分布　　　　　单位：%

| | 在东部地区 | | 在中部地区 | | 在西部地区 | |
|------|--------|--------|--------|--------|--------|--------|
| | 2014 年 | 2015 年 | 2014 年 | 2015 年 | 2014 年 | 2015 年 |
| 第一产业 | 0.4 | 0.4 | 0.4 | 0.3 | 0.8 | 0.7 |
| 第二产业 | 61.2 | 60.2 | 52.5 | 50.7 | 47.1 | 44.1 |
| 第三产业 | 38.4 | 39.4 | 47.1 | 49.0 | 52.1 | 55.2 |

资料来源：国家统计局. 2015 年农民工监测调查报告 ［R/OL］. 2016 - 04 - 28. http：// www. stats. cn/tjsj/zxfb/201604/t20160428_1349713. html.

### 3.2.3.2　就业时间与工作搜寻

从就业稳定性来看，农村外出劳动力就业稳定性随年龄增长逐步提高。根据问卷调查数据显示，从事现职的平均时间为2.7年，从事现职累计不满1年的占22.7%，1～3年的占43.1%，3～5年的占20.9%，5年以上的占13.3%。一方面，这说明农村外出劳动力就业稳定性在逐渐增强，收入也相应地趋于稳定；另一方面，有相当一部分（占34.2%）农村外出劳动力在现居住地工作达3年以上，说明农村劳动力在流入地居住的长期化趋势明显，这就需要加强和创新农民工服务管理工作，加快城镇常住人口基本公共服务均等化进程。

从不同年龄组来看，根据问卷调查数据表明，16～20岁年龄组中从事现职5年以上的占1.3%，21～30岁的占7.6%，31～40岁的占22.3%，41～50岁的占24.5%，50岁以上的占21.9%，说明随着年龄增长，就业稳定性也提高，年轻劳动力风险意识和职业诉求更倾向于流动性。结合前面的文化程度来看，年轻劳动力的这种职业流动性也符合其自身的文化程度，即文化程度越高，越倾向于根据自己的工作预期和职业适应性调整不同的工作。从从事的工作种类看，企业管理人员、个体经营人员、专业技术人员在现职累计就业时间在5年以上的比重要明显高于服务业人员和生产、运输设备操作人员，这说明农村劳动力在流出后经过自身努力工作、职业锤炼或经过创业艰难适应期之后，更倾向于从事稳定的工作，其工作稳定性相应地越强。

一般来说，农村劳动力进入城市就业过程分为两个阶段：第一阶段，首先是在城市二级劳动力市场中实现非正规就业，到一定时期后，在第二阶段才在城市一级劳动力市场实现正规就业。目前在城镇就业的农村劳动力仅处于第一阶段，所从事的职业大多是体力劳动；而其要进入正规就业，需要突破户籍、学历、积分等主要特征的准入限制。正是由于城市劳动力和农村劳动力在城市劳动力市场上处于不同的劳动就业部门和职业层次，形成了基于户籍身份的城市二元劳动力市场。这主要是因为农村劳动力所从事的职业大多是体力劳动，从他们实现就业所花费时间来看（见表3－12），85.2%的农村劳动力能够在1个月内实现就业，当然主要是非正规就业；1~3月内找到工作的占12.5%。可见，对于他们来说，找到工作并不是难事，而关键点在于提高就业质量。

表3－12　　　　　　　　农村劳动力找工作需要花费的时间

| 花费时间 | 人数（人） | 百分比（%） | 累计百分比（%） |
|---|---|---|---|
| 1个月以下 | 1009 | 85.2 | 85.2 |
| 1~3个月 | 148 | 12.5 | 97.7 |
| 3~6个月 | 14 | 1.2 | 98.9 |
| 6个月以上 | 6 | 0.5 | 99.4 |
| 缺失值 | 7 | 0.6 | 100.0 |
| 合计 | 1184 | 100.00 | |

资料来源：农村劳动力转移就业问题研究，2013年7月8日。

### 3.2.3.3　就业信息来源

农村外出劳动力非正规就业主要是通过二级劳动力市场来实现就业。从调查数据来看，他们非正规就业信息来源（见表3－13）主要是亲戚朋友介绍（占68.1%），而利用其他渠道的信息来源并不多；而且，他们签订劳动合同情况（见表3－14）仍不理想，只有39.5%的农民工签订了劳动合同，这与全国农民工监测调查报告数据（见表3－15）大致相符，还有21.7%的农民工还没有任何形式的合同，这与他们对《中华人民共和国劳动合同法》的了解程度①有关，这直接导致农村外出劳动力在依法维护劳动权益方面缺乏必要的法律依据。这些数据表明，城市劳动力市场对农村劳动力外出后初始就业的作用并不大，也许正是以

---

①　根据调查数据，回答"了解"和"了解一些"的农村劳动力所占比例共计64%，"完全不了解"的农村劳动力占34.9%。

血缘、亲缘和地缘为主的非正式渠道，使他们劳动权益未能得到有效保障，被剥夺了其应得的劳动权益，主要表现为二者在工资收入和劳动权益上的差异。

表3－13 农村劳动力外出实现就业的途径

| | 人数（人） | 百分比（%） | 累计百分比（%） |
|---|---|---|---|
| 亲友介绍 | 806 | 68.1 | 68.1 |
| 广告 | 67 | 5.7 | 73.8 |
| 招聘会 | 112 | 9.5 | 83.3 |
| 中介机构 | 29 | 2.4 | 85.7 |
| 网络、电视、报纸 | 15 | 1.3 | 87.0 |
| 政府组织 | 2 | 0.2 | 87.2 |
| 其他 | 149 | 12.6 | 99.8 |
| 缺失值 | 4 | 0.3 | 100.0 |
| 合计 | 1184 | 100.0 | |

资料来源：农村劳动力转移就业问题研究，2013年7月8日。

表3－14 农村劳动力与用工单位签订劳动合同情况

| | 人数（人） | 百分比（%） | 累计百分比（%） |
|---|---|---|---|
| 有书面劳动合同 | 468 | 39.5 | 39.5 |
| 有口头协议 | 442 | 37.3 | 76.8 |
| 没有任何实行的合同 | 257 | 21.7 | 98.5 |
| 缺失值 | 16 | 1.4 | 100.0 |
| 合计 | 1184 | 100.0 | |

资料来源：农村劳动力转移就业问题研究，2013年7月8日。

表 3 - 15 　　　　　　农村外出劳动力签订劳动合同情况　　　　单位：%

| | 无固定期限劳动合同 | 一年以下劳动合同 | 一年及以上劳动合同 | 没有劳动合同 |
|---|---|---|---|---|
| 2015 年农民工合计 | 12.9 | 3.4 | 19.9 | 63.8 |
| 其中：外出农民工 | 13.6 | 4.0 | 22.1 | 60.3 |
| 　本地农民工 | 12.0 | 2.5 | 17.1 | 68.3 |
| 2016 年农民工合计 | 12.0 | 3.3 | 19.8 | 64.9 |
| 其中：外出农民工 | 12.4 | 4.2 | 21.6 | 61.8 |
| 　本地农民工 | 11.5 | 2.2 | 17.7 | 68.6 |

资料来源：国家统计局 . 2016 年农民工监测调查报告 ［R/OL］. 2017 - 04 - 28. http：// www. stats. gov. cn/tjsj/zxfb/201704/t20170428_1489334. html.

### 3.2.3.4　社会保险参与情况

根据问卷调查数据显示，85.0% 的农村劳动力外出前参加了新型农村合作医疗保险，13% 的农村劳动力参加了新型农村养老保险，而且这些保险并未真正具备转移接续功能，也就是说，农村外出劳动力在城市基本上没有社会保险。而从就业单位为他们缴纳的社会保险来看（见表 3 - 16），总体来说，农村劳动力参保现象并不乐观，有 60.4% 的被调查者所在单位没有缴纳任何社会保险，在参保的 39.6% 的农村劳动力中，参保主要集中在工伤保险、医疗保险，其次才是养老保险、失业保险，这与农村劳动力从事的行业和职业密切相关，主要是涉及"脏累苦险毒"方面的岗位，因而工伤保险、医疗保险的参保比例相对较高，这与他们认为现在外出就业最需要的保险的看法（见表 3 - 17）基本相一致，即依次是医疗保险、养老保险，其中尤其体现在医疗保险上（因工伤保险一般不由劳动者个人缴纳）。

表 3 - 16　　被调查农村劳动力所在就业单位缴纳社会保险情况　　单位：%

| 险种类型 | 频次（人） | 占总样本数的比例 |
|---|---|---|
| 养老保险 | 114 | 9.6 |
| 失业保险 | 60 | 5.1 |
| 医疗保险 | 242 | 20.4 |
| 生育保险 | 33 | 2.8 |
| 工伤保险 | 295 | 24.9 |
| 公积金 | 48 | 4.1 |
| 都没有 | 715 | 60.4 |

资料来源：农村劳动力转移就业问题研究，2013 年 7 月 8 日。

表 3 - 17　　被调查农村劳动力认为外出就业最需要的保险类别　　单位：%

| 险种类型 | 频次（人） | 占总样本数的比例 |
|---|---|---|
| 养老保险 | 451 | 38.1 |
| 失业保险 | 292 | 24.7 |
| 医疗保险 | 789 | 66.6 |
| 交通工具保险 | 247 | 6.8 |
| 家庭财产保险 | 81 | 24.9 |
| 人身意外伤害保险 | 48 | 4.1 |
| 其他 | 78 | 6.6 |

资料来源：农村劳动力转移就业问题研究，2013 年 7 月 8 日。

## 3.2.4　收入状况

### 3.2.4.1　工资收入情况

1. 月均工资收入情况

经济收入是决定农村劳动力城市可持续生计的最主要因素。根据
2017 年农民工监测调查报告显示，农民工月均收入 3485 元，比 2016 年
增加 210 元。2017 年，中国城镇私营单位就业人员年平均工资 45761

元，城镇非私营单位在岗职工年平均工资 74318 元。通过对比发现，农民工月均收入与城镇私营单位就业人员月均收入的比例相差不大，因为农民工主要是在城镇私营单位就业，而农民工月均收入仅相当于城镇非私营单位在岗职工年平均工资的 56.3%。

2. 地区工资收入差距缩小

近两年来，农村外出劳动力务工收入不断增长，而且地区之间收入差距在缩小。2017 年农民工月均收入为 3485 元，2016 年则为 3275 元，2017 年比 2016 年增长 6.4%，低于同年的国内 GDP 增速，主要得益于西部地区农民工的工资增长。农民工月均收入增速放缓，这与整体经济形势有关，也与农村劳动力增收渠道较少有关。从绝对值来看，2015 年东部地区务工月均收入比中部、西部地区分别高 295 元和 249 元，2017 年东部地区务工月均收入比中部、西部地区分别高 346 元和 327 元。如果考虑中、西部地区到东部地区的务工路费及初期求职费用，东部地区高出的这部分月均收入根本没有比较优势，这可用于解释农村外出劳动力跨区域流动（省际流动）的动力减弱，向东部地区流动未必是家庭经济单元的最优化决策，这就不难理解近几年东部地区农民工增幅越来越低这一现象了。

3. 不同行业务工的收入差距

2017 年，农民工务工收入增长 6.4%，但是在不同行业务工，月均收入不一样。如表 3-18 所示，农民工月均收入最高的是交通运输、仓储和邮政业（为 4048 元），其次是建筑业（为 3918 元），这也是高于平均月收入的两大行业，人均月收入最低的则为住宿和餐饮业（为 3019 元），而农民工就业最多的制造业人均月收入（为 3444 元）则略低于整体人均月收入水平。而且，外出务工农民工月均收入比本地务工农民工高 632 元，高 20%，增速比本地务工农民工高 0.2 个百分点。从纵向来看，受总体人均月收入增幅减缓的影响，"制造业，住宿和餐饮业，居民服务、修理和其他服务业收入增速分别比上年回落 2.4 个、0.4 个和 0.1 个百分点；建筑业，批发和零售业，交通运输、仓储和邮政业农民工月均收入增速分别比上年提高 1.2 个、2.9 个和 1.0 个百分点"①。可见，农村外出劳动力行业月均收入逐渐拉大，2017 年月均收入最高的行业和最低的行业收入差距为 1029 元，占最低月均收入行业的 1/3。正如前述，农村外出劳动力选择或从事何种行业，很大程度上并非自己能够决定的，除了自身的文化程度或技能素质因素外，往往还取决于他们自己的社会资本或交往群体，因为大多数农村外出劳动力就业仍依赖于"强关系型"社会资本的作用，他们的就业选择受其社会资本影响，其就业行业与初始就业的社会资本之间存在着较大的路径依赖。

表 3 - 18　　　　　2013～2017 年分行业农村外出劳动力

人均月收入及增幅　　　　　　　单位：元

| | 2013 年 | 2014 年 | 增长率（%） | 2015 年 | 增长率（%） | 2016 年 | 增长率（%） | 2017 年 | 增长率（%） |
|---|---|---|---|---|---|---|---|---|---|
| 合计 | 2609 | 2864 | 9.8 | 3072 | 7.2 | 3275 | 6.6 | 3485 | 6.4 |
| 制造业 | 2537 | 2832 | 11.6 | 2970 | 4.9 | 3233 | 8.9 | 3444 | 6.5 |
| 建筑业 | 2965 | 3292 | 11 | 3508 | 6.6 | 3687 | 5.1 | 3918 | 6.3 |
| 批发和零售业 | 2432 | 2554 | 5 | 2716 | 6.4 | 2839 | 4.5 | 3048 | 7.4 |
| 交通运输、仓储和邮政业 | 3133 | 3301 | 5.3 | 3553 | 7.7 | 3775 | 6.2 | 4048 | 7.2 |
| 住宿和餐饮业 | 2366 | 2566 | 8.4 | 2723 | 6.2 | 2872 | 5.5 | 3019 | 5.1 |
| 居民服务、修理和其他服务业 | 2297 | 2532 | 10.2 | 2686 | 6.1 | 2851 | 6.1 | 3022 | 6 |

资料来源：根据《2014～2017 年我国农民工监测调查报告》整理而得。

### 3.2.4.2　工资支付情况

根据调查数据（见表 3 - 19），农民工工资能够按时拿到和基本按时拿到比例分别为 47.8% 和 42.1%，通过自己催讨和其他途径能拿到

---

① 国家统计局.2017 年农民工监测调查报告 ［R/OL］.2018 - 04 - 27. http：//www. stats. gov. cn/tjsj/zxfb/201804/t20180427_1596389. html.

的 6.7%，而有过根本拿不到经历的占到了 1.3%，这与 2013 年全国农民工监测调查报告数据（1%）基本一致。2016 年，"被拖欠工资的农民工比重为 0.84%，比上年下降 0.15 个百分点。2013 年以来，被拖欠工资的农民工比重均在 1% 以下，但是年度之间有波动。2013～2015 年被拖欠工资的农民工比重分别为 1%、0.76% 和 0.99%"[1]。这表明，这些年，政府部门加大了农民工工资拖欠治理力度，使农民工工资支付情况大为好转。

表 3－19 被调查农村劳动力工资支付情况

| | 人数（人） | 百分比（%） | 累计百分比（%） |
|---|---|---|---|
| 能 | 566 | 47.8 | 47.8 |
| 基本能 | 499 | 42.1 | 89.9 |
| 通过自己催讨 | 74 | 6.3 | 96.2 |
| 朋友帮忙拿到 | 4 | 0.3 | 96.5 |
| 有拿不到的经历 | 15 | 1.3 | 97.8 |
| 通过政府才能拿到 | 1 | 0.1 | 97.9 |
| 其他 | 18 | 1.5 | 99.4 |
| 缺失值 | 7 | 0.6 | 100.0 |
| 合计 | 1184 | 100.0 | |

资料来源：农村劳动力转移就业问题研究，2013 年 7 月 8 日。

从被拖欠工资金额来看，"2016 年，被拖欠工资的农民工人均拖欠 11433 元，比上年增加 1645 元，增长 16.8%[2]。"被拖欠工资平均额度占农民工年收入的比例不低，而且，建筑业成为被拖欠农民工工资比重最大的行业（为 1.8%），这说明还需要继续加大农民工工资拖欠治理力度，保护农民工劳动权益。

---

①② 国家统计局. 2016 年农民工监测调查报告［R/OL］. 2017－04－28. http：//www. stats. gov. cn/tjsj/zxfb/201804/t20180428_1596389. html.

从农民工对目前工资的满意度调查来看（见表 3 - 20），表示"较满意"及"非常满意"的占 26.0%，表示"不满意"及"非常不满意"的占 19.1%，满意以上意愿的比例超过不满意以上所占比例，多数被调查者（54.9%）对目前的薪资表示"一般"（可视为"能够接受"），这说明农民工对目前工资收入的满意度较高，可视为社会稳定的支持性力量，把"农民工视为城市治安的主要预防对象"这种思想是站不住脚的。当然，这些满意意愿可能与他们的文化素质及比较的参照系有关。

表 3 – 20                 农村外出劳动力对当前工资的满意度

|  | 人数（人） | 百分比（%） | 累计百分比（%） |
| --- | --- | --- | --- |
| 非常满意 | 24 | 2.0 | 2.0 |
| 较满意 | 284 | 24.0 | 26.0 |
| 一般 | 650 | 54.9 | 80.9 |
| 不满意 | 205 | 17.3 | 98.2 |
| 相当不满意 | 21 | 1.8 | 100.0 |
| 合计 | 1184 | 100.0 | |

资料来源：农村劳动力转移就业问题研究，2013 年 7 月 8 日。

已有研究结果①发现，农村外出劳动力（即农民工）与城市劳动力即使在相同的岗位就业，两者的工资也有差异。农村外出劳动力与城市劳动力就业岗位内工资差异的 39%，是由不可解释的因素引起的。第一，在所有条件都相同的条件下，农民工因没有城市户籍"身份"而支付给其低于城市劳动力的工资，这可以看作是纯粹意义上的歧视；第二，农民工进入单位后，通常从事最底层、最低级的工作，即使有足够的工作能力，也很难有机会进入较高管理层，或从事需要较高技术的工

---

① 王美艳. 城市劳动力市场上的就业机会与工资差异——外来劳动力就业与报酬研究[J]. 中国社会科学，2005（5）：36 - 46.

作；第三，农民工与城市劳动力在一些方面受到区别对待。如表 3 - 21 所示，58.2% 的被调查农村外出劳动力在城市受到工作搜寻、交往、工作过程、消费等各种不同的歧视。这些数据说明农村外出劳动力在城市劳动力市场上受到的不公正待遇情况。不仅如此，农村外出劳动力工资还经常被拖欠，拖欠时间长短不一。由于二级劳动力市场就业政策的不规范，加上缺乏法律的有效保护及政策有效执行的机制，使一些雇主或用人单位变相克扣、拖欠工资，这已成为农村外出劳动力就业所面临的最为严重的问题。

表 3 - 21　　　　　　被调查农村劳动力外出务工过程受歧视情况

| 受歧视情况 | 人数（人） | 百分比（%） | 累计百分比（%） |
| --- | --- | --- | --- |
| 没有受歧视的经历 | 446 | 37.7 | 37.7 |
| 找工作是曾受到歧视 | 287 | 24.2 | 61.9 |
| 交往中曾交往歧视 | 68 | 5.8 | 37.7 |
| 在工作过程中曾受到歧视 | 224 | 18.9 | 86.6 |
| 在消费时曾受到歧视 | 110 | 9.3 | 95.9 |
| 其他 | 49 | 4.1 | 100.0 |
| 合计 | 1184 | 100.0 | |

资料来源：农村劳动力转移就业问题研究，2013 年 7 月 8 日。

在面临工资拖欠和人身伤害时的维权方式来看（见表 3 - 22），2013 年，28.0% 的被调查农村劳动力选择 "自己直接维权"，19.2% 的被调查者表示 "联合工友共同维权"，17.3% 的被调查者选择 "找朋友帮忙"，只有 8.8% 的被调查者选择 "找政府部门解决"，14.0% 的被调查者选择 "运用法律手段解决"，还有一定比例的被调查者（5.3%）"自认倒霉"。到 2017 年，"当权益受损时，进城农民工选择解决途径依次是：与对方协商解决占 36.3%，比上年下降 0.5 个百分点；向政府相关部门反映占 32.7%，比上年提高 2.6 个百分点；通过法律途径解决占

28.3%，比上年提高1.1个百分点①。"可见，农村劳动力在维护劳动权益方面有明确的意愿选择，只是在具体方式上面临着不同的选择，尽管依靠政府和法律维权上所占比例不高，但依靠政府部门和法律途径维权的意识在不断增强，这说明政府相关部门应积极发挥其维护农村劳动力合法劳动权益的作用，尤其是在工资治理方面更应发挥首要作用。

表 3-22　　农村劳动力遇到拖欠工资和人身伤害时的维权方式

|  | 人数（人） | 百分比（%） | 累计百分比（%） |
| --- | --- | --- | --- |
| 自己直接维权 | 331 | 28.0 | 28.0 |
| 联合工友共同维权 | 227 | 19.2 | 47.2 |
| 找朋友帮忙 | 205 | 17.3 | 64.5 |
| 找政府部门解决 | 104 | 8.8 | 73.3 |
| 运用法律手段解决 | 166 | 14.0 | 87.3 |
| 自认倒霉 | 63 | 5.3 | 92.6 |
| 其他 | 64 | 5.4 | 98.0 |
| 缺失值 | 24 | 2.0 | 100.0 |
| 合计 | 1184 | 100.0 |  |

资料来源：农村劳动力转移就业问题研究，2013年7月8日。

## 3.3　中国农村外出劳动力市民化
## 意愿现状——落户城镇意愿

为深入了解农村劳动力落户城镇意愿，2016年1月，课题组又进行了一次较大规模的小范围问卷调查②，调查对象是贵州省贵阳市主城区

① 国家统计局.2017年农民工监测调查报告［R/OL］.2018-04-27. http：//www.stats. gov.cn/tjsj/zxfb/201804/t20180427_1596389.html.

② 本次问卷调查包括农村外出劳动力的基本信息、就业与社保、社会生活、落户城镇意愿四个部分。本书仅使用该问卷调查"落户城镇意愿"中的部分问卷数据进行分析。故，不再将该调查问卷单独列出，如有读者对调查问卷及数据感兴趣，可与作者联系。

及三县一市农民工。本次问卷调查共发放问卷 1600 份（其中南明区、云岩区各 300 份，观山湖区、花溪区、白云区、乌当区各 150 份，清镇市、开阳县、修文县、息烽县各 100 份），回收问卷 1441 份，回收率为 90.06%；剔除不合格问卷，有效问卷为 1419 份，有效率 88.69%。调查样本的基本特征如表 3 - 23 所示。

表 3 - 23　　　　　　　　农民工落户意愿调查的基本特征

| 特征及特征变量 | | 人数（人） | 百分比（%） | 累计百分比（%） |
|---|---|---|---|---|
| 性别 | 男 | 757 | 53.3 | 53.3 |
| | 女 | 662 | 46.7 | 100.0 |
| 年龄 | 16 ~ 19 岁 | 32 | 2.3 | 2.3 |
| | 20 ~ 24 岁 | 135 | 9.5 | 11.8 |
| | 25 ~ 29 岁 | 307 | 21.6 | 33.4 |
| | 30 ~ 34 岁 | 219 | 15.4 | 48.8 |
| | 35 ~ 39 岁 | 210 | 14.8 | 63.6 |
| | 40 ~ 44 岁 | 216 | 15.2 | 78.9 |
| | 45 ~ 49 岁 | 166 | 11.7 | 90.6 |
| | 50 ~ 54 岁 | 67 | 4.7 | 95.3 |
| | 55 岁及以上 | 67 | 4.7 | 100.0 |
| 婚姻状况 | 已婚 | 1050 | 74.0 | 74.0 |
| | 未婚 | 313 | 22.1 | 96.1 |
| | 其他 | 56 | 3.9 | 100.0 |
| 民族 | 汉族 | 1189 | 83.8 | 83.8 |
| | 少数民族 | 230 | 16.2 | 100.0 |
| 户籍所在地 | 三县一市 | 147 | 10.3 | 10.3 |
| | 市外省内 | 746 | 52.6 | 62.9 |
| | 省外 | 526 | 37.1 | 100.0 |

续表

| 特征及特征变量 | | 人数（人） | 百分比（%） | 累计百分比（%） |
|---|---|---|---|---|
| 文化程度 | 小学及以下 | 216 | 15.2 | 15.2 |
| | 初中 | 646 | 45.5 | 60.7 |
| | 高中（职高、中专） | 296 | 20.9 | 81.6 |
| | 大专 | 159 | 11.2 | 92.8 |
| | 本科及以上 | 102 | 7.2 | 100.0 |
| 工作时间 | 0 | 5 | 0.4 | 0.4 |
| | 1~6个月 | 132 | 9.3 | 9.7 |
| | 6个月~1年 | 158 | 11.1 | 20.8 |
| | 1~2年 | 286 | 20.2 | 41.0 |
| | 2~3年 | 222 | 15.6 | 56.6 |
| | 3~5年 | 202 | 14.2 | 70.8 |
| | 5年以上 | 414 | 29.2 | 100.0 |

资料来源：农村劳动力落户城镇意愿研究，2016年1月。

数据显示，此次样本在性别结构上，男性占53.3%，女性46.7%；年龄结构上，受访者年龄主要以青年为主，其中40岁以下占63.6%，而50岁及以上的仅有9.4%；婚姻状况上，受访的农民工以已婚为主，占74.0%，并且已婚对象77%与配偶一起居住在贵阳；民族结构上，汉族占83.8%，少数民族占16.2%。受访农民工的户籍所在地上，以市外省内为主，占52.6%；其次是省外，占37.1%，其中来自四川省和重庆市的受访者占省外流入人口的31.9%；文化教育构成上，受访的农民工中文化程度以初中及以下为主（占比为60.7%），而受过高等教育（大专、本科及以上）的占18.4%；在工作时间上，受访者在贵阳工作的时间在5年以上的最多，占了29.2%，工作2年以上的累计达到59.0%。可见，本次调查问卷的样本分布特征与前述的农民工总体情况大致相似，也就是说，运用本次调查数据分析农民工落户城镇意愿也具有较强的代表性和说服力。

### 3.3.1　城市融合状况

#### 3.3.3.1　社区参与情况

本书研究对贵阳市农民工城市融合调查主要是从农民工在贵阳市的人际关系、安全感等几个方面展开。问卷调查数据表明，受访者参与居住地委员会、村委会或物业管理公司组织活动的积极性不高，从未参加任何活动的占了56.9%，参加过且感觉很好的占28%，经常参加的占8%，另有7.1%的受访者表示小区从未组织过活动。

假设在贵阳的现居住地遇到紧急困难情况，35.8%的受访者选择向社区居委会求助，27.8%选择向警察求助，而选择最少的是向小区内的朋友求助，仅占了3.7%。受访者对居住区周边安全（人身安全、财产安全）的评价一般的占37.3%，比较安全的占37%，而评价不大安全和很不安全的合计共占11.3%，这说明受访者整体对贵阳市社会安全形势比较认可[①]。

#### 3.3.3.2　人际交往情况

本书研究从农民工认识贵阳本地人人数和当地朋友的人数两个方面，对农民工的社会关系进行梳理，66.0%的受访者认识贵阳本地人人数在10人以上（见表3-24），61.1%的受访者在贵阳当地的朋友在5人以上（见表3-25），这说明贵阳市农民工在本市具有一定的人际关系网络，能够增强社会融合能力。

从受访者对本地居民的友好度感受来看，大多数认为本地居民的态度是比较友好的，认为不友好和非常不友好的合计仅占2.4%，这说明农村劳动力在贵阳生活期间，贵阳市本地居民对农民工是接受的，没有出现排斥外地人的现象。

---

① 本书研究课题组．农村劳动力落户城镇意愿研究，2016年1月（注：3.3节中未标注的数据来源均来自这次问卷调查数据分析的结果）。

表 3-24 贵阳市农民工认识贵阳本地人人数分布

| 本地人人数 | 人数（人） | 百分比（%） | 累计百分比（%） |
|---|---|---|---|
| 缺失值 | 14 | 1.0 | 1.0 |
| 0~4 人 | 162 | 11.4 | 12.4 |
| 5~9 人 | 307 | 21.6 | 34.0 |
| 10~14 人 | 328 | 23.1 | 57.1 |
| 15~20 人 | 133 | 9.4 | 66.5 |
| 20~24 人 | 78 | 5.5 | 72.0 |
| 25 人以上 | 397 | 28.0 | 100.0 |
| 合计 | 1419 | 100.0 | |

资料来源：农村劳动力落户城镇意愿研究，2016 年 1 月。

表 3-25 贵阳市农民工在贵阳当地朋友人数分布

| 朋友个数 | 人数（人） | 百分比（%） | 累计百分比（%） |
|---|---|---|---|
| 缺失值 | 20 | 1.3 | 1.3 |
| 无 | 110 | 7.8 | 9.1 |
| 1~4 人 | 432 | 29.8 | 38.9 |
| 5~9 人 | 336 | 23.7 | 62.6 |
| 10~14 人 | 189 | 13.3 | 75.9 |
| 15 人以上 | 342 | 24.1 | 100.0 |
| 合计 | 1419 | 100.0 | |

资料来源：农村劳动力落户城镇意愿研究，2016 年 1 月。

## 3.3.2 落户城镇意愿情况

### 3.3.2.1 居住情况

合法稳定住所是农民工城镇落户的必要条件之一。通过调查农民工目前居住条件可见（见表3－26），大部分受访者是自己租房，比例高达75.4%，而在贵阳拥有自己房产的仅有1.8%，其余的由单位、亲友有偿或无偿地提供住处。其中，受访者中与家人同住的有59.6%，这与贵阳市流入人口以家庭流动为主相一致，说明调查样本具有一定的可靠性。

表 3－26                       贵阳市农民工的居住情况

| 居住条件 | 人数（人） | 百分比（%） | 累计百分比（%） |
|---|---|---|---|
| 缺失值 | 9 | 0.6 | 0.6 |
| 自己租房 | 1070 | 75.4 | 76.0 |
| 单位有偿提供 | 95 | 6.7 | 82.7 |
| 亲友、同乡提供的 | 60 | 4.2 | 96.9 |
| 单位无偿提供 | 50 | 3.5 | 90.4 |
| 工地现场 | 62 | 4.4 | 94.8 |
| 自买房 | 26 | 1.8 | 96.6 |
| 其他 | 47 | 3.3 | 100.0 |
| 合计 | 1419 | 100.0 | |

资料来源：农村劳动力落户城镇意愿研究，2016年1月。

从受访者对现在住房条件满意度看，感觉居住条件还可以的占52.2%，感觉比较满意的受访者与较不满意的受访者相比多28.3%。总体来说，大部分受访者对住房条件的满意度尚可接受。从受访者对贵阳配套生活设施的满意度看，感觉周边配套设施还能接受的占53.7%，感觉比较满意的受访者与较不满意的受访者相比多32.2%。可见，大部分受访者对其在贵阳的配套生活设施的满意度是认可的。

为了更加全面了解农民工对在贵阳生活、工作各方面的满意度，从收入状况、生活成本、居住状况、子女教育、社会保障、工作环境、技能培训、地域歧视、空闲生活、总体感受10个方面，让受访者进行评价，力争能够涵盖农民工在贵阳生活、工作的各个方面。如表 3 - 27 所示，大部分受访者对在贵阳工作、生活的满意度感觉一般；除生活成本一项基本持平外，其余项感觉比较满意的受访者与较不满意的受访者相比，前者所占比例高于后者比例20%以上。

表 3 - 27　　　　农民工对在贵阳生活、工作的各方面评价分析　　　单位：%

| | 非常满意 | 比较满意 | 一般 | 较不满意 | 非常不满意 | 缺失值 | 合计 |
|---|---|---|---|---|---|---|---|
| 收入状况 | 4.7 | 29.7 | 50.8 | 8.7 | 3.2 | 2.7 | 100.0 |
| 生活成本 | 3.7 | 22.4 | 45.9 | 19.2 | 6.5 | 2.3 | 100.0 |
| 居住状况 | 4.9 | 25.0 | 56.7 | 8.0 | 2.7 | 2.7 | 100.0 |
| 子女教育 | 4.9 | 29.2 | 46.5 | 9.3 | 3.3 | 6.8 | 100.0 |
| 社会保障 | 4.7 | 24.4 | 53.1 | 8.9 | 3.3 | 5.6 | 100.0 |
| 工作环境 | 5.6 | 28.8 | 53.4 | 5.6 | 2.0 | 4.7 | 100.0 |
| 技能培训 | 3.6 | 24.0 | 53.2 | 8.0 | 4.0 | 7.2 | 100.0 |
| 地域歧视 | 7.5 | 22.1 | 53.6 | 7.5 | 2.5 | 6.8 | 100.0 |
| 空闲生活 | 7.5 | 26.6 | 51.7 | 5.4 | 2.3 | 6.5 | 100.0 |
| 总体感受 | 4.7 | 30.9 | 52.2 | 5.4 | 1.7 | 5.0 | 100.0 |

资料来源：农村劳动力落户城镇意愿研究，2016 年 1 月。

### 3.3.2.2　城镇落户意愿

城镇落户意愿属于心理层面的主观认识，为落户城镇提供了一种可能。如表 3 - 28 所示，受访者对转为贵阳市城镇户口的意愿并不强烈，持"很难说"态度（左右摇摆，介于愿意和不愿意之间）的占57.5%，愿意落户贵阳的农民工占10.8%，不愿意落户贵阳的农民工占30.9%，高于愿意落户贵阳的农民工比例20.1个百分点，贵阳市农民工落户城镇的意愿程度偏低，落户城镇的意愿和热情有待激活。为进一步分析农民工对落户定居城市的态度，在此分析了贵阳市农民工对"获得城镇户口很重要"以及"具有贵阳市城镇户口的人比农村户口的人享有更多的机会是正常的"的看法，调查数据显示，贵阳市农民工转为城镇户口的意愿与对这两个观点的看法的认同度存在一定的正相关关系，即非常认同这两个观点的人则意愿强烈，非常不认同的人则以不愿意转为贵阳城镇户口的居多。

表 3 – 28　　　　　　　贵阳市农民工转为城镇户口意愿分布比

| 转为贵阳市城镇户口定居意愿 | 人数（人） | 百分比（%） | 累计百分比（%） |
| --- | --- | --- | --- |
| 愿意 | 153 | 10.8 | 10.8 |
| 不愿意 | 439 | 30.9 | 41.7 |
| 待定（介于愿意和不愿意之间） | 815 | 57.5 | 99.2 |
| 缺失值 | 12 | 0.8 | 100.0 |
| 合计 | 1419 | 100.0 | |

资料来源：农村劳动力落户城镇意愿研究，2016 年 1 月。

　　我们假设，如果需要交回承包地和宅基地才能转为贵阳市城镇户口，如表 3 – 29 所示，只有落户贵阳意愿非常强烈的受访者对于是否愿意交回承包地和宅基地的态度是基本持平的，其余的大多数受访者都不愿意交回承包地和宅基地。可见，承包地和宅基地是否保留将很大程度上影响到贵阳市农民工做出转为贵阳市城镇户口的决定。这一调查数据支持了贵州省转移农业户口不以放弃承包地和宅基地为前提的合理性。

　　大多数受访者认为在贵阳城镇生活和工作面临的最大困难是生活费用高，占比高达 43.1%，这与前述对"生活成本"的满意度相对应；其次子女上学困难、难以解决住房、很难得到稳定的工作机会、需要照顾老家的老人等问题都会阻碍农民工定居贵阳（见表 3 – 30）。

表 3－29                贵阳市转为城镇户口意愿与放弃

农村土地权益的交叉分析                    单位：人

| | | 如果交回承包地和宅基地，是否愿意转为贵阳城镇户口 | | | 合计 |
| | | 愿意 | 不愿意 | 无所谓 | |
|---|---|---|---|---|---|
| 转为贵阳市城镇户口定居意愿 | 非常愿意 | 58 | 61 | 33 | 152 |
| | 比较愿意 | 114 | 168 | 94 | 376 |
| | 待定 | 42 | 245 | 140 | 427 |
| | 不愿意 | 15 | 323 | 59 | 397 |
| | 完全不愿意 | 0 | 22 | 6 | 28 |
| 合计 | | 229 | 819 | 332 | 1380 |

资料来源：农村劳动力落户城镇意愿研究，2016 年 1 月（注：本部分去除未对转为贵阳市城镇户口定居意愿，或未对"如果交回承包地和宅基地，是否愿意转为贵阳城镇户口"问题做出选择的 39 个样本，最终有效合计为 1380 人）。

表 3－30    贵阳市农民工在贵阳城镇工作生活面临的最大困难分布

| 最大的困难 | 人数（人） | 百分比（％） | 累计百分比（％） |
|---|---|---|---|
| 缺失值 | 27 | 1.9 | 1.9 |
| 生活费用高 | 611 | 43.1 | 45.0 |
| 子女上学困难 | 226 | 15.9 | 60.9 |
| 很难得到稳定的工作机会 | 160 | 11.3 | 72.2 |
| 难以解决住房 | 188 | 13.2 | 85.4 |
| 需要照顾老家的老人 | 134 | 9.4 | 94.8 |
| 难以融入贵阳城市生活 | 61 | 4.4 | 99.2 |
| 其他 | 12 | 0.8 | 100.0 |
| 合计 | 1419 | 100.0 | |

资料来源：农村劳动力落户城镇意愿研究，2016 年 1 月。

从贵阳市农民工城镇落户地点的选择来看（见表 3 – 31），26.3%
的贵阳市农民工落户城镇意愿主要集中在贵阳市主城区，其中 9.3% 的
农民工愿意落户南明区和云岩区，51.4% 的贵阳市农民工愿意落户在贵
阳市主城区城镇以外区域及三县一市。可以认为，这主要是与调查样本
选择有关，因为现居住地为三县一市及城郊区域的农民工选择落户南明
区和云岩区的可能性不大。因此，作为落户意愿调查，这次的样本分布
说明和体现了贵阳市农民工落户城镇的意愿，能够为制定农民工就地落
户定居城市的年度指标提供参考依据。

表 3 – 31　　　　　　　贵阳市农民工落户城镇意愿分布

| | 人数（人） | 有效百分比（%） | 累积百分比（%） |
|---|---|---|---|
| 南明区、云岩区 | 118 | 9.3 | 9.3 |
| 花溪区、乌当区、白云区和观山湖区的城区 | 217 | 17.0 | 26.3 |
| 花溪区、乌当区、白云区和观山湖区城区外的其他区域 | 654 | 51.4 | 77.7 |
| 清镇市、修文县、息烽县和开阳县 | 284 | 22.3 | 100.0 |
| 合计 | 1273 | 100.0 | |
| 缺失值 | 146 | | |
| 合计 | 1419 | | |

资料来源：农村劳动力落户城镇意愿研究，2016 年 1 月。

从希望转为城镇户口的原因来看（见表 3 – 32），子女教育、生活
水平和精神生活成为农民工希望转为城镇户口的三大原因，这对于加强
"农业转移人口"城镇落户具有较强的启示和借鉴。此外，农业收入水
平低也成为次重要的原因。

从对城镇生活习惯和生活方式的适应程度来看，仅 14.1% 的农民工
比较适应城镇生活，18.9% 的农民工不适应城镇生活，67.0% 的农民工
还处于说不清楚的状态。这说明，由于农民工在城市工作生活时间较

长，有一部分已能适应城镇生活，若能实现户籍身份的转变，那么这些农民工就能实现彻底市民化。

表 3－32　　　　贵阳市农民工希望转为城镇户口的原因分布

| 转为城镇户口的原因 | 频次（人） | 有效百分比（%） | 累积百分比（%） |
|---|---|---|---|
| 城市人收入高，生活水平更好 | 536 | 23.7 | 23.7 |
| 城市人精神生活丰富多彩 | 451 | 20.0 | 43.7 |
| 从事农业收入水平低 | 278 | 12.3 | 56.0 |
| 进城以后孩子有条件接受更好的教育 | 706 | 31.3 | 87.3 |
| 农民社会地位低 | 61 | 2.7 | 90.0 |
| 城里人有体面和稳定的工作 | 93 | 4.1 | 94.1 |
| 农民社会生活单调 | 109 | 4.8 | 98.9 |
| 其他 | 25 | 1.1 | 100.0 |
| 合计 | 2259 | 100.0 | |
| 缺失值 | 128 | | |

资料来源：农村劳动力落户城镇意愿研究，2016 年 1 月。

从农民工对城市归属感来看，20.7％的农民工对所居住城市有归属感，46.5％的农民工选择了"没什么感觉，只是过来挣钱"，而 32.8％的农民工认为"没有多大归属感"。这说明这些年贵阳市实行居住证制度等农民工公共服务均等化措施，增强了农民工的归属感，有助于更加科学、合理地规范农民工的服务管理，逐渐培育农民工城市主人翁意识，进而形成"热爱城市、建设城市"的责任意识。

假如农民工城镇落户后，最希望获得政府各部门给予的支持（或提供服务）依次是完善医疗条件、提供保障住房或廉租房、加强劳动权益保障（见表 3－33），这三项工作涉及就业、居住和医疗，均为基本需求层面的需求，其重要性几乎属于同等重要的位置。这说明，要真正实现农民工落户城镇的目标，必须加大农民工民生领域的投入，让其能否享受最基本的民生保障，是摆在各级政府面前的突出工作。排在第四位的因素是"提供就业机会和就业信息"，同样属于就业领域，可纳入前面三个因素一并予以同步处理。

表3-33 贵阳市农民工希望政府部门提供服务的分布

| 最希望获得的政府部门服务类别 | 频次（人） | 有效百分比（%） | 累积百分比（%） |
|---|---|---|---|
| 监督劳动合同订立及履行，加强劳动权益保障 | 530 | 15.8 | 15.8 |
| 完善医疗条件 | 537 | 16.0 | 31.8 |
| 提供就业机会和就业信息 | 416 | 12.4 | 44.2 |
| 提供就业技能培训 | 171 | 5.1 | 49.3 |
| 改善社会保险 | 165 | 4.9 | 54.2 |
| 改善子女教育条件 | 330 | 9.8 | 64.0 |
| 提供保障住房或廉租房 | 535 | 15.9 | 79.9 |
| 提高最低工资水平 | 204 | 6.1 | 86.0 |
| 改善生活环境 | 149 | 4.4 | 90.4 |
| 取消不合理消费 | 157 | 4.7 | 95.1 |
| 责成用工单位按时足额发放工资 | 53 | 1.6 | 96.7 |
| 当遇到特殊困难时，政府进行救济 | 92 | 2.7 | 99.4 |
| 其他 | 21 | 0.6 | 100.0 |
| 合计 | 3360 | 100.0 | |

资料来源：农村劳动力落户城镇意愿研究，2016年1月。

## 3.4 中国农村劳动力转移就业的区域分布

从我们的调查数据来看，农村劳动力外出务工地点以向省外流动居多，占46.5%（这主要集中在中、西部地区的被调查对象），随后依次是本省大中城市或直辖市辖区、本地乡镇、本省省会城市及本地县城，其所占比例大致差不多（见表3-34）。

表 3 - 34　　　　　　　被调查农村劳动力的务工地点分布

| 务工地点 | 人数（人） | 百分比（%） | 累计百分比（%） |
|---|---|---|---|
| 本地乡镇 | 153 | 12.9 | 13.9 |
| 本地县城 | 140 | 11.8 | 24.7 |
| 本省大中城市或直辖市辖区 | 165 | 13.9 | 38.6 |
| 本省省会城市 | 151 | 12.8 | 51.4 |
| 省外 | 551 | 46.5 | 97.9 |
| 其他 | 24 | 2.1 | 100.0 |
| 合计 | 1184 | 100.0 | |

资料来源：农村劳动力转移就业问题研究，2013 年 7 月 8 日。

当然，这一数据分布与调查地点的地域选择和调查对象的年龄结构有关。从农村劳动力流向省外的区域来看，主要是东部地区，尤其是广东、福建、江浙和上海等地。

受区位优势和产业集聚的影响，农村劳动力大多是从中、西部地区流向东部地区。首先，从流出地来看（见表 3 - 35），2017 年东部地区农村外出劳动力为 4714 万人，占外出农民工总量的 27.4%；中部地区

表 3 - 35　　　　　　　2017 年农村外出劳动力地区分布及构成

| 按输出地分 | 外出农民工总量（万人） | | | 构成（%） | | |
|---|---|---|---|---|---|---|
| | 外出农民工 | 跨省流动 | 省内流动 | 外出农民工 | 跨省流动 | 省内流动 |
| 合计 | 17185 | 7675 | 9510 | 100.0 | 44.7 | 55.3 |
| 东部地区 | 4714 | 826 | 3888 | 100.0 | 17.5 | 82.5 |
| 中部地区 | 6392 | 3918 | 2474 | 100.0 | 61.3 | 38.7 |
| 西部地区 | 5470 | 2787 | 2683 | 100.0 | 51.0 | 49.0 |
| 东北地区 | 609 | 144 | 465 | 100.0 | 23.6 | 76.4 |

资料来源：国家统计局.2017 年我国农民工监测调查报告 ［R/OL］.2018 - 04 - 27. http：//www.stats.gov.cn/tjsj/zxfb/201804/t20180427_1596389.html.

农村外出劳动力为 6392 万人，占外出农民工总量的 37.2%；西部地区农村外出劳动力为 5470 万人占外出农民工总量的 31.8%。可见，中、西部地区外出农民工以跨省流动为主，尤其是中部地区。

从农村外出劳动力的就业地来看（见表 3-36）：

第一，中、西部地区农村劳动力外出务工增长较快，说明中、西部地区吸纳本地农村劳动力的能力进一步增强。2017 年在东部地区务工农村外出劳动力 4714 万人，比 2016 年增加 23 万人，增幅约 0.5 个百分点；在中部地区务工的农村劳动力 6392 万人，比 2016 年增加 102 万人，增幅超过 1.6 个百分点；在西部地区务工的农村劳动力 5470 万人，比 2016 年增加 120 万人，增幅超过 2.2 个百分点。

表 3-36　　　　　2016~2017 年农村外出劳动力的地区分布　　　　单位：万人

| 按流出地分 | 2017 年外出农民工总量 | | | 2016 年外出农民工总量 | | |
|---|---|---|---|---|---|---|
| | 外出农民工 | 跨省流动 | 省内流动 | 外出农民工 | 跨省流动 | 省内流动 |
| 合计 | 17185 | 7675 | 9510 | 16934 | 7666 | 9268 |
| 东部地区 | 4714 | 826 | 3888 | 4691 | 837 | 3854 |
| 中部地区 | 6392 | 3918 | 2474 | 6290 | 3897 | 2393 |
| 西部地区 | 5470 | 2787 | 2683 | 5350 | 2794 | 2556 |
| 东北地区 | 609 | 144 | 465 | 603 | 138 | 465 |

资料来源：1. 国家统计局 . 2017 年我国农民工监测调查报告 [R/OL]. 2018-04-27. http：//www. stats. gov. cn/tjsj/zxfb/201804/t20180427_1596389. html.

2. 国家统计局 . 2016 年我国农民工监测调查报告 [R/OL]. 2017-04-28. http：//www. stats. gov. cn/tjsj/zxfb/201704/t20170428_1489334. html.

第二，跨省流动的农村劳动力数量减少，农村劳动力以省内流动为主的格局逐渐形成。如表 3-36、表 3-37 所示，在农村外出劳动力中，2017 年在省内务工的农村劳动力为 9510 万人，比 2016 年增加 242 万人，增长 2.6%，占农村外出劳动力总量的 55.3%，其比重比 2016 年上升 0.6 个百分点；2017 年，跨省务工的农村劳动力 7675 万人，比 2016 年增加 9 万人，增加 0.12%，占农村外出劳动力总量的 44.7%。从表 3 - 37 还可以看出，中、西部地区农村外出劳动力仍以跨省流动为主，2017 年跨省流动农村劳动力与 2016 年相比均有所减少。

表 3 - 37　　　　　　　2014 ~ 2015 年农村外出劳动力地区分布构成　　　　单位：%

| 按流出地分 | 2017 年外出农民工构成 | | | 2016 年外出农民工构成 | | |
| --- | --- | --- | --- | --- | --- | --- |
| | 外出农民工 | 跨省流动 | 省内流动 | 外出农民工 | 跨省流动 | 省内流动 |
| 合计 | 100.0 | 44.7 | 55.3 | 100.0 | 45.3 | 54.7 |
| 东部地区 | 100.0 | 17.5 | 82.5 | 100.0 | 17.8 | 82.2 |
| 中部地区 | 100.0 | 61.3 | 38.7 | 100.0 | 62.0 | 38.0 |
| 西部地区 | 100.0 | 51.0 | 49.0 | 100.0 | 52.2 | 47.8 |
| 东北地区 | 100.0 | 23.6 | 76.4 | 100.0 | 22.9 | 77.1 |

资料来源：1. 国家统计局. 2017 年我国农民工监测调查报告［R/OL］. 2018 - 04 - 27. http：//www. stats. gov. cn/tjsj/zxfb/201804/t20180427_1596389. html.
2. 国家统计局. 2016 年我国农民工监测调查报告［R/OL］. 2017 - 04 - 27. http：//www. stats. gov. cn/tjsj/zxfb/201704/t20170428_1499334. html.

第三，农村外出劳动力仍主要流向地级以上大中城市。"在外出农民工中，流入地级以上城市的农民工 11190 万人，占外出农民工总量的 66.3%，比上年提高 2 个百分点。其中，8.6% 流入直辖市，比上年提高 0.5 个百分点；22.6% 流入省会城市，提高 0.2 个百分点；35.1% 流入地级市，提高 0.9 个百分点。跨省流动农民工 80% 流入地级以上大中城市，比上年提高 3 个百分点；省内流动农民工 54.6% 流入地级以上大中城市，提高 0.7 个百分点。"[1] 以农村劳动力为主体的流动人口在大城市的聚集程度比较高。"'六普'数据显示，流动人口的分布总体上表现出强烈的大城市偏好，约四成的流动人口居住在特大城市和超大城市（500

① 国家统计局. 2015 年我国农民工监测调查报告［R/OL］. 2016 - 04 - 28. http：//www. stats. gov. cn/tjsj/zxfb/201604/t20160428_1349713. html.

万以上）"①，"全国吸纳流动人口较多的 50 个城市，聚集了 60% 以上的流动人口②"而且，这种趋势将会更加明显，只不过是区域分布不同而已。农村劳动力向大城市的聚集，必然会影响其城镇居留意愿及其迁移的势能。

每一个农村劳动力都是城镇化的潜在对象。在市场自主选择的条件下，潜在的城镇化人口成为实现城镇人口的一个重要条件，就是必须要有向城镇转移的意愿。具有转移愿意的农村劳动力越多，城镇化的"势能"越大，这是城镇化发展的一个基本前提。根据调查数据，随着产业转移升级和区域经济发展，假如能够自由流动，84.9% 的农村劳动力将选择本省实现自由择业，有 14.4% 的农村劳动力选择省外就业（见表 3 - 38）；就选择流向省外就业的地点来看，选择大城市或省会城市（自治区首府）作为就业地点的农村劳动力占 63.8%。

表 3 - 38　　　　　　　产业转移后就业地点选择

|  | 人数（人） | 百分比（%） | 累计百分比（%） |
|---|---|---|---|
| 家庭所在乡镇 | 456 | 38.5 | 38.5 |
| 县内其他乡镇和县城 | 217 | 18.3 | 56.8 |
| 本省内工矿园区 | 59 | 5.0 | 61.8 |
| 本省县级市 | 68 | 5.7 | 67.5 |
| 本省地级市 | 49 | 4.1 | 71.6 |
| 本省省会城市 | 139 | 11.7 | 83.3 |
| 本地直辖市城区 | 19 | 1.6 | 84.9 |
| 省外地区 | 170 | 14.4 | 99.3 |
| 缺失值 | 7 | 0.6 | 100.0 |
| 合计 | 1184 | 100.0 |  |

注：表中"本省省会城市"包括本省省会城市或自治区首府。
资料来源：农村劳动力转移就业问题研究，2013 年 7 月 8 日。

———————

① 国家人口与计划生育委员会流动人口服务管理司．中国流动人口发展报告 2016 [M]．北京：中国人口出版社，2016：15.
② 国家人口与计划生育委员会流动人口服务管理司．中国流动人口发展报告 2012 [M]．北京：中国人口出版社，2012：8.

　　这些数据说明，一方面，随着产业转型、产业梯度转移以及区域经济发展格局的变化，农村劳动力选择省内转移就业的较多，其中尤以本地乡镇或本县级行政区域内转移居多，加强省内相关制度和政策改革力度是新时代农村劳动力转移的主要对策建议，这对提高城镇化质量，因势利导、趋利避害，积极引导新型城镇化健康发展具有较强的指导意义；另一方面，即使选择流向省外，也大多选择流向大中城市，这对加强跨省流动的农村劳动力转移服务管理工作指出了方向，即加强与农村劳动力转入地大中城市开展省际、市际合作，提高对跨省转移农村劳动力的服务管理水平。

　　通过前面的分析有如下启示：一是农村劳动力转移规模越来越大，而且流动的区域不再是"一江春水向东流"，向中、西部地区流动或回流的趋势也日益明显，并且将是一个长期的过程。也就是说，随着产业结构调整升级及向中、西部地区梯度转移，在各方利益博弈和比较优势的影响下，中、西部地区农村劳动力可能选择在本地就业或返乡就业创业，这无疑对东部地区产业转型形成一种倒逼态势，推动产业转型过程；二是农村劳动力异地就业长期化趋势凸显。无论是第六次全国人口普查还是农民工监测调查报告的数据均显示，农村劳动力在流入地居住时间都比较长，多数都在现居住地工作生活了较长时间。以劳动力为主体的流动人口为例，"六普"数据显示，在现居住地居住且户口登记地在省外的流动人口中，居住"三年以上"的流动人口占40.97%，农村劳动力举家外出流动的比例不断提高。目前，促使农村劳动力转移的条件依然存在，如巨大的城乡和地区二元结构并没有从根本上改变，劳动力从农村到城市大规模流动的趋势无疑将得以延续。这就需要考虑这些长期居住在转入地的"农业转移人口"基本公共服务与管理问题；三是农村劳动力举家流动比例不断提高，"举家外出农民工"规模呈持续增长之势，这说明家庭化流动将逐渐成为农村劳动力转移的一种趋势。目前，我国农村劳动力转移基本处于第二阶段向第三阶段过渡的时期。值得注意的是，农村的留守老人、留守妇女、留守儿童在生产生活方面面临的困难和问题不容忽视。

因此，产业转型无疑会影响农村劳动力转移的区域格局，进而影响农村劳动力转移的区域、速度和规模，也必然改变着农村劳动力城镇落户意愿及其生活愿景。这就需要在制度和政策设计上关注农村劳动力转移与产业转型的有效联动，促进农村劳动力合理有序地流动和迁移，提高农村劳动力在城市的工作生活质量和"农业转移人口"市民化进程。当然，目前农村劳动力在转移过程中也面临着一些体制性难题，如获得城镇户口难度大、自身素质与产业发展要求不相适应、社会保险缴费比率低、随流子女入托入学和异地高考难、难以纳入社会救济救助体系、就业服务机构缺失或欠规范等，这些问题的解决涉及不同的政策制定主体，需要在不同层面上予以制定相应的政策措施。

# 4

# 半城市化：中国农村劳动力转移困境

## 4.1 半城市化：中国农村劳动力转移现实问题的集中体现

### 4.1.1 农村劳动力转移"半城市化"的表现及特征

从前面分析农村劳动力转移就业现状可以看出，农村外出劳动力转移就业之后面临着诸多的问题，比如就业方式、月均收入、劳动合同签订、社会保险参保等方面与城市劳动力相比有很大的差异，这实际上说明中国农村劳动力进城之后面临着比较突出的"半城市化"问题，即工作生活在城市，却不能真正与城市社会体系有效衔接而呈现出的既不同于城市生活方式又不同于农村生活方式的城市化状态。"半城市化"是一种不彻底的城市化。对于进城就业的农村劳动力来说，"半城市化"是一种迥异于城市和农村的工作生活方式，也是一种过渡性的城市化阶段，必将随着农村劳动力供给潜力及发展趋势变化而演变。

　　"半城市化"源于地理学概念。美国学者 P. H. 廖塔、詹姆斯·米斯克尔（2004）开始研究人口"半城市化"现象。国内学者王春光（2006）最早提出农村流动人口"半城市化"问题。王春光认为，由于系统、社会生活和行动、社会心理三个层面的相互强化，农村流动人口仅从经济系统上被城市所接纳，但在社会文化层面和心理层面还有待进一步城市化。

　　农村劳动力城镇工作生活的"半城市化"特征可归结为三点：非正规就业和发展能力的弱化、居住边缘化和生活"孤岛化"以及社会认同的"内卷化"。王桂新（2005，2006，2008）认为农民工需要从"形式城市化"到"实质城市化"的转变，并指出如以市民化标准衡量，中国的城市化实质上进展并不大。杨永华（2010）认为，"民工荒并不说明中国已经进入刘易斯拐点，农村剩余劳动力的转移完毕，而是表示半城市化经济发展模式走到尽头。①"王新、王东（2011）认为，农村劳动力城市化边际成本已高于边际收益，农村劳动力转移的"半城市化"很大程度上是因为农村劳动力就业过多集中于劳动密集型行业。陈藻（2014）以成都市典型的乡—城迁移人口城市聚居形态为例分析其"半城市化"问题，并提出其从"半城市化"到"城市化"转变的相关对策建议。王海娟（2016）认为"半城市化"就是农民工还需依靠农村资源进城居住及完成家庭再生产的阶段，并以进城购房农民工群体为分析对象研究发现，"'半城市化'阶段的农民工家庭通过代际分工形成'农村支持城市'机制，农村社会系统既为农民工进城提供各种资源，又为农民工城市化提供社会保障。②"

　　目前，中国有两个城镇化指标：户籍人口城镇化率和城镇化率（系常住人口城镇化率）。以 2017 年为例，全国城镇化率达到 58.52%，而户籍人口城镇化率仅为 42.35%③，两者之间相差 16.17 个百分点，这

---

　　① 杨永华. 民工荒、半城市化模式和城市化模式 [J]. 经济学家，2010（9）：71 – 76.
　　② 王海娟. 农民工"半城市化"问题再探讨 [J]. 现代经济探讨，2016（5）：68 – 73.
　　③ 国家统计局. 2017 年国民经济和社会发展统计公报 [R/OL]. 2018 – 02 – 28. http://www.stats.gov.cn/tjsj/zxfb/201802/t20180228_1585631.html.

16.17 个百分点涵盖的人口主要是以农村外出劳动力为主体的流动人口。可见，这些农村劳动力虽被统计在常住人口城镇化率指标内，但实际上农民户口，高达 2.25 亿人的非城镇户籍人口过着"半城市化"生活。

在我们看来，农村劳动力转移就业面临的"半城市化"问题主要体现在如下几个方面。

#### 4.1.1.1　就业方式

正如前述，农村劳动力转移就业的信息来源主要是亲戚朋友介绍，属于强关系型社会资本范畴，所从事的职业大多是体力劳动。这一渠道的就业信息及就业岗位具有很大的非正规就业性质，往往是处于城市产业链发展和整个劳动力市场体系的低端就业岗位，也是城镇劳动力不愿从事的岗位。与城市一级劳动力市场相比，这类就业岗位具有不稳定性、劳动保护条件相对较差、发展能力较弱，易受经济形势的影响。

就业非正规化是劳动市场系统不整合的综合体现。根据国际劳动局的定义，就业非正规化是指其从事的劳动得不到政府当局的承认、记载、保护或管理，进而经常被剥夺了一些基本权益保障。就中国实际而言，虽然中央政府制定了有关农村劳动力就业权益保护的法律法规和政策文件，但是在实际执行过程中，他们的就业权益难以令人乐观。无论是劳动合同签订率、社会保险缴费率，还是工资支付、子女入学等方面都难以享受到同等公共服务。在这样的现实条件下，农村劳动力必然就难以享受到同等的发展机会，比如教育和培训机会、社会保障权益、城市社区参与权等。这种机会的不平等，必将限制农村劳动力在城市的发展及融入城市，长此以往，农村劳动力将在城市劳动力市场上处于弱化地位，这就加剧其"半城市化"程度。

#### 4.1.1.2　经济收入

前面提到，农村劳动力进城就业经济收入低于城镇非私营单位职工月均工资收入水平，约占 56%，这就降低了农村劳动力的边际收益，是中国农村劳动力转移的"半城市化"的主要诱因。而且，就是在这样的工资水平下，还存在程度不同的工资拖欠现象，这也可以看作是"半城市化"带来的一种影响结果。应该说，经济收入是农村劳动力转移"半城市化"的主要影响因素，正是因为经济收入低，导致农村劳动力在社会保障、基本医疗、日常消费等方面的支出比例较高，降低其在教育培训等自我发展能力的投入，使其在社会、文化、心理等方面难以融入城市而成为城乡社会的"边缘人"，这进而加剧农村外出劳动力"半城市化"的程度。

### 4.1.1.3　劳动合同

由于农村劳动力进城非农就业主要是以强关系型社会资本为主，加之他们的契约意识不浓，导致进城就业的农村劳动力劳动合同签订率较低，绝大部分还处于工作状态无法保证的群体，接近六成的农村外出劳动力在务工过程中未曾签订过劳动合同，没有得到正式合同的保护，这与他们对劳动合同等相关法律的了解程度有关，绝大部分农民工都处于对劳动合同法律了解一点的程度，还有三成的农民工对劳动法完全不了解。对于文化程度较低的农民工群体而言，劳动法律法规的普及还有待进一步加强，这一状态又变相加剧了农村劳动力"半城市化"现象。

### 4.1.1.4　社保参与

农村外出劳动力在城市基本上没有社会保险，他们的就业单位为其缴纳社会保险的比例也不高，约占 39.6%[①]；即使参保，也主要集中在工伤、医疗等与农村劳动力就业岗位密切相关的"生存型"保险险种，主要是涉及"脏累苦险毒"方面的工种。较低的社会保险参保率，造成农村劳动力流动具有明显的"季节性"和"高流动性"，也使农村劳动力难以享受相应的社会保险公共服务。

事实上，从社会保险所包含的各险种来看，虽然说农村劳动力需要缴纳一定比例的社保金，但是政府承诺的社保投入更大，使处于流动状态的农村劳动力纳入所在城镇社会保障体系的比例小。有些城市即便按照规定为农民工缴纳社会保险金，但是政府缴纳的社保金不能随农民工

---

① 根据表 3-16 中选择"都没有"的 60.4% 这一比例推算得出。

个人账户转移接续，能够伴随农民工一起流动的仍是农民工自己缴纳的社保金，这种状况进一步凸显了农村劳动力城镇生活的"半城市化"状态。

### 4.1.1.5 居住方式

居住条件在一定程度上反映个人及家庭的社会地位，中国不少省市放开户籍准予落户城镇的一个重要前提就是合法稳定的住所。目前，城镇就业的农村劳动力大部分居住在出租屋内，主要是在流动人口比较集中的聚集地，如城中村、棚户区地带，居住条件较为简陋、卫生条件较差、生活设施比较落后。受经济收入水平限制，农村劳动力能够承受的住房租金在600元/月以内，更多是合租或到远离中心城区的地方租住，逐渐成为与城市隔离的"孤岛"。部分农村劳动力甚至居住在集体宿舍里，每间房屋10~20人，仅仅是一个栖身之所。他们或者没有时间享受公共资源（如休闲广场、旅游景区或娱乐场所），或者没有能力去享受，或者没有胆量去享受，与城市文化生活隔离，只生活在自己的熟人社会里，社会交往网络也大多是家乡的圈子，逐渐成为一种聚落形式，过着与其在家乡村庄相似的"村落化"的生活。

对于农村外出劳动力来说，城市现代生活似乎是与己无关的事情，赚取经济收入才是他们的主要目标，这在老一代农民工身上尤为明显。农村劳动力城镇就业后的居住形态主要以聚居为主，表现出以地域为范围的村落生活模式。"生活的'村落化'，一方面说明城市社会对他们的排挤，另一方面也使他们能够化解由于城市的排挤带给他们的各种困难，由此形成了与城市社会很不相同的生活方式、行为方式和文化氛围。[①]"从社会交往看，农村劳动力社会交往群体是自身的亲戚朋友，他们对自身能否在城市立足直至融入城市生活持一种怀疑态度或者说没想过（特别是跨省流动的农村外出劳动力），形成脱离城市主体社会的亚

---

① 王春光. 农村流动人口的"半城市化"问题研究 [J]. 社会学研究，2006（5）：107－122.

文化，进而逐渐"内卷化"。一旦确定了自己的主体文化，这种文化意识便会内化成集体潜意识，主动按照与文化身份相符的形象和话语来表征自我。在这样的现实背景下，农村外出劳动力更多表现为城市的"过客"，导致其城镇生活"半城市化"特征尤为明显。

### 4.1.1.6　消费方式与身份认同

农村劳动力主要生活在"集体宿舍劳作体制"之下或者类似"新租界"的城乡接合部，在物质和精神层面都遭遇着城市的排斥，由于工资收入微薄，加之社保、医疗、教育、住房等各种制度性支持的"缺位"，他们越想努力追求城市生活，越发现这个目标的遥不可及，这在老一代农民工身上尤为明显。

根据我们的调查分析结果显示①，受代际禀赋因素的影响，两代农民工生活消费支出结构变化较大，消费行为也呈现出不同的代际变化。老一代农民工用于食品、衣着、住房、医疗保健等基本生活保障性的生存资料消费较高，所占比例为 81.45%，这些属于物质消费范畴，而用于交通通信、文教娱乐、人际交往等满足个人发展和享受上的精神文化消费比例为 16.30%，这基本上反映老一代农民工生活消费的传统性，消费仅仅为了维持生存需要；新生代农民工用于基本生活保障性的生存资料消费比例则为 76.75%，用于满足个人发展和享受上的精神文化消费比例则为 20.33%，说明新生代农民工消费开始向城市现代性的消费方式转变，这反映农民工消费行为的代际差异和现代变迁。可见，不同代际禀赋的农民工消费行为具有不同的城市适应性，新生代农民工消费行为的城市适应性明显高于老一代农民工，具有较高的城市市民化潜质，其身份认同上希望成为城市消费者，希望有着与城市市民相类似的消费行为。老一代农民工消费行为以自身的生存需要为主，以家庭和未来的生存发展为取向，其消费支出结构中基本生活保障性的生存资料消费比例较高，精神文化消费支出的比例较少，其消费行为仍属于农村传

---

① 申鹏，等. 代际禀赋视角下的农民工消费行为研究 [J]. 农村经济，2014 (2)：35 - 40.

统温饱型的消费方式。而新生代农民工的消费生活状况已迈入小康型水平，其消费支出更多地关注自身消费的质量和舒适度，更注重精神层面的消费，其消费行为则有着向现代城市适应性的消费方式转变。因此，农民工消费行为的代际变化，使两代农民工产生了不同的身份认同。老一代农民工在身份认同上仍把自己当作农民，其最终归宿是返乡就业，导致了老一代农民工消费以传统温饱型的消费方式为主，其实现迁移的意愿相对较低。新生代农民工消费行为的背后是他们逃脱城市边缘的努力，他们不再满足于城市生产者的身份，而是要成为城市消费者和生活者，其深层原因在于他们对"农民"身份的否定，受城市生活方式和现代消费观念的影响，他们逐渐趋向于城市型消费方式，因而具有较强的迁移动机和"留城"意愿。实际上，对于新生代农民工来说，他们的消费行为及其身份认同具有一定的城市性，但要真正实现完全城市化还有很长的路要走。

## 4.1.2 农村劳动力转移"半城市化"的成因

对于中国农村劳动力转移"半城市化"的原因，国内学者观点大致集中在三个方面：一是城乡二元的户籍制度；二是农村劳动力自身的资本禀赋；三是城乡分割的劳动力市场。此外，还有其他学者的观点，如吴华安、杨云彦（2011）认为中国出现人口"半城市化"问题主要集中在：城乡二元户籍制度、城市倾向的公共政策、人力资本和社会资本差异。安虎森、皮亚彬（2013）认为，半城市化产生的原因是农民工的流动受到户籍制度、城市偏向的公共政策、农村土地制度等因素的制约。在此，笔者拟从以下三个方面分析中国农村劳动力转移"半城市化"的成因。

### 4.1.2.1 制度安排

影响农村劳动力转移的制度障碍较多，甚至在这些制度因素影响下的地方政府公共政策制定、城市居民心理及农村劳动力进城的生活预期都可以归之为制度障碍的内容。比如农村劳动力在城市就业受到的歧视，主要从事城市劳动力不愿意做的最脏最苦最累的工作，城市劳动力就业一有任何"风吹草动"就归结为农村劳动力进城非农就业造成的竞争，这些都可视为制度障碍因素的影响和作用。归纳起来，影响农村劳动力转移"半城市化"的主要制度变量有户籍制度、教育培训制度、农村土地制度、社会保障制度和劳动力就业市场制度，这些制度设计主要涉及农村劳动力身份转变及其扎根城镇的问题。这方面的制度创新能够使农村劳动力在城镇稳定居住下来，并能够享受基本的公民权利和福利保障，从而使农村劳动力能在城市永久居住，使流动过程成为"过眼烟云"，从而完成转移过程。

1. 户籍制度

户籍制度是农村劳动力转移制度障碍的"症结"，以户籍制度为代表的制度障碍的存在，使暂时性的劳动力流动替代了永久性的人口迁移，也并没有缩小城乡收入差距，反而有扩大的趋势。第一，户籍制度的存在使绝大多数农村劳动力及其随流人口的迁移预期只能是暂时性的或流动的，不能得到城市永久居住的法律认可，使得他们不能把城市当成自己的家园，认为自己只是城市的"过客"，进而成为城市的边缘人。第二，在就业政策、保障体制和社会服务供给方面对农村劳动力的开放度不够，所有的待遇区别都是根据是否具有本地户口而被识别，所有的歧视性政策都是依据不同的户口登记地而针对不同人群实施的。尽管现在户籍制度改革推行居住证制度，这只是户籍制度改革的符号作用，象征意义大于实际意义，户籍制度的核心依然没有多大改革。第三，虽然城市偏向政策的许多方面都已经或正在进行改革，这些不彻底的户籍制度改革为农村劳动力流动创造了条件，但没有解决农村劳动力转移所需要的基本条件，只要户籍因素的作用，就存在着政策反复的可能性，也就导致农村劳动力转移的复杂性、反复性和阶段性。此外，由于城乡分割户籍制度的存在，城市有关社会福利保障及优抚基本上与农村劳动力"无缘"。

### 2. 劳动力市场制度

劳动力市场制度是农村劳动力转移过程和转移之后在城市扎根和生存的重要条件，也是其城市融入的重要制度，因为就业对农村劳动力转移之后的经济生活来源有着重要影响。中国劳动力就业市场制度具有严重的城乡分割特征，这不仅使劳动力这个重要的生产要素不能实现合理配置，使劳动力资源配置无法达到最优状态，还阻碍了农村劳动力永久转移，制约着中国城市化进程。而且，城市劳动力市场又分为一级劳动力市场和二级劳动力市场。这种划分是由户籍制度产生的劳动用工制度决定的，是一种制度性分割，使农村劳动力无法在城镇正规的劳动部门实现就业，非正规就业是农村劳动力转移就业最主要的就业形式。与城市劳动力相比，农村外出劳动力的工作环境、工资待遇明显低于城市劳动者的总体水平，劳动保护条件较差，为了保住工作岗位而低薪加班或无偿加班。农村外出劳动力的就业歧视、人为压低工资现象在短时间内还难以消除。这种二元的劳动力就业市场导致劳动者在工资报酬、福利待遇和劳动权益等方面存在着明显差别，从而导致针对农村劳动力的同工不同酬、工资克扣拖欠、劳动合同签订率低、劳动权益无保障等现象，这就减少了农村劳动力外出务工的经济收入和权益保障水平，进而降低了他们的城市融入度。因此，劳动力市场制度就成为影响农村劳动力城市融入的主要变量。

### 3. 农村土地制度

土地是一种生产要素，土地制度安排决定了农民与土地的关系，也决定了劳动力要素与土地要素流动组合的方式。中国农村土地制度主要是农村土地承包经营制度，在此，笔者将土地流转制度也纳入农村土地制度范畴。通常，土地具有重要的保障功能，事实上，许多农民都在现实上和心理上对土地有着很强的依赖，视其为生命波折期的最后保障。而家庭联产承包责任制解决了农民的土地使用权问题，但是在土地产权、土地流转及土地资本化等方面的问题没有得到解决。

由于土地产权不清晰，使土地流转市场长期得不到发育，土地不能正常流转。即便农村外出劳动力想进行土地承包权流转，也不可能得到合理的补偿，以至于他们无法完全脱离土地而融入城市。因此，合理的土地产权确认制度和完善的土地流转制度不仅有利于土地的规模经营和农民增收，也有利于城乡人口的合理再分布和农村人口资源环境生态的协调发展，更有利于农村外出劳动力放心地转出土地、进而通过其他制度保障机制安心地在城市务工经商，谋求发展。

4. 社会保障制度

社会保障制度是农村劳动力转移后城市融入的重要支撑因素和制度保障。目前中国社会保障制度面临着"碎片化"① 趋势。城镇居民的社会保障体系项目比较齐全、保障水平相对较高，而农村居民的社会保障体系主要包括新型农民养老保险制度、新型农村合作医疗制度和少数家庭享有的"五保户"制度。新型农民养老保险和新型农村合作医疗制度统筹标准过低，并且因各地经济发展水平的不同而差别较大，"普惠式"养老金制度还在继续推进中。而流动于城乡之间的农村劳动力社会保障水平仍处于比较滞后的状态，不能适应农村劳动力转移需求的自身特点。城乡社会保障的"碎片化"以及农民工社会保障制度的欠完善，使农村外出劳动力无法在城镇立足和长期生存。因此，农村劳动力融入城市也受社会保障制度的影响。

5. 教育培训制度

教育培训制度作为人力资本投资的基本制度，承载着有限供给的"新常态"阶段延续"人口质量红利"的功能，为开发人力资源发挥了许多重要的作用。现行"重应试、轻技能"的农村教育模式以及不完善的农村职业教育制度使农村劳动力整体素质较低，就业技能普遍缺乏。这种教育培训制度形成农村人力资本存量较少的现实制约着农村劳动力转出之后的就业能力问题。而且，随着农村产业结构调整的加快，农业市场化程度的不断提高，整体国民经济的持续发展，城镇化进程的快速

① "碎片化"即为城乡、区域、阶层和职业之间分别设置且不能转移携带。

推进等对农村劳动力人力资本的积累和投资提出了迫切要求，要使农村外出劳动力适应这一形势发展的需要，必须加强农村教育培训制度和职业技能培训制度建设。因此，教育培训制度成为劳动力从农村转出后能否真正融入城镇的关键环节。

### 4.1.2.2  政策执行

城市倾向的公共政策执行是农村劳动力转移"半城市化"的又一成因。即便有了改善"半城市化"的制度设计，但如果缺乏良好的制度执行环境和高素质的公务人员，制度能够带来的效应将大打折扣。此外，社会管理体制和基层管理人员意识也是诱因之一。

1. 政策执行的社会环境

包括各项制度和政策在内的公共政策执行机制是发挥制度效应的主要手段，它是公共政策科学性的一个重要环节。如果没有有效的政策执行机制，公共政策将会成为一纸空文。而要保证公共政策得到良好的执行，就需要有一个良好的政策执行体制和环境。"国家制定的公共政策需要落实到一定的地方场域，通过政策细化或再规划的过程，才能实现其政策目标，从而形成中央统一性和地方多样性的执行格局，说明公共政策往往具有层级性；同时，任何一项重大的公共政策还具有多属性特征，重大领域的改革政策尤为明显，它同时承载经济、政治、社会、文化和生态等多项任务，其政策目标的实现取决于多部门的合作与配套政策的供给。①"实际上，中央政府制定的有关农业转移人口或农民工政策需要通过各级地方政府细化和执行，各地在贯彻执行的过程中形成了各具特点的实践模式。由于中国财政分级体制的因素，这些实践模式就成为中央与地方利益博弈的结果，也体现了各地经济发展、地方财力及对待农业转移人口等各种因素综合作用，这实际上就是公共政策执行体制以及由这一机制形成的政策环境。

客观来说，由于制度障碍这一宏观因素的影响以及中央政策的刚

---

①  贺东航，孔繁斌. 公共政策执行的中国经验 [J]. 中国社会科学，2011 (5)：61–79.

性，各项农业转移人口的公共政策预期目标都能得到完成。至于具体的完成质量和效果，由于缺乏公共政策执行的后评估机制，也就难以获得政策执行效果的相关分析结论。事实上，无论是有关农民工落户城镇或者社会保险或其他相关公共政策，在全国东、中、西部地区都得到了很好的执行，甚至还有创新和超前的情况。然而，由于种种因素的作用，部分地区在执行过程中存在偏差，形成了各个区域的地方差异性，这种差异性间接成为农村劳动力转移"半城市化"的成因。

2. 社会管理体制

当前，我国正处于"三期叠加"的发展阶段，城乡经济结构、社会结构、人口结构快速转型期，而我国社会管理体制未能跟上这一转型变动的需要，地方政府社会管理措施和社会管理行为未能跟上这一形势变化，个别领导干部缺乏对农业转移人口民生建设的兴趣和热情，在管理理念上对农业转移人口等群体权利保障和民生诉求重视不够。大多数城市社会对农业转移人口采取包容的态度，甚至当成城市经济发展的生力军或"新市民"，但更多是站在一种城市政府的宣传需要或口号式的政策思想，城市社会对农业转移人口等的开放领域和包容程度都有着明显的应急性特征，更多是政策压力和外力影响下的被动应对，仍然存在重管理轻服务的思想。

城市社会管理体制是农业转移人口市民化的主要依靠力量，而现行的社会管理体制是农村劳动力转移"半城市化"的又一诱因。农村劳动力融入城市现居住地难，这与城市社会管理体制是分不开的，特别是在中国民间自治组织缺少且力量薄弱的情况下更是如此。在很多地方，城市政府依然是社会管理的唯一主体，社会组织管理体制滞后，社区服务功能和管理体制改革进展缓慢，社会化服务管理运行体制不健全，直接影响农业转移人口市民化进程。具体表现在：一是服务管理手段落后。在服务管理方法上，缺乏符合实际的科学有效措施，管理单位衔接、配合与协调不够，对农业转移人口的即时性、网络化管理做得不够，管理信息沟通渠道不畅。二是服务管理体制职能单一。从职能范围来看，城市政府设立的与农业转移人口有关的领导小组及办公室（如流动人口服务管理领导小组及办公室）属于协调型或"大人口机构统筹"型，仍未真正形成各相关部门之间协作共管的体制机制，没有真正形成全社会共同参与、综合服务管理的运行机制。三是管理机构建而不实，部门协调功能弱化。从现行运行机制来看，该类服务管理机构的主要工作需要协调各部门的相关工作职责，难以执行统一的管理标准，容易造成服务管理具体工作上的推诿，真正的运行机制还有待进一步完善，其运行效果还有待进一步检验。四是农业转移人口利益诉求表达和矛盾调处机制尚待建立。农业转移人口的利益表达渠道阻滞，社会弱势群体缺乏一定的话语权来影响政府涉及农业转移人口的公共政策走向和制定，这就使得政府公共政策难以反映和体现农业转移人口的民生诉求，也就难以维护他们的实际利益。五是农业转移人口自治组织等非营利组织补位不足，没有充分发挥非营利组织在农业转移人口市民化中的作用。上述不同方面的问题相互作用、交互影响，严重阻滞了农村劳动力融入城市的进程，导致其"半城市化"的生活状态。

3. 人员意识

基层管理员及协管员是直接与农村外出劳动力接触的工作群体，他们的观念、行为和服务管理水平代表着地方政府的政策实践，进而间接影响或作用于农村劳动力市民化进程。农村外出劳动力通过基层管理员及协管员的服务管理了解城市政府及城市社会对他们的态度，并以此作出相应的思想及行为回应。

本处的人员意识主要包括为农村外出劳动力进行服务管理的基层管理员及协管员的思想认识，在此还包括与基层管理员及协管员工作相配套的场地和经费等，这是造成农村外出劳动力"半城市化"的思想根源。一是以城市户籍人口为本的思想意识仍然存在。城市各项公共服务供给更多依赖于农村外出劳动力的主动参与和自行关注，而基层因管理人员少而管理幅度大，导致难以深入农村外出劳动力聚居地，故而基层管理人员履行管理职责多于服务职责。而且，城市公共服务供给不足导致农村外出劳动力在城市得不到正常的职业培训，享受不到应有的"市民待遇"。二是城市居民与农村外出劳动力之间在相互认识上存在差距。城市居民对农村外出劳动力的印象还停留在感性认识上，有些市民还在认为自己是"城里人"，视他们为"乡下人"；而农村外出劳动力以为自己是城市人看不起的"打工仔"，在思想观念中形成了一种被"欺负"的思维定势，导致排斥、对抗城市社会管理的心理增强，容易引起小规模的群体性事件。由于双方在认识上的差异，导致城市居民和农村外出劳动力之间歧视、排斥的情绪越来越高，城市新二元社会矛盾日趋激烈。三是基层流管员报酬低而工作量较大，工作素质和工作热情普遍不高。因流入劳动力规模大而编制少的限制，基层管理员及协管员工作量较大，而且大多数基层管理人员都是 40 岁以上，其基本能力素质难以适应新常态下农村劳动力服务管理工作复杂性的需要，参与服务管理的积极性并不高。四是基层服务管理站运行条件有待改善。基层服务管理站大多没有独立的工作场所和办公设备，只能与村（居）委会或者警务站联合办公，而且工作条件也很简陋；而且，受服务站功能定位、定编定岗和工资待遇等因素限制，难以吸引高素质的年轻人从事流动人口服务管理工作。

### 4.1.2.3　个人禀赋

前面两个方面的诱因是造成农村劳动力转移"半城市化"的外部因素，而个人禀赋是造成农村劳动力转移"半城市化"的主观因素及最主要的内在因素。外部环境只是为农村劳动力融入城市提供一种可能或创造一种环境条件，而最终能否真正融入城市，主要还是依赖于自身的个人禀赋。

这里的"禀赋"（endowment）是一个复杂的概念，可以理解为人们已经拥有的东西。不同的学者从不同的角度进行定义，如从家庭的角度，抑或从个人的角度。如王春蕊（2010）认为，"对于个体而言，劳动力禀赋是劳动力凭借先天赋予的智力、资本和资源条件，通过后天不断努力、创新，获得的谋生本领和条件。[①]"石智雷、杨云彦（2012）认为"家庭禀赋，是家庭成员及整个家庭共同享有的资源和能力，包括家庭人力资本、家庭社会资本、家庭自然资本、家庭经济资本。家庭禀赋是个人发展能力的拓展，是个人禀赋的外延，是家庭成员可以共同利用的资源；但与此同时，个人的行为选择还会受到家庭禀赋状况和家庭决策的约束。[②]"埃莉诺曾提出人类创造的资本包括四种有着某些相似的类型即物质资本、人力资本、社会资本和自然资本[③]。研究的视角不同，学者们对禀赋的释义呈现很大的差异。在此，本书将禀赋定义为：农村劳动力个人禀赋是指在特定时期特定环境下，农村劳动力凭借先天享有的智力、资本和资源条件，通过后天参与教育培训及其在外出务工过程中得以拓展的本领和条件。这种禀赋界定是基于农村劳动力转移就业需要提出来的。农村劳动力从事非农产业，其自身选择受限于家庭自身资源情况，合理评价农村劳动力个人禀赋对于破解农村劳动力"半城市化"困境具有一定的现实意义。

农村劳动力禀赋具有以下基本特征：一是收益性，即指农村劳动力通过现阶段的投入可以在未来工作与劳动活动中获得一定的收益。这是资本最为重要的属性之一，无论是禀赋还是资本都体现出个体可以通过获得、积累、改造资本而获得一定的收益。二是可增值性，是指农村劳动力在参与社会经济活动中会不断地增加和获得相应的资本，从而使禀赋可能产生存量上的增长和内部结构上的变化。农村劳动力个人禀赋会不断地变化和积累、不断地增加和发展。三是周期性，即农村劳动力禀赋以个人作为主体，具有一定生命周期性质。个人作为禀赋的主要实践主体，一旦个体消亡，那么禀赋也随即消失。个体在生命周期内不断获

①  王春蕊. 禀赋、有限理性与农村劳动力迁移行为研究 [D]. 西南财经大学，2010：34.

②  石智雷，杨云彦. 家庭禀赋、家庭决策与农村迁移劳动力回流 [J]. 社会学研究，2012（3）：157－181.

③  埃莉诺·奥斯特罗姆. 社会资本：流行的狂热抑或基本的概念？[J]. 龙虎译. 经济社会体制比较，2003（2）：26－34.

得和强化禀赋，同时禀赋也会随着个人生命周期的变化呈现出一定的周期变化。鉴于此，本书研究根据已有文献，分析农村劳动力禀赋的构成维度，并简要说明其对农村劳动力"半城市化"的作用。这里的个人禀赋主要包括农村劳动力及家庭的人力资本、社会资本和资源资本。

1. 人力资本

人力资本是指农村劳动力所拥有的体质、智力，以及通过后天教育培训及外出务工过程中所积累的知识、技能、经验综合而成的本领和条件，是农村劳动力非农就业和融入城市的基本要件和必要条件。农村劳动力的体质、技能是由其自然属性（如性别、年龄）来决定，不同性别年龄的农村劳动力所具有的人力资本是有差别的。也就是说，人力资本各构成要素源自农村劳动力的自然属性，具有不同自然属性的农村劳动力，其人力资本禀赋也是不同的。比如，农村劳动力不同的个体因素在其实现非农就业及城市融入方面所起的作用是不同的。因此，这些自然属性也必然包含在人力资本范围之内，只不过诸如年龄、性别等自然属性在人力资本禀赋中发挥着最基础的作用，而其他的诸如知识、体能、经验则是表征农村劳动力人力资本禀赋的核心构件。当然，作为一种内化于农村劳动力体内的人力资本，必然与农村劳动力的心理活动规律发生联系，尤其是作用于人的行为过程，人力资本通过心理活动机制对农村劳动力就业行为选择产生影响。

由于教育资源布局的城乡差异，农村劳动力教育素质普遍偏低、职业教育发展滞后、人力资本积累受限，这严重影响和制约了他们在城市的稳定就业和融入城市，是导致其城市工作生活"半城市化"状态的最主要内因。

2. 社会资本

社会资本是指农村劳动力通过个体及家庭在社会经济活动中获得的社会关系网络和社会资源，是农村劳动力参与社会经济活动所具备的外在社会条件，是农村劳动力城市就业和融入城市的一个资本条件。农村劳动力社会资本主要体现为在社会经济活动中形成的人与人之间的社会关系，这种社会关系的形成受整个社会特定时期特定环境的影响，并相应表现为不同层面的关系，如家庭成员关系、亲戚朋友关系、婚姻关系、个人社会网络关系（包括与城市基层管理者）和非政府组织、政府相关部门的帮扶等。

在前面提到，农村劳动力外出就业主要信息来源是"强关系型"社会资本，这使其居住"孤岛化"，生活"内卷化"，更不利于他们积累城市工作生活的"弱关系型"社会资本，使其获取信息和获得机会偏少，很难融入城市主流生活，进一步加剧了他们城市工作生活的"半城市化"和社会分化。即使农村劳动力在城市生活圈中的社会网络，也不是来到城市社区后与城市居民重新建立的，而是从原有的农村社区中移植过来的，他们依靠丰富的再生性社会资本来弥补弱小的人力资本的不足，依靠社会网络来打破自身在城市不佳的生存环境，打破有限的生存空间（朱力，2003）。这种在城市重新集聚的再生性社会资本对于破解农村劳动力"半城市化"而言帮助不大，对于他们来说，更重要的是集聚"弱关系型"社会资本，进而实现两类社会资本的"1 + 1"协同效应。

3. 资源资本

资源资本是指农村劳动力凭借自身身份及人力资本和社会资本获得的经济资本和经济资源，是农村劳动力参与社会经济活动所处的或所具备的外部资源条件，包括农村劳动力所获劳动报酬及其转化的经济资源、各种财产所有权或使用权、个人及其家庭支配的自然资源、社会经济环境及其享有的相应资源——基础设施及其生产工具，比如自身月均经济收入、家庭经济收入与财富、农村土地及其承包权、居住地交通条件、居住地周边各类经济资源及其企业资源、社会公共产品的享有量、社会公共服务设施等，这些资源资本构成了农村劳动力城市就业和融入城市的物质基础，也是农村劳动力禀赋形成的外部经济条件。

一般来说，农村劳动力资源资本（如人均占有耕地、可支配经济资源等）越多，越易促进农村劳动力在城市稳定就业和城市融入；反之则

115

相反。事实上，资源资本与农村劳动力城市就业之间需要经历许多较为复杂的环节，资源资本本身并不直接产生就业岗位，但可以影响农村劳动力在城市的就业选择和城市生活。农村劳动力城市就业选择受包括资源资本在内的多种因素影响，比如人均土地面积及其可支配经济资源等，若这类资源资本拥有量大，那么集聚的金融资源可能越多，则可接受的择业时间较长，选择理性就业的可能性较大。在这种不断选择的过程中，农村劳动力资源资本是一个重要的影响因子，即资源资本禀赋影响农村劳动力就业选择，资源资本禀赋集聚越多，农村劳动力在城市实现稳定就业的可能性也相应提高。另外，农村劳动力城市稳定就业不但使其获得了就业经济收入、增加了可支配经济资源，而且也增加了农村劳动力城市融入和市民化的可能性。因此，农村劳动力城市稳定就业具有较强的正外部性，资源资本与农村劳动力城市稳定就业之间存在着一种互动机制，即二者之间相互作用、相互影响，共同增强农村劳动力资源资本禀赋。换句话说，现实中的农村劳动力资源资本禀赋不强，导致其在城市就业及生活的"半城市化"，进而影响其城市融入市民化进程。

从农村劳动力禀赋的构成维度来看，人力资本与社会资本的关系相关研究文献较多，研究也较全面透彻，而资源资本、人力资本和社会资本三者之间的关系才是本书研究的重点。本书研究认为，农村劳动力禀赋的人力资本、社会资本和资源资本是相互制约、相互影响的关系，三者之间构成一个完整的统一体。

从农村劳动力禀赋构成维度看，人力资本是禀赋的核心，社会资本和资源资本是农村劳动力禀赋的外在条件，也是实现农村劳动力人力资本投资效应的社会基础和物质根基。如果没有相应的社会资本和资源资本为之铺垫，农村劳动力的人力资本效用也将无从发挥。

农村劳动力个体通过微观人力资本的开发和利用不断获取社会资本、资源资本，以此来提升自身禀赋，实现更高层次的职业发展。社会资本、资源资本的多寡间接影响农村劳动力个体的人力资本水平高低。

反之，人力资本水平高低对农村劳动力个体积累社会资本、资源资本产生积极影响。一般而言，农村劳动力人力资本水平越高，获取各种社会资本、资源资本的能力相应较强，拥有的自我生存发展空间和就业竞争力也就越大。可以说，农村劳动力禀赋的三种资本相互制约、共同促进，共同形成禀赋效应（endowment effect）。因此，农村劳动力禀赋是由人力资本主导、受社会资本和资源资本的制约和影响，不断整合和提升自身内在的资本禀赋，进而促进农村劳动力非农就业、提升就业质量和融入城市社会市民化的过程。

## 4.2 中国农村劳动力转移"半城市化"的制度改革面临挑战

农村劳动力城市融入对于城市化进程来说具有重要的现实意义，因为农村劳动力进城不仅需要完成空间上的移民，更需要广义的社会文化层面的移民，这其中就涉及他们在生活方式、价值观念、社会心理等多方面的转变，预示着农村劳动力城市融入是在经济层面、社会层面和心理层面与城市社会逐渐接轨和融入的过程。

已有研究成果表明，农村劳动力融入城市可分为三个层次：经济层次、社会层次和心理层次，这是依次递进的三个层次。劳动力从农村转出来到城市，首先必须需要找到一份相对稳定的工作，获得一份相对稳定的收入和安身立命的住所，才能在城市中生存下去。经济层面的适应是立足城市的基础，完成了初步的生存适应之后，社会交往是农村劳动力城市生活的进一步要求，反映了农村劳动力融入城市生活的广度。心理层面的适应是属于精神上的，它反映出农村劳动力对城市生活方式等的认同程度以及农村劳动力城市融入的深度，只有心理和文化的适应，才说明农村外出劳动力完全地融入于城市社会。新的观念、心态和意愿这些内在精神性因素的深刻变化，是农村劳动力在城市经过长时期的生存环境适应的必然结果。

从经济层面经社会层面到心理层面的这三个阶段，融入的程度逐渐加深，融入的层次逐渐提高，只有从心理层面融入了城市，才算彻底完成由"农村人"转化为"城市人"这一社会化过程，也才真正实现了市民化过程。这三个层次互相联系、不可分割。在这三个融入层面中，第一层面和第二层面受制度性因素的影响比较大，第三层面受制度性因素的影响相对弱一些。可见，农村外出劳动力"半城市化"问题首先源于制度的影响，因受制度改革面临挑战的影响较深，难以实现彻底的市民化，导致相应的社会文化环境也难以根本改变。一个社会不仅需要完善的制度，更需要有效实施制度的社会文化环境，否则，再完善的制度也只是纸面上的制度，所以，制度必须根植于群众之中，这就凸显出制度文化的重要性。而且，由于文化源自人们的内心世界，农村劳动力只有在社会文化上真正地融入城市，才算完成了转移过程。

当然，由于本书研究重点是正式制度的变迁和创新，本节暂不探究农村劳动力城市融入的社会文化环境，即重点分析农村劳动力转移"半城市化"的制度困境。

### 4.2.1 户籍制度改革面临挑战

中国的户籍制度改革面临的挑战是制约农村劳动力转移最主要因素，户籍制度及其附于其上的相关福利是影响农村劳动力城市融入及其彻底转移的主要制约因素。中华人民共和国成立初期这一特殊的历史背景下所建立的户籍制度是历史必然，也是当时的经济发展战略和控制人口迁移流动的二元结构所决定的。为了进一步控制人口从农村流出，同时保障城市居民充分就业以及其他福利的不外溢，国家要做出分隔城乡人口和劳动力的制度安排，而户籍制度就是其中最重要的制度，成为农村劳动力转移"半城市化"的本源性制约因素。

### 4.2.1.1 中国户籍制度的变迁

中国户籍制度是计划经济时代为推行重工业优先发展的赶超战略而建立起来的一项制度。历史地讲，1949～1957 年处于形成过程中的中国户籍管理制度开始引入限制人口自由迁移的功能，主要体现在各地政府劝阻人们盲目迁移进城的通知和制止农村人口盲目外流的指示，政府逐步将控制人口自由迁移的功能纳入户籍管理范畴，使户籍制度开始赋有附加功能，但是在正式制度上并没有予以规定。1958～1978 年的人口户籍制度使城乡分治的二元户籍制度得以强化、固化，严格限制户口迁移，尤其是严格限制农村人口向城市迁移。而且，基于户籍制度为基础的劳动力市场制度、教育培训制度、社会保障制度及其他福利分配制度逐渐建立起来，形成比较典型的城乡二元结构。这一阶段的后期，随着"文化大革命"和"上山下乡"运动的结束，知识青年和大批下放干部返城，使迁入城市的人口又骤然陡增，从而导致政府再次采取严格限制人口自由流动的政策，中国城乡分割的二元户籍制度正式形成。至此，中国户籍制度不单单是户口本身，而成了居民"身份"的标志。由于户籍制度能够有效地把农村人口控制在城市体制之外，城市福利体制就可以相应地建立起来了。除了诸如医疗、教育、托幼、养老、住房等一系列排他性福利外，以保障城市劳动力全面就业为目标的排他性劳动就业制度，是这种福利体制的核心。

这种隔离城乡人口和劳动力的户籍制度，以及与其配套的城市劳动就业制度、城市偏向的社会保障制度、基本消费品供应的票证制度、排他性的城市福利体制等，有效地阻碍了劳动力在部门间、地域上和所有制之间的流动，使长期以来中国城乡处于分割状态，造成了资源配置的扭曲和低效率。长期以来，中国是一个城乡分治的二元社会，中华人民共和国成立以来的相关制度安排更是放大了这种差距，导致中国的农村和城市间无论在经济、文化、教育、习俗、生活方式等诸多方面的二元特征。

党的十一届三中全会召开标志着中国进入改革开放的新时期。在这样的大背景下，户籍制度阻碍资源要素流动的弊端逐渐日益显现出来，成为中国城市化进程的制度性障碍。为此，国家逐步调整和改革二元户籍制度，严格限制人口迁移流动的特征开始转变，人口迁移流动的限制逐渐放松。同时，由于严格控制人口的生育政策导致总和生育率下降至更替水平以下，人口数量从初期的低速增长到惯性增长，城市劳动力供给态势开始减弱，而经济开放搞活和外贸经济发展，增加了劳动力需求，使城乡人口流动越来越频繁，这为新时代深化户籍制度及相关城市融入制度改革提供了契机，也为乡村振兴战略创造了一定的人口条件。只有这样，劳动力资源和人才资源能够在城乡之间自由流动，才能实现人力资本要素的合理配置和有效利用。

### 4.2.1.2  户籍制度与农村劳动力转移"半城市化"的关系

要素自由流动是市场经济运行的主要条件之一，而中国户籍制度却阻碍着劳动力要素的自由流动，它把劳动力或者劳动力的某种属性限制在户籍所在地，使他们无法随着自己的职业、居住地的变化而变化，特别是用户口把农村劳动力紧紧地束缚在他们所在地域的有限的小块土地上。尽管改革开放使劳动力流动的限制逐步放宽，但由于户籍制度衍生出来的其他一系列制度和政策，如教育培训制度、社会保障制度、劳动力市场制度等形成了强大的阻力，使农村劳动力只能年复一年地往返于农村与城市之间，这实际上加深了农村劳动力外出之后城镇生活的"半城市化"。

目前，中国已进入了全面深化改革的关键时期，农村劳动力转移"半城市化"导致其在城市融入方面仍面临着诸多的障碍，尤其是制度改革面临挑战。在所有阻碍劳动力转移的因素中，尚未根本改革的户籍制度是最为基本的制约因素，阻碍了城乡劳动力市场发育，是农村劳动力城市融入制度障碍的核心表现。

1. 户籍制度导致农村劳动力经济层面的"半城市化"

对于农村劳动力城市融入这一过程来说，经济融入是首要前提。经济层面的融入是农村劳动力融入城市社会的第一步，农村劳动力进入城市后，无法取得与城镇居民平等竞争的权利和待遇，这决定了他们在劳动关系中处于更加弱势的地位，致使农村劳动力在城市寻找工作的成本大大增加，增加了农村劳动力转移的制度成本。

首先，农村外出劳动力就业环境处于恶劣的境地。由于户籍的限制，农村劳动力进入城市所从事的工作往往是"城市人"不愿意做的、劳动安全卫生条件较差的工作，而且稳定性差，甚至被认为是城市劳动者中劳动条件最艰苦、工作居住环境最差最脏、危险性最高的职业群体，就业环境普遍比较恶劣。即使有少数农村劳动力能够在正规部门实现就业，他们也都是临时性就业，没有劳动合同保护，工作环境和条件较差。

其次，农村外出劳动力工资水平普遍较低，"同工不同酬"。农村外出劳动力在与用工企业的工资博弈中，不仅缺乏足够的工资信息，而且很多企业没有建立以贡献和效益为依据的工资增长机制，使农村劳动力被迫接受低工资的现实。农村外出劳动力不仅报酬低，而且被随意拖欠、恶意拖欠及克扣工资的现象时有发生，同时无偿加班或低薪加班的现象仍然存在，这都变相降低了农民工的工资。工资收入偏低给农村外出劳动力城市生活带来了较大的困难，导致其消费水平及生活质量低下，影响其城市融入。

再次，农村外出劳动力生存处于城市边缘。农村劳动力进城后往往处于相对弱势的地位，加之相关的社会保障制度不健全，各地用工企业与农民工签订劳动合同的工作进度不一，签订比例不高，用工管理欠规范，劳动时间较长，加班成了"家常便饭"之事，农村外出劳动力生存在城市社会的底层。

最后，农村外出劳动力劳动与社会保障待遇缺失。由于没有城市户籍身份，农村劳动力进城后往往得不到公正对待，在劳保、教育培训、医疗、福利、住房、社会保障等方面面临着一系列困难。一方面，城市"取而不予"，农村外出劳动力没有享受到同城镇居民一样的教育培训、社会保障、社会救助等基本公共服务；另一方面，企业"用而不养"，在大多数城市，农民工劳动合同签订率低，基本没有"五险一金"，甚至连基本的社会保险项目缴纳比例也很低，这使农村外出劳动力在城市面临着更加困难的境地。

2. 户籍制度加剧农村劳动力社会层面的"半城市化"

"社会层面的融入涉及农民工在行为举止、生活方式、价值观念和社会交往等方面的从农民向市民的转变。[①]"社会层面的城市融入涉及市民属性和享受城市现代文明生活方式。农村劳动力进城以后，面临着不同于农村初级社会群体的城市市民这一次级社会群体，他们必然在价值观念上发生变化，以能尽快适应城市生活和城市环境为其生存发展之首要任务。因此，农村外出劳动力必然在言行举止和生活方式上积极向城市生活方式靠近。然而，由于户籍制度及其衍生的相关附属制度的影响，造成了农民工身份与职业、角色的背离，已经成为一种事实上的障碍。

首先，现行户籍制度仍然存在事实上的市民（"城市居民"）和农民（"农村居民"）两种身份，尽管户籍制度改革在称谓上已经有了巨大进步，多数省市户籍改革推行了一元化的户籍制度（比如统一称为"居民"），但对于户籍背后的入学、教育、医疗、社会等方面的差异仍然存在，传统的两种身份划分并没有多大的改变，特别是在影响人们数十年后根深蒂固的社会心理层面更是如此。在户籍制度的社会屏蔽作用下，各种不同身份之间存在明显差异，影响了农村外出劳动力与城镇居民的交往，使他们的社会交往仅局限在以血缘和地缘关系为核心的初级社会关系中。作为城市外来者，农村外出劳动力交往圈封闭在狭窄的乡土社会关系网络中，割断了从社会交往和社区互动中习得并接受当地人相同的价值观机会的链接，进一步限制了他们与务工所在城市融合的深度和广度。从整体上看，农村外出劳动力社会交际网络规模都比较小，大多局限于以地缘、血缘和亲缘关系为主，他们的人际交往圈通常都束缚在亲戚、老乡或其他工友范围内，与城市居民的联系甚少，感情交往极少。另外，由于大部分农民工劳动强度较大，很少有闲暇时间参加文

---

① 黄荣清，等. 转型时期中国社会人口 ［M］. 辽宁教育出版社，2004：291.

体活动，即使偶尔有空闲，他们的消遣方式也比较单一，以聊天、睡觉、打牌为主。

其次，现行户籍制度改革面临着造成农村外出劳动力身份与角色的背离的挑战。城乡二元社会结构的松动，瓦解了户籍制度的地域限制，农村劳动力获得了流动的权利，准许进城就业，但是依附在户籍制度上的身份标签及其他制度限制在很大程度上并没有消除，"市民"和"农民"仍然是区分社会阶层的一个重要标准。究其原因，是农村劳动力的角色与身份的错位。一般说来，每个人都应该是地位与角色的统一，当一个人获得了某种职业，他就具体地扮演这个社会角色，随之也获得了相应的社会身份。可这种角色转换和身份转换的一致性在农村劳动力身上却发生变化，他们职业上的变动仅仅是操作层面上得到社会的认可，而制度层面却未认可，制度仍然认为他们是农民，这就造成身份（地位）与角色的背离。从角色看，他们扮演的是工人，工人的角色使农村外出劳动力习惯了固定工作日和休息日的生活，已基本上能像城市人的行为方式和生活规律那样工作和生活，然而他们未被户籍制度认可，身份仍然是农民，这使他们不能同等享受城镇居民的医疗保险、养老保险、失业救济等一系列福利待遇。

这种身份（地位）与角色的错位，是农村外出劳动力没有融入城市生活的一个基本表现，他们既是离开了土地的农民又是没有城里人身份的市民，被称为"新市民"或"准市民"，这种身份对农村外出劳动力融入城市的外推力是显而易见的。这种职业身份与户籍身份的分离，使农村外出劳动力无法得到制度上的保障，无法享受以户口为基础的城市居民能享受的各种社会福利。正是"制度安排的惯性使改变了生活场所和职业的农民仍然游离于城市体制以外，从而造成了流动农民工的生活地域边界、工作职业边界与社会网络边界的背离"①。这说明，由户籍制

---

① 李强. 影响中国城乡人口流动的推力与拉力因素分析 [J]. 中国社会科学，2003（1）：125-136.

度导致角色和身份的不一致，是农村劳动力转移"半城市化"的一大诱因，伴随着户籍制度衍生出的一系列相关制度也加剧其"半城市化"的程度。

3. 户籍制度加重农村劳动力心理层面的"半城市化"

心理层面的城市融入是农村劳动力在城市社会最高层次的融入，也是真正实现城市融入的关键一步。而在户籍制度约束下，农村劳动力在城市生活中感受到最大的困难是偏见和歧视。户籍制度把在城市生活的人口分为城市人口和外来人口，城市地方政府给予这两部分人的待遇是极其不同的，这就造成农村劳动力在城市生活缺乏认同感和参与感，难以融入城市经济社会组织当中。当然，农村劳动力难以从心理上真正融入城市也与其人力资本禀赋有关，即自身的科学文化素质，这就与教育培训制度有关。2017 年全国农民工监测调查报告显示，"进城农民工中，38% 认为自己是所居住城市的'本地人'，比上年提高 2.4 个百分点。①"可见，农村劳动力真正实现城市融入还有较长的距离。

首先，户籍制度使农村劳动力无法形成对城市的"归属"意识。由于户籍身份决定了城市人与农村外出劳动力不同的社会地位，城市人会不自觉地用偏见和集体排斥的本能来维持自己的社会地位，保持与农村劳动力之间的社会距离。这种群体性偏见与歧视使农村劳动力无法形成对城市的"归属"意识。虽然农民工群体已经在城市存在了三十多年，但城市人对其偏见与歧视依然存在。

偏见是一种基于某种信念上的认识态度，歧视则是一种基于偏见的外显行为，不能说有偏见的人必定有歧视行为，但一般情况下两者相连。城市人对农村劳动力的看法主要表现在认为部分农村劳动力素质低下，或者不遵守公共秩序，是一个犯罪率高的群体等。而部分城市人将自己与农村外出劳动力置于两个群体。两群体虽生活在同一空间下，表

---

① 国家统计局. 2017 年农民工监测调查报告［R/OL］. 2018 - 04 - 27. http：//www. stats. gov. cn/tjsj/zxfb/201804/t20180427_1596389. html.

面上也有所交往, 但是在心理层面上, 城市人群体有着排斥和戒备, 农村外出劳动力群体有着高度的社会疏离感, 成为游离于城市的既缺乏保障也缺乏约束的群体。农村外出劳动力既然被排斥在城市人群体之外, 自然不会产生对城市的归属感, 所以大多数农村外出劳动力只是把自己当成城市的"过客", 而"过客"意识会使他们不会自觉履行对城市的责任与义务, 不必进行个人职业积累和信誉积累, 这反过来又恶化他们的形象, 加深了城市人对他们的"偏见", 使他们处于一种"双重边缘人"的状态。

其次, 户籍制度塑造了大多数农村外出劳动力回流的强烈愿望。由于地位和待遇上的不平等, 身份(地位)与角色的错位, 使大多数农村外出劳动力都游离于城市保障体系之外, 工作稳定性差, 合法权益无保障。在这样的现实面前, 他们想要改变自我, 凭借个人的能力和素质适应城市生活, 最终融入城市, 将是一个艰辛的过程。目前, 进城务工的农村劳动力大多只能住在集体宿舍、私人租房、单位租房等, 很少有自己合法稳定的固定住所, 他们很难在所在城市实现持续定居。

住房作为人类生存的最基本需求层次, 而且能够给人带来归属感。然而, 对于收入较低的农村外出劳动力来说, 既无力购买价格如同天文数字的普通商品房, 又因种种原因而难以城市中低收入者身份购买经济适用房或保障性住房, 结果是无法拥有属于自己的固定住所, 而没有合法稳定的固定住所又难以取得城市户口, 如此循环。这样, 农村外出劳动力享受不到城市的公共服务, 只能游离于农村和城市之间。久而久之, 可能会由累而生厌, 由厌而生退, 因认识到无法在城市扎根而萌生退意, 重新返回农村生活不是不可能的。

总之, 户籍制度是造成农村劳动力难以实现城市融入的主要制度障碍。这种制度障碍的持续存在, 将会对中国城市经济社会发展产生消极的影响, 由于农民工现象将在中国社会较长时间内存在, 如果没有根本性的户籍制度改革, 那么新时代中国社会面临的不仅仅是一个"内卷化"的城乡社会, 也可能面临城市二元结构社会和地区二元社会, 这种影响可能更具有根本性，这就增加了户籍制度改革的紧迫性。

## 4.2.2　劳动力市场制度改革面临挑战

### 4.2.2.1　农村劳动力在城市劳动力市场的作用

中国劳动力市场制度是沿着两条不同的路径变迁的：一是政府主导下的强制性制度变迁，主要是城镇劳动就业体制改革以及由此带来的工资收入分配制度和劳动关系协调制度的改革；二是农村劳动力的流动转移，基本上是一种自下而上的诱致性制度变迁，后又经政府的积极参与而演变成一种自上而下的强制性变迁。需要说明的是，中国劳动力市场制度变迁是多种制度因素作用的结果，包括户籍制度、土地制度、社会保障制度、产业政策、所有制结构以及国有企业用工制度等。而在众多因素中，户籍制度、社会保障制度、产业政策以及所有制结构则是最主要和直接的。劳动力市场分割是中国劳动力市场制度变迁过程中始终存在的一种现象，它对于劳动力供求双方的影响完全不同，形成了一个利益失衡的结构，即作为劳动力供给方处于弱势地位，而作为劳动力需求方则处于较为强势的地位。而且，这种劳动力市场分割也对农村劳动力转移产生了重要影响，使绝大多数农村劳动力只能在城市非正规部门和农村二、三产业实现非农就业。

中国城乡以及城市二元劳动力市场是以户籍制度及由此而生的身份制为标准建立起来的。两种劳动力市场的区分并不是纯技术性的，一级劳动力市场更多是受制度性的保护，农村劳动力进城后只能在二级劳动力市场上实现非正规就业，故，非正规就业在某种程度上体现了城市劳动力市场的分割性。即使他们在劳动技能方面达到了第一劳动力市场的要求，由于制度性改革面临挑战，也难以进入该市场，即便进入了这一市场，在一些特大城市或超大城市可能同样获得难以所在地户口。这样，城市劳动力市场明显形成了"城市人"和农民工相互隔绝的二元结构，即城市二元结构开始形成。据此认为，城乡劳动力在劳动力市场的关系是补充关系，农村劳动力是劳动力市场的补充者而不是竞争者。

**4.2.2.2 现行劳动力市场制度加剧农村劳动力经济层面的"半城市化"**

非正规就业是农村劳动力进城务工的主要就业形态，主要是通过二级劳动力市场来实现就业。从调查数据来看，农村劳动力非正规就业信息来源主要是亲戚朋友介绍，而利用其他渠道的信息来源并不多，劳动合同签订情况仍不理想，这就导致农村劳动力在依法维护劳动权益方面缺乏必要的法律依据。这表明城市劳动力市场在农村劳动力进城初始就业中的作用并不大，也许正是这种以血缘、亲缘和地缘为主的非正式就业渠道，使农村劳动力进城就业被剥夺了许多应得的劳动权益，主要表现在工资收入和劳动权益两个方面的差异。

1. 非正规就业导致城市劳动力市场上工资收入差距显著

非正规就业为农村劳动力提供了就业和获得经济收入的机会，为企业和输入地创造了经济效益，为城市经济发展和市民社会生活做出了积极的贡献和提供了极大的便利，它是未来一定时期内农村劳动力就业的主要形式。而就农村劳动力与城市劳动力的工资收入来看，劳动力市场制度使城乡劳动力之间几乎不存在竞争，使农村劳动力的工资收入明显低于城市劳动力的工资收入。

已有的研究结果发现，农村劳动力与城市劳动力即使就业于相同的岗位，两者的工资也有差异，这种工资差异是不可解释的因素引起的。同一就业岗位内对外来劳动力的看法，可以是多方面的。第一，在所有条件都相同的条件下，没有城市户籍"身份"的农村劳动力被支付低于城市劳动力的工资；第二，农村劳动力进入单位后，通常从事最底层的工作，即便有足够的工作能力，也难有机会进入管理层，或从事需要较高技术的工作；第三，农民工与城市劳动力在政策方面受到区别对待（王美艳，2005）。在解释城乡劳动力收入差异时，一是工资差异比工作差异更为重要，二是这两个群体的收入都随人力资本的提高而增加，并且在人力资本回报方面并不存在群体间的显著差异（Meng & Zhang，

2001）。这一工资差异现象是中国劳动力市场发育不健全的产物，影响了农民工收入水平的提高和城市生活状况的改善。

不仅如此，农村劳动力工资还经常被拖欠，拖欠时间长短不一。由于二级劳动力市场就业政策的不规范和缺失，加上缺乏法律的有效保护，使得某些雇主或用人单位敢于克扣、拖欠甚至拒不支付农村劳动力工资，这已经成为他们就业中所面临的最为严重的问题，这直接导致农村劳动力城市就业的"半城市化"。总之，非正规就业农村劳动力的工资差异及工资拖欠这种不公正待遇，会使农村劳动力徘徊于正规就业之外，延缓了农民工城市融入的程度。

2. 非正规就业导致城市劳动力市场上就业权益的不平等

由于城市劳动力市场的分割性特征，使农村劳动力在城市劳动力市场上的劳动就业权益受到损害，或者几乎无保障。

（1）大多数农村外出劳动力没有平等的就业权及与此相连的健康权

建立在制度安排基础上的二元劳动力市场，首先倾向于优先保证城市劳动力就业，导致他们很难进入正规部门就业，使农村外出劳动力只能在城市二级劳动力市场就业，不得不从事一些"脏、累、苦、险、毒"的工作，其健康权在这些工作岗位上普遍得不到保障，劳动强度大，工资待遇低，劳动保护设施差，安全生产标准不达标，农村外出劳动力由此而患职业病的情况时有发生。同时，农村劳动力在城市里还受到社会保障、义务教育、权益保护等公共服务方面的差异化待遇。

（2）农村外出劳动力劳动权益的保护和依法维权意识缺失

一方面，由于城市二元劳动力市场的制度安排以及劳动合同签订率较低，导致农民工在劳动权益遭受侵犯时而维权"无路"；另一方面，农村劳动力也对城市劳动监察部门缺乏信任，未将其作为维护权益的主要部门，而是采取其他渠道来维护自己的权益。农民工在维护自身劳动权益时，主要还是采取自己直接向单位维权或联合工友共同维权这种比较传统的方式，这与其自身的地缘、业缘和就业方式有关。可见，农村劳动力依法维权的意识还有待提高，这样才能有助于农民工更好地融入城市。

（3）农村外出劳动力经济权益的严重受损

在一级劳动力市场，城市劳动力就业的工资一直由政府有关部门明确规定，在用人单位一般能得到规范地执行，具有制度化的保证性。但是，在二级劳动力市场就业的农村劳动力则被"制度化地"剥夺了许多应得的经济利益，形成了对农村外出劳动力在经济利益方面的制度性歧视，导致他们工资偏低、生活困难，不得不压低在城市的消费水平和消费方式，工作生活质量低下，并影响其对子女的人力资本投资，不利于他们融入城市社会。

造成农村劳动力就业权益不平等的原因是多方面的。不可否认的是，户籍制度及以此为基础的二元劳动力市场制度在农村劳动力权益损害问题上扮演了重要的角色，这加重了农村劳动力经济层面的"半城市化"程度，严重阻碍了农村劳动力城市融入进程。不论是过去还是现在，农村劳动力都是城市就业体制中的弱势群体。

## 4.2.3 农村土地制度改革面临挑战

农村土地制度作为国家土地制度的重要组成部分，是以土地产权制度为核心的一系列制度所构成的制度体系，反映以农地为载体的农村经济社会关系，体现了农业劳动者与土地、农地产出有关的相互关系。

### 4.2.3.1 现行农村土地制度产权关系及其困境

从现行的农村土地家庭联产承包责任制来看，它是土地产权中所有权与使用权分离的产物，这一土地产权制度形式促进了改革开放40年来的农业经济发展和农村社会繁荣，是中国特色背景下一种变革的基本趋势。

1. 农村土地制度的产权关系

农村土地制度研究的核心在于土地产权制度安排的创新与完善。按照产权理论解释，所有权与占有权属于同一产权主体，而具体到中国农村土地产权制度却是分开的，因为中国农地产权制度应该包括所有权、占有权、使用权、处置权和收益权5个部分。中国农地的所有权属于集体（国家）；占有权（即承包权）和使用权（经营权）属于农户，而在农户之间租赁的情况下则占有权和使用权可能发生分离，使用权发生转移；处置权属于集体（国家）和农户；收益权应主要属于农户，在土地流转的情况下集体可以提留一小部分。

农地收益权包括农地经营所获得的所有收益，即对农地产权的处置权、所有权、占有权（承包权）和使用权（经营权）所产生的收益进行支配，具有高于其他4项权利的激励度，故将收益权称为一级产权。农地处置权是二级产权，指的是产权主体有权对农地所有权、占有权（承包权）和使用权（经营权）进行处置的权利，但不包括对收益权的处置，它是基于所有权衍生出来的，它的激励作用应该高于所有权。由于中国农地制度安排的特殊性，农地处置权隶属于所有权和占有权，有限隶属于使用权。农地所有权是三级产权，指的是对农地的产权归谁所有。就中国实践而言，农村土地所有权属于代表国家的集体组织。占有权（承包权）和使用权（经营权）是所有权的派生，从属于所有权，简称"三权"。通常情况下，占有权（承包权）和使用权（经营权）是同一主体（与所有权一起构成中国农地的"二权分离"），同属于四级产权。但也有占有权（承包权）和使用权（经营权）分离的情况，如农户之间因各种原因发生的土地租赁行为就是一例，即发生"三权分置"①。在这种情况下，占有权（承包权）所产生的激励度要低于所有权所产生的，它是产权主体占有土地的权利，是四级产权；而使用权（经营权）是产权主体使用农地的权利，属于五级产权。

---

① 现阶段深化农村土地制度改革，顺应农民保留土地承包权、流转土地经营权的意愿，将土地承包经营权分为承包权和经营权，实行所有权、承包权、经营权（简称"三权"）分置并行，着力推进农业现代化，是继家庭联产承包责任制后农村改革又一重大制度创新。"三权分置"是农村基本经营制度的自我完善，符合生产关系适应生产力发展的客观规律，展现了农村基本经营制度的持久活力，有利于明晰土地产权关系，更好地维护农民集体、承包农户、经营主体的权益；有利于促进土地资源合理利用，构建新型农业经营体系，发展多种形式适度规模经营，提高土地产出率、劳动生产率和资源利用率，推动现代农业发展。

可见，占有权（承包权）和使用权（经营权）是所有权的派生，收益权和处置权是所有权、占有权（承包权）和使用权（经营权）的具体体现，"三权分置"共同构成了土地产权制度的核心内容。因此，秉承这一思想，本书研究之农村土地产权制度的主要内容就是围绕这一产权理论思路展开的，即把土地所有权制度纳入土地产权制度的研究框架之内。一般认为，农村土地产权制度是指构成土地产权结构和产权关系的制度安排，对土地的所有权、占有权（承包权）、使用权（经营权）、处置权和收益权构成了农村土地产权制度的主要内容。

2. 农村土地产权制度改革面临突出的"赋能"问题

由于自然、社会和经济条件的地区差异以及地权的多面性和复杂性为农地制度的多样化创造了条件。各个地区条件的不同，导致各地村民间的利益结构发生变化，从而产生出不同的农地制度类型。中国农地制度多样化的核心是地权个人化程度的差异，以家庭联产承包为主体的农村土地制度总体没有变化。中国现行的以家庭联产承包制为基础、统分结合的双层经营体制的农村土地制度，在改革初期取得了巨大的经济效应，是中国经济体制改革的成功典型之一。然而，土地作为一种有限且有价值的自然资源，其供给具有典型的稀缺性，这种稀缺性不仅表现为土地供给总量与土地需求总量的矛盾，而且还表现为由于土地位置固定性和质量差异性所导致的某些地区及某种用途的土地供给的稀缺性。土地资源的特殊性决定了土地制度的设计和改革必须要兼顾公平和效率。家庭联产承包经营这种产权制度虽然兼顾了公平和效率，但更多偏向公平，使土地资源利用效率各地不一、普遍不高，成为制约当前农村经济发展的重要因素，这其中有本身产权制度的缺陷在内。

目前，全国正全面推进农村土地产权的"确权颁证"工作，农村土地产权制度改革迈出了重要的一步，取得了令人瞩目的成绩，农村土地产权权利束得到了明确界定与分割，走出了一条具有中国特色的农地制度改革之路，为按照边际收益相等原则优化配置农村资源要素创造了重要的制度基础。然而，当前的农村土地产权制度改革还处在"还权"的阶段，改革成果运用还难尽人意，距离实现"赋能"目标还有不少差距。

现有的家庭承包责任制度虽然实现了土地所有权与使用权的分离，农户拥有了承包经营权，但农户的权利并不是充分和完备的，农民在土地权利上只有占有权（承包权）和使用权（经营权），而没有完全的处置权和收益权。农村土地的这种产权特性，使农村土地既具有部分的社区公共产品属性，又具有部分的私人产品属性，农民产权权利不充分使之无法适应现代农业和市场经济发展的变化和要求。土地流转过程中，承包经营权又发生分化，演变成承包权（即占有权）与经营权（即使用权）两部分。具体来说，主要体现在以下两个方面：第一，农地集体所有权权能残缺。如《土地管理法》规定，农村集体所有者不能买卖土地产权，只能依法在一定期限内有偿出租或让渡土地使用权；农村集体所有者不能随意改变所属耕地的用途，因特殊情况确需征占自己所有耕地时，必须经国家有关部门批准。可见，农民土地集体所有权的最终处置权属于以各级政府为代表的国家，集体土地所有权的经济利益得不到保障。第二，农民承包经营权权能残缺。《中华人民共和国农村土地承包法》第三条规定："国家实行农村土地承包经营制度"；第四条规定："国家依法保护农村土地承包关系的长期稳定"。通常认为，农民的土地承包权为物权而非债权。作为物权，就应该尊重农民拥有的权利。但在实际运作中，农民没有拥有对土地真正意义上的物权。农民的土地处置权不充分，农民承包土地除在用途和权属转移上受到国家的终极控制外，抵押的权力也被严格限制。

3. 农村土地产权与土地流转的关系

农村土地流转是农村土地确权后的进一步深化和量变而产生的质的飞跃，它并非人们主观意志的突然萌动而生成的举措，而是一系列社会经济条件牵引所应运而生的发展趋势与运动轨迹。由于农村土地制度改革存在着"权能赋予"的缺陷，使得农村集体经济组织或村民委员会及农民都没有全部产权，作为控制和调节土地流转的市场杠杆——地租和地价还未真正显现出来, 土地使用权有偿转让仍受到很大限制, 影响了农村土地流转市场的发育和完善。现行农地产权制度安排使农村土地流转受到一些的限制, 必然影响农村土地流转市场的发育和农地市场供给。当前农村存在着各种形式的土地流转, 实为农村劳动力迁移流动的结果, 但都面临着 "欠规范、轻约束" 的市场风险。

社会主义市场经济的主体除了企业、中介组织等法人实体外, 就是公民个体, 即居民。而对于农村土地流转而言, 其流转市场主体应该是农民或农户。因此, 在一定的制度框架内, 明确界定农村土地承包经营权的相关产权, 赋予农民更多的土地权能, 完善农村土地流转市场, 是建立和完善农村土地市场的关键。农村土地产权制度建设主要是将农民对土地的承包权产权化, 以促进多种形式的农村土地承包经营权畅通流转, 确保所有的土地流转都在农民自愿自主的前提下依法进行, 目的是促进农村土地承包经营权依法流转。农民是拥有农村土地承包经营权的产权主体, 通过产权利益机制 "还权赋能", 可以避免农民的承包地被任意、强制征用。

只有产权明晰、赋予权能, 才能使农村土地这一稀缺资源得到有效利用, 才能使土地资源集约化得到最大限度的发挥, 有利于农村土地流转, 改变农村土地经营规模较小的局面, 满足发展适度规模农业的需要, 有利于吸引各种要素资本和技术向农业的流入和培育新型农业经营主体, 形成规模化集约化生产, 增加土地收入和农民增收, 让农民真正分享改革发展的成果, 加速农业现代化进程, 这完全符合中国农村土地财产制度变化发展的规律。

### 4.2.3.2 现行农地流转制度加剧农村劳动力转移 "半城市化" 程度

劳动力和土地是经济增长主要的生产要素, 是农业生产中的两大基本要素, 只有优化组合才能带来农业的高效率产出。农村劳动力转移和土地流转实质上都属于生产要素的流动, 二者之间不是单一的直线, 而是能够发生相互交叉而发生作用的曲线。从中国的现实情况来看，土地不仅仅具有创造价值、创造财富的功能，更重要的是具有传统的土地保障功能，这实际上加强了农民与农村土地的联系，使土地成为农民生产生活保障的基础。在农村社会保障等制度不完善的现实情况下，土地具有重要的社会保障功能，为农村劳动力起着一定的生存保障作用。

从经济发展的一般规律来说，农村劳动力外出就业是工业化和城市化的一种必然，这就需要加快农村劳动力和土地的流动转移。然而，由于农村土地流转制度不健全以及城市相关制度安排的滞后，使农村劳动力或在农村从事非农经营而兼营农业，或进城务工而春节时回乡与家人团聚，这就形成了中国特色的"民工流"。因此，农村劳动力只能像"候鸟"一般在城市和农村之间往返奔波，这既不利于农村土地的规模化集约化经营和农业现代化建设，更进一步加剧农村劳动力转移的"半城市化"。即使一部分农村劳动力通过多年的外出务工和资本积累，在城镇初步站稳了脚跟，甚至举家转移，家里的承包地只好撂荒或出资由他人代为经营，所有这些无疑加大了农村劳动力转移"半城市化"程度，增加了转移成本，彰显出农村土地流转制度的重要性。

由于中国农村土地联产承包制度是一种身份特权，只要具有农民身份，就不能剥夺其享有一份土地的成员资格，农地确权固化了这种身份特权。而农村土地流转制度缺乏完善的土地承包权经营权转让的经济补偿制度性规定，使从农村土地获得破解农村劳动力转移"半城市化"金融资源供给的可能性降低。因此，合理的农村土地流转制度可以实现生产要素的合理流动和优化配置，实现土地、资本、劳动力等生产要素适应农业市场化发展的需要，实现以效率为中心的优化资源配置，促进农业的区域化布局和规模化集约化经营，调整农村劳动力就业结构，全方位多渠道地增加农民收入，农民不仅可以到已流转的土地上当"农业工人"，更重要的是向第二、第三产业转移，推动人口城镇化进程。

可见，农地流转制度与农村劳动力转移是相互促进、互为条件的关系。首先，农地流转以农村劳动力转移为前提。没有农村劳动力转移，就不会存在土地流转的意愿和行为，因而首先要有可流转的土地存在，即要有流转土地愿望的农村劳动力存在。由于现有人口大部分集中在农村并以农业为生，而且现有的农村土地制度基本上是按照"均田"原则来进行划分的，承载着相应的保障功能。因此，没有大量的农村劳动力转移到二、三产业中去，就不可能有可流转的土地。

其次，农村土地流转可以推动农村劳动力的转移，增加破解农村劳动力转移"半城市化"的资源资本禀赋。农村土地流转促使土地经营规模的扩大，提高农业生产的科技含量和机械化程度，提高农业劳动生产率，从而把农村劳动力从土地束缚中解放出来，促进农村劳动力的转移。在巩固所有权、稳定承包权（占有权）的基础上，放开经营权（使用权），加强农村土地流转，健全土地所有权、承包权、经营权"三权分立"的机制，这既可以照顾目前农村均分土地的现实，又可满足农村劳动力的土地情结，实现土地的保障功能，还能推动农业产业化进程，走规模化经营之路。这种形式让农村外出劳动力大胆地、安心地、有序地实现转移，并逐渐淡化对土地的依恋和依赖，彻底破解农村劳动力转移"半城市化"状态；同时，又不会产生突发性的大规模的农村劳动力外流，给农业生产和农村社会经济造成损害，它是促进农村人口渐进而有序流动的农地资源配置方式。

可见，现行的农村土地流转制度改革面临挑战，阻碍了外出农村劳动力在城市的积淀、融入和发展，加剧了农村劳动力转移"半城市化"程度，延缓了农业转移人口城镇化进程。

### 4.2.4 社会保障制度改革面临挑战

社会保障是市场经济条件下经济社会发展不可缺少的稳定机制，是国家社会经济政策的重要内容。现代意义上的中国社会保障制度，是20世纪中期才逐渐建立与发展起来的。中国社会经济结构的"二元化"是

135

导致社会保障制度"二元化"的重要原因。目前，城镇已初步建立了比较完整的社会保障体系，养老保险金已基本实现了社会统筹，建立了国家、企业和个人共同负担的基本模式，医疗、失业、工伤、生育等险种有了进一步的完善，建立了特殊群体（如老年人、残疾人等）的社会福利制度、社会救济制度（如低保、灾害救助、流动乞讨人员救助等），完善了住房保障制度（如住房公积金、经济适用房、廉租房等）以及优抚安置等，基本涵盖了社会保障的所有项目。政府在大力推进城镇社会保障制度的同时，在农村也逐渐推行新型农村养老保险、农村合作医疗保险等缴费型社会保障和最低生活保障制度等非缴费型社会保障工作；此外，农村的救灾救济、"五保户"供养制度和优抚安置等针对部分农村群体的社会保障制度也在完善之中。

前面谈到，城市融入分为三个层次，而社会保障制度对农村劳动力城市融入来说，其主要影响是社会层面的城市融入。社会保障制度是关系农村劳动力城市融入的社会根基问题，是破解农村劳动力转移"半城市化"的社会屏障。

1. 社会保障制度缺失加速农村外出劳动力经济层面的"半城市化"

社会保障制度有利于降低农村劳动力城市融入的成本，有利于推进农村劳动力的"留城"进程。农村劳动力进城之后，如能有相应的社会保障制度跟进和配套，能够有助于农村劳动力实现市民化。然而，现实是农村劳动力进城之后大多没有相应的社会保险项目作为依托，这就加速其城镇生活的"半城市化"程度。

农村劳动力赖以生活的收入来源主要有两个方面：工资收入和非人力财富。工资收入实质上是农村劳动力将无形的人力财富转化为有形财富的过程。在市场交换条件下，就业作为收入分配的主要手段，农村劳动力通过城市劳动力市场寻找工作机会实现就业来获取工资收入，这也往往是其收入的主要来源。非人力财富是指有形的财富，诸如货币持有量、债券、股票、资本品、不动产等，这里将其视为农村劳动力在转移过程中可获得的除工资之外的额外支持。

城市基本生活成本至少包括两个部分：一是消费成本，即城市日常基本生存成本。农村劳动力进入城市首先必须能够获取养活自己的基本生活费，大致包括住房、水电煤气费、交通费、通信费、餐费、着装费、日用品开销、医疗费等。二是外出过程成本。农村劳动力在外出转移过程中需要支付用于进城的路费和路途中的其他开支，为获取在城市就业而办理相关证件而形成的证卡成本，因寻找工作过程中的开支而形成的求职成本，背井离乡面对陌生环境而产生的心理成本等，这些都构成劳动力的外出转移成本。

非人力财富对劳动力城市生活有着重要影响。对于普通农村劳动力来说，他们的非人力财富可能来源于社会福利保障收入、外出务工之前从事农业生产的收入积累、土地流转的收益、发生大额支出时来自家庭或亲戚朋友的解囊相助或借款。而正是由于农业生产收入较低才外出务工，所以其务工之前的收入积累和亲友资助都非常有限，并从长期来看也不会有多大变化；目前，来自政府的社会保障资助也相当有限。就目前情况而言，农村劳动力非人力财富几乎接近于土地承包权流转的收益，而农村劳动力未来一生非人力财富的增加主要源于社会保障和福利收入。这说明，如果为农村劳动力提供完善的社会保障体系，那么他们的非人力财富积累越多，城市持续生活能力越强；相应地，其城市融入水平越高。反之则相反。

因此，社会保障制度是影响农村劳动力城镇"半城市化"生活的重要因素。社会保障制度缺失是农村劳动力无法在城市稳定居住的主要原因之一，加剧了农村劳动力遭遇风险和面临困境后城镇生活的"半城市化"，凸显了农村土地作为最后"完全网"的社会保障功能，影响了农村劳动力转移的市民化程度。

2. 社会保障制度缺位直接导致农村外出劳动力社会层面的"半城市化"

改革开放 40 年来，劳动力和资本等资源要素能够通过市场自由流动，但是，市场经济并不意味着把劳动力推向市场就万事大吉了，建立健康、有序的市场经济需要构建稳固的社会安全网，为社会各个阶层提供包括医疗、就业、养老、工伤等方面的保障，使他们享有最基本的安全感。城镇社会保障及福利制度是以户籍制度为基础建立起来的，只有城镇户口的居民才能享受，农村外出劳动力虽然在城市工作和生活，但不能和城镇居民享有同样的工伤、失业、医疗、住房保障和养老等方面的保险待遇。

大量农村劳动力频繁往返于城乡之间，呈现出典型的"两栖"特征，究其原因而言，有制度和个人方面的原因。从表面上看，农村劳动力难以融入城市主要是因为户籍制度的存在。事实上，更深层次的原因则在于户籍制度背后所隐藏的各种福利保障体系，其中，社会保障制度缺位对其在社会层面城市融入起着重要的作用。在社会保障制度设计方面，现行户籍制度将农村劳动力排斥在城镇社会保障体系之外，农村劳动力进城并不能享受城镇的社会保障体系。由于农村劳动力在城市社会只有经济上提供服务的义务，没有政治参与、社会保障方面的权利，没有他们自己利益的诉求机制，使他们自己长期处于"半城市化"状态，他们与城市的关系就是一种简单的雇用化的经济关系，很少发生社会文化联系。

近几年来，随着农村劳动力转移流动规模越来越大，相关社会保障需求日益强烈，虽然流入规模较大的省市出台了一些相关规定，形成了相应的农民工社会保障模式，农村劳动力已被部分纳入城市管理部门设计的社会保障体系之中。然而，许多地方政府对企业依法组织农民工参加社会保险、为农民工缴纳养老保险费的强制执行力度不够；一些地区社会养老保险费征收基数、征收方式与农民工收入的实际情况脱节；在工伤保险方面，用工单位很少主动为农民工办理社会保险，有的即使办理了，其待遇也与城镇职工有很大差异。

农民工"五险一金"参保率仍较低，以2014年全国农民工监测调查报告显示，"农民工'五险一金'的参保率分别为：工伤保险26.2%、医疗保险17.6%、养老保险16.7%、失业保险10.5%、生育保险7.8%、住房公积金 5.5%"①。从农民工从事的职业来看，大多从事的是"苦累脏险毒"的工种，受工伤、疾病困扰的可能性非常大，工伤保险和医疗保险应该是最急需的险种，而农民工实际参保率难以满足其自身的实际需求。

由于农村劳动力难以享受相应的城镇社会保障待遇，必然导致农村劳动力城镇生活的"半城市化"，使他们无法在城市扎"根"，在遭遇风险和面临困境时，就只能回流到农村，这必然严重影响了农村劳动力进一步融入城市社会。

对农村劳动力来说，最重要的就是拥有足够的保障能力来满足其未来一生的城市生活能力，它可以是自己的储蓄（存款），也可以是完善的社会保障体系。对于在二级劳动力市场就业的大多数农村劳动力来说，依靠自己微薄的工资收入来存款以满足未来养老之需很不现实，只有寄希望于城市的社会保障体系，而现实却是在城市生活遭遇困境后，农村劳动力基本生活难以得到有效的保障，他们无法享用城镇的敬老院、康复疗养中心等福利设施，无法享受医疗、交通住房等补贴以及社区帮扶，城市社区统计再就业率是不会考虑他们的，哪怕他们事实上已经在城市工作生活了多年。这种状况使他们不得不再回农村，还得靠农村土地收入为生，这无疑加重了农村外出劳动力对未来预期的不确定性，必然加速把农村劳动力城镇社会生活推向"半城市化"程度。因此，把完善社会保障制度作为农村劳动力在城市立足的"根"，进而通过其他相关的制度安排把这个"根"做实做足，使农村劳动力更好地实现城市融入。

3. 社会保障制度缺位加剧农村劳动力心理层面的"半城市化"

健全社会保障网络、提升其社会保障水平对形成农村劳动力的城市归属感和塑造主人翁意识具有重大意义。然而，由于社会保障制度缺失

---

① 国家统计局. 2014 年农民工监测调查报告［R/OL］. 2015 – 04 – 29. http：//www. stats. gov. cn/tjsj/zxfb/201504/t20150429_797821. html.

139

及其他因素的影响，农村外出劳动力在为城市做贡献的同时，也会在心理层面对城市社会产生一种主观的"相对剥夺感"，进而加重心理层面的"半城市化"。这种相对剥夺感是农村劳动力基于城市社会诸多不平等的待遇而产生的，尤其是对于20世纪80年代以后出生的新生代农民工来说，他们也不再像老一代农民工那样把农村作为其自身的最终归宿，他们有着较强的留城意识和城市发展意愿，而通过与他们的城市同辈群体比较发现，无论他们在饮食、服饰和行为方面多么市民化，他们也难以真正融入城市而成为城市的一员，究其原因在于他们除了在工资差距之外，还有社会保障等方面的差异，这往往是农村劳动力在城市生活"半城市化"的主要原因之一，而健全的社会保障制度有利于消除农村劳动力的"相对剥夺感"，有助于城市社会的均衡发展。因此，健全城乡社会保障制度（含转移接续机制），最终实现一元化社会保障制度，实际上就是从根本上解决农村外出劳动力生存与发展问题、开发第二次人口红利和实现经济增长可持续性的重要途径之一。

## 4.2.5 教育培训制度改革面临挑战

### 4.2.5.1 教育培训制度与农村劳动力人力资本

教育和培训作为人力资本投资的主要途径，在现代经济发展中具有重要作用。教育培训制度是指作为农村人力资本形成主要途径的教育培训及其相关制度，主要包括农村教育制度、技能培训制度和农民工子女教育制度，具体而言，就是农村的基础教育制度、中等职业教育制度、成人教育制度、农民工进城之后的城市教育培训制度及其随流子女教育制度。教育培训制度作为农村人力资本投资的主体部分，其发展状况对农村人力资本形成具有决定性作用。当然，完善教育培训制度并非直接导致农村人力资本的提升，但是相关的城乡教育培训制度安排对农村劳动力人力资本形成有着决定性影响，决定着农村劳动力人力资本的丰裕程度。

从目前中国的就业形势看，经济新常态下产业结构调整与升级导致周期性失业和结构性失业叠加，尤其是结构性失业。基于此，通过教育培训特别是职业教育能够提高劳动力的文化程度和技能水平，增加人力资本的存量，使其具有更强的竞争力，这样才能真正适应城市产业的要求；另外，随着经济发展水平的提高和新兴产业的兴起，缺乏转岗就业技能的农村劳动力转移就业难度越来越大。因此，亟须对大多数农村劳动力进行职业技能培训。从严格意义上来说，农村劳动力的人力资本应由教育、培训、医疗保健、迁移、信息获取等投资形成的知识和技能。而人力资本与其载体——人口紧密相连，因此考察农村劳动力的人力资本特征在一定程度上通过其人口特征来反映，主要包括年龄、性别、教育程度和技能水平等方面。

1. 年龄结构特征

农村外出劳动力主要以青壮年劳动力为主，但所占比例持续下降，农村外出农村劳动力平均年龄不断提高，低年龄段的农村劳动力所占比例呈下降趋势，这主要是受劳动力供给态势和人口年龄结构的影响。2017 年全国农民工监测调查数据显示，"从年龄结构看，40 岁及以下农民工所占比重为 52.4%，比上年下降 1.5 个百分点；50 岁以上农民工所占比重为 21.3%，比上年提高 2.2 个百分点，自 2014 年以来比重提高呈加快态势。[①]"

2. 性别结构特征

多年来，农村劳动力外出务工以男性为主，这主要与家庭功能分工有关，也间接说明农村劳动力外出以经济动机为主。"在全部农民工中，男性占 65.6%，女性占 34.4%。其中，外出农民工中女性占 31.3%，比上年下降 0.4 个百分点；本地农民工中女性占 37.4%，比上年提高 0.2 个百分点。[②]"

---

①② 国家统计局.2017 年农民工监测调查报告［R/OL］.2018 - 04 - 27. http：//www. stats. gov. cn/tjsj/zxfb/201804/t20180427_1596389. html.

### 3. 文化程度特征

文化程度高的劳动力相比文化程度低的劳动力在获取非农就业机会和职业胜任力方面优势更为明显。农村外出劳动力文化程度以初中为主，"未上过学"和"小学"文化程度所占比例逐年下降，而"高中"和"大专及以上"文化程度逐年增加，其所占比例已高于"未上过学"和"小学"文化程度，这说明农村外出劳动力文化程度已经改变，这也间接说明教育培训制度对于农村劳动力转移就业的重要性。"农民工中，未上过学的占1%，小学文化程度占13%，初中文化程度占58.6%，高中文化程度占17.1%，大专及以上占10.3%。大专及以上文化程度农民工所占比重比上年提高0.9个百分点。外出农民工中，大专及以上文化程度的占13.5%，比上年提高1.6个百分点；本地农民工中，大专及以上文化程度的占7.4%，比上年提高0.3个百分点。①"

### 4. 技能素质特征

技能素质是指农村劳动力从事某项工作所必需的专业技术和能力。农村劳动力获得专业技能的主要途径有两种：一是干中学；二是专门培训。其中，干中学主要是发生在劳动者在长期工作中的经验积累，干中学形成的技能素质与劳动者的工龄紧密相关。实际上，农村劳动力外出前接受技能培训所占比例比较低，更多是通过外出后的用工单位培训来获得一定的技能。即使这样，能够获得技能培训的农村外出劳动力所占比例不高，这与他们从事的行业职业有关，同时也涉及培训经费、内容、效果和形式。从农村劳动力的培训愿望和培训需求来看，农村外出劳动力对技能培训有着较为强烈而多样化的需求。可见，获取技能人力资本是农村劳动力非农就业和转移流动的重要环节。

#### 4.2.5.2　教育培训制度对农村劳动力转移"半城市化"的影响

教育培训制度决定农村人力资本形成，影响农村劳动力人力资本禀

---

① 国家统计局 . 2017 年农民工监测调查报告 ［R/OL］. 2018 - 04 - 27. http：//www. stats. gov. cn/tjsj/zxfb/201804/t20180427_1596389. html.

赋的丰裕程度，主要涉及农村劳动力城市就业和城市融入的可持续性问题。农村劳动力转移不仅是城镇人口的简单增加，它更是城市文明普及和不断市民化的过程，它客观上要求农村教育发展以提高农村劳动力素质，为农村劳动力转移提供软性的文化智力和观念支持；农村教育的各个层次都对农村劳动力转移起到了多元化的促进作用。教育培训制度通过人力资本形成对农村劳动力转移"半城市化"具有直接的影响，因为，即使有完善的劳动力市场体系和社会保障制度，但是这些制度对农村劳动力发挥作用的前提是农村劳动力需具备一定的就业能力和经济能力，而农村劳动力通过教育培训制度所形成的人力资本就能够增强其非农就业能力和就业稳定性问题。而且，人力资本是影响农村劳动力转移"半城市化"的内生因素。总体来说，人力资本对农村劳动力转移"半城市化"的影响主要表现在以下四个方面：

1. 人力资本禀赋影响农村劳动力转移"半城市化"后的发展能力大小

完善的教育培训制度为提高农村劳动力的人力资本禀赋创造条件，人力资本较高的农村劳动力思想观念、商品意识和从事多种职业的能力更强，更具有获取信息、把握就业机会和开拓能力，也增强了农村劳动力转移后的适应能力，这些能力是影响农村劳动力转移"半城市化"后改善工作生活状态的重要条件。

第一，拥有较高人力资本的农村劳动力更倾向于利用城市劳动力市场信息实现自主就业，进而提高转移决策的质量。在市场经济体制下，作为人力资本禀赋组成部分的信息获取能力高低对劳动者能否实现就业起着至关重要作用。人力资本丰裕的劳动者更能有效地对劳动力市场信息进行收集、整理、加工和判断；相反，人力资本低的劳动者更多依靠个人关系来寻找工作机会。对于初次转移的农村劳动力来说，能否获取大量准确的就业信息对转移方向与稳定就业具有十分重要的影响。

现阶段大多数农村劳动力在城市就业是通过亲缘、地缘关系获取信息，即就业信息来源于自身的亲戚、朋友或乡邻，很少从其他渠道中获取信息，这种就业信息获取方式使农村劳动力外出就业带有一定的盲目性，大大降低了转移的可能性；而拥有较高人力资本禀赋的农村劳动力则较多利用招聘广告或媒体等各种可能的信息渠道和更为广泛的社会网络寻找符合自身人力资本条件的工作机会，并加以分析判断，能在较短时间内找到合适的工作，大大降低了工作搜寻成本和违约风险成本。前已述及，农村外出劳动力就业信息来源仍以血缘和地缘为主，依托地方政府和劳动部门的比例较低，这一方面说明农村外出劳动力人力资本水平较低，另一方面说明农村劳动力改变自身城市工作生活"半城市化"的发展能力较弱。

第二，拥有较高人力资本的农村劳动力就业稳定性高，相应地工资收入也高，抵御失业风险能力较强；反之，则越易陷入"半城市化"状态。在务工行业和职业选择上，人力资本较高的农村劳动力有着更多在城市一级劳动力市场就业的机会，而且，在户籍制度等其他相关制度支持的条件下，人力资本较高的农村劳动力可以通过自身努力在城市一级劳动力市场就业。这时，较高的人力资本成为农民工在城市劳动力市场实现就业及其稳定性的优势，而人力资本较低者仍只能在低端职业实现就业且稳定性差。在务工地域的选择上，人力资本较高的农村劳动力有更广阔的选择空间，他们在经济相对发达、交通更为方便的城镇实现就业的概率远远高于人力资本较低的劳动力，也越易摆脱"半城市化"困境。

因此，拥有较高人力资本的农村劳动力具有更多的转移就业选择优势，他们可以在不同层次岗位中进行挑选而实现行业或者产业间的多层面转移就业。所有这些对农村外出劳动力收入是有直接影响的，也影响其缓解"半城市化"状态的发展能力。

第三，较高的人力资本意味着农村外出劳动力更易于摆脱"半城市化"和融入城市社会。一般而言，人力资本较高的农村劳动力拥有更多的知识和阅历，具有更强的开放性和适应性，更容易摒弃传统农村劳动力的封闭性和保守性，转移到城市后的心理落差较小，对新的生活和工作环境拥有较强的适应能力和应付能力，更能融入城市生活，进而较快地适应城市的管理制度、生活习惯、语言交流等，这一状况使其与人力资本较低的农村劳动力相比，转移的欲望更强烈，摆脱"半城市化"的发展能力越强，融入城市生活的速度也更快，因而实现彻底转移的可能性也更大。

2. 人力资本禀赋影响农村劳动力摆脱"半城市化"的速度

人力资本禀赋的高低对农村劳动力摆脱"半城市化"速度的影响主要表现为农村劳动力转移的巩固率。劳动力转移巩固率的高低对转移成本影响较大，通常而言，转移巩固率越高，转移者来回奔波、求职等待的时间和次数减少，降低转移成本，从而提高转移经济效益。一般来说，农村劳动力转移的巩固率与农村劳动力的人力资本水平正相关。由于拥有较高人力资本存量的农村劳动力具有较强的失业风险抵御能力，他们更能适应城市的生产生活方式、实现稳定就业与定居，进而在城市融入方面具有可持续性。而人力资本禀赋较低的农民工因缺乏技能而出现找工作难、就业稳定性差等情况，延缓了农村劳动力摆脱"半城市化"进程和影响着城市融入的可持续性问题。

实际上，大多数农村劳动力外出就业前很少参加过系统的职业技能培训。随着经济发展水平的提高和新兴产业的兴起，缺乏转岗就业技能的农村劳动力就业难度越来越大，相当一部分农村劳动力由于人力资本禀赋较低，缺少从事非农产业所需要的劳动技能，城镇生活陷入"半城市化"，很难真正融入城市，即使暂时能在城市歇息而最后的归宿也是被迫离开城市而回流。而具有较高人力资本禀赋的农村劳动力由于接受新知识的能力强，比较容易适应新的工作岗位，对社会资源开发能力、知识的消化能力和创新能力也较强，因而易被新的产业部门认可，从而容易减少城镇生活的"半城市化"。可见，人力资本水平高低对于农村劳动力城市就业、摆脱"半城市化"及其摆脱速度具有决定性影响，进而影响其城市融入的程度和水平。

而且，在劳动力有限供给的新常态阶段，人力资本水平的提高还可以促进劳动生产率的改善，进而弥补劳动力成本上升带来的竞争优势减弱的状况，延续中国劳动力成本优势。通过教育培训提升农村劳动力人力资本水平，能够改善整个社会的劳动生产率。如果将农村劳动力的教育水平普遍提高到高中水平，且改变教育的内容和方式，那么整个社会的劳动生产率将会实现累进提高，也就增强了农村劳动力学习新知识、新技能的能力，降低了转入其他行业的成本，就业范围和就业机会都将更广更多，农村劳动力摆脱"半城市化"的速度也会加快。

3. 人力资本禀赋影响农村劳动力摆脱"半城市化"的经济实力

以受教育程度为主要变量的人力资本直接决定劳动者的工作期望进而影响其就业岗位的差异，是决定农村劳动力转移摆脱"半城市化"经济制约的重要因素。人力资本越高，工作期望就越高，选择职业层次也高，经济收入也越高；反之就低。因为具有较高人力资本的农村劳动力比较注重个人才能的发挥和自身价值的实现，在选择职业时关注工作环境、工作条件和发展前途等；人力资本水平较低的农村劳动力更注重经济报酬，在选择职业较少关注劳动强度、发展前途等。

中国农村劳动力的人力资本状况与其社会经济发展的结构特征呈现出某种程度的不一致。整个社会经济正在从一种比较传统的、以大工业特别是以第二产业为特征的社会经济形态，逐步向以知识产业、信息产业、大数据、大健康为主要特征的社会经济形态过渡。农业作为第一产业和传统产业，它对人力资本的要求相对较低；而第二、第三产业是与工业化和城市化相伴而生的，大多属于现代经济部门，对人力资本要求较高。由于农村基础教育和职业教育发展相对滞后，受到专业职业技能训练的农村劳动力比重低，制约了农村劳动力进城后摆脱"半城市化"的经济实力。

4. 人力资本禀赋是农村外出劳动力摆脱"半城市化"的推动力

一般来说，农村外出劳动力受教育程度高于农村劳动力整体文化程度，那么，农村外出劳动力受教育程度也必然高于农村"留守"劳动力的平均教育文化程度，文化教育程度高的农村劳动力更容易进入城镇非农产业就业和发展，也就是说，人力资本促使农村外出劳动力摆脱"半城市化"，有助于推动农村劳动力由"农民"向"农民工"的转变，而由"农民工"向"市民"的转变也离不开人力资本的作用，即实现农民工市民化。如果对农村劳动力的未来期望进行比较，同样可以发现类似的规律，即文化教育程度较高的农村劳动力更愿意选择在本地县城或本省（市）大城市，而文化程度较低的农村劳动力则选择本地所在乡镇或本地农村。

农村劳动力能否摆脱"半城市化"、实现市民化的关键在于自身的人力资本状况。"进城农民的整体素质是取得市民资格的重要条件，决定着由农民向市民转化的成功率。整体素质高的农民，进城后一方面容易获得较多的就业机会，容易取得相对稳定的职业和收入；另一方面又容易融入城市，培育市民观念，承担市民义务，得到市民认同。①"而社会的现实情况是，农村外出劳动力摆脱"半城市化"的速度很慢并且规模很小，这除了社会经济条件、城市公共服务体系及其相关制度安排等限制性因素外，他们自身的文化程度、劳动技能、思想观念等人力资本因素已成为影响其向市民转化的重要障碍。因此，较高的人力资本水平能够提高农村劳动力向"市民"转化的机会，使其尽快摆脱"半城市化"生活状态，进而推动人口城市化的进程，即通过提升农村外出劳动力人力资本禀赋增强自身的竞争力，取得相对稳定的职业和收入，扩大知识面，善于接受新事物，思想观念上易于放弃传统的农村生产生活方式，较快地适应城市生活方式和摆脱"半城市化"，更快地融入城市生活，深化城市融入程度。

①　滕建华. 农村人力资本投资于农村劳动力流动的相关性分析［J］. 农业技术经济，2004（4）：30－34.

# 5

# 供给潜力：中国农村劳动力转移趋势

随着中国经济由需求约束型转向供给约束型而迈入经济新常态。为适应这一"新常态"，中国经济发展战略需要根据这一形势变化适时调整，供给侧结构性改革则应运而生。供给侧结构性改革的主要着力点是全要素生产率的提高，而提高全要素生产率可以通过供给侧结构性改革、推动技术创新和制度创新来实现。"改革固然可以通过清除制度性障碍，挖掘生产要素供给的潜力，但是，诸如劳动力供给这样的因素，因受到人口结构变化的影响，既定的变化趋势终究无法逆转。①"基于此，本章主要从劳动力供给视角探讨中国农村劳动力供给潜力，以期为新时代供给侧结构性改革提供劳动力供给层面的发展态势。

## 5.1 中国农村劳动力供给潜力预测

劳动力供给首先取决于一个国家或地区的劳动适龄人口数量，而劳动适龄人口数量变动取决于人口年龄结构的变动。可见，人口年龄结构

---

① 刘若水. 供给侧结构性改革中的劳动力转移问题研究 [J]. 人才资源开发，2016（9）：13－15.

变动是影响劳动力供给的主要因素，它在长时期内决定城乡劳动供给的总量。进入 21 世纪以来，中国劳动力供给出现了转折性的变化，其中一个重要推动因素是人口转变导致劳动力供给变化。随着未来人口老龄化趋势日益严峻，劳动年龄人口规模也发生绝对的缩减，而且，劳动力人口也将出现日益老化趋势，并对农村劳动力供给产生积极的影响。因此，人口因素的规模与结构变化是经济新常态下决定中国未来劳动力供给的主要力量。此外，二元经济的结构性特征逐渐变化，也将会对农村劳动力供给潜力产生持续的影响。长期以来，农村劳动力是中国实现工业化和城镇化的主要劳动力来源，然而，随着中国农村劳动力转移进入有限供给的新常态阶段后，劳动力无限供给的特征逐渐消弭而进入新古典经济所描绘的图景。

## 5.1.1 中国劳动力供给现状

劳动力供给状况是一国（地区）经济社会发展的重要影响因素。随着中国经济发展方式的改变和人口演变态势的变化，中国劳动力供给也随之发生了重大的变化。故，认清劳动力供给现状是分析经济新常态下中国农村劳动力供给趋势的出发点和客观基础。

### 5.1.1.1 中国劳动年龄人口规模的历史变化

1. 近 20 年总人口规模缓慢增长

总人口规模是劳动力供给的基础。通常而言，总人口规模大小与劳动力供给数量成正比，即总人口规模越大，劳动力供给潜力也越大；反之则相反。如表 5-1、图 5-1 所示，1990~2015 年中国总人口规模持续增长，从 11.43 亿人增加到 13.75 亿人，25 年间增加了 2.32 亿人，年均增长 925.16 万人，但增速逐渐放缓，1990~1993 年波动上升，1993 年达到 1.15% 的最高值后开始缓慢下降，1997 年增速下降到 1.01% 以下，2006 年下降到 0.53% 以下，2009 年更是下降到 0.5% 以下（仅 2014 年小幅上升）。

表 5 – 1　　　　　　1990 ~ 2015 年中国总人口规模的历史变化

| 年份 | 总人口（万人） | 增长速度（%） | 年份 | 总人口（万人） | 增长速度（%） |
|---|---|---|---|---|---|
| 1990 | 114333 | | 2003 | 129227 | 0.60 |
| 1991 | 115823 | 1.30 | 2004 | 129988 | 0.59 |
| 1992 | 117171 | 1.16 | 2005 | 130756 | 0.59 |
| 1993 | 118517 | 1.15 | 2006 | 131448 | 0.53 |
| 1994 | 119850 | 1.12 | 2007 | 132129 | 0.52 |
| 1995 | 121121 | 1.06 | 2008 | 132802 | 0.51 |
| 1996 | 122389 | 1.05 | 2009 | 133450 | 0.49 |
| 1997 | 123626 | 1.01 | 2010 | 134091 | 0.48 |
| 1998 | 124761 | 0.92 | 2011 | 134735 | 0.48 |
| 1999 | 125786 | 0.82 | 2012 | 135404 | 0.50 |
| 2000 | 126743 | 0.76 | 2013 | 136072 | 0.49 |
| 2001 | 127627 | 0.70 | 2014 | 136782 | 0.52 |
| 2002 | 128453 | 0.65 | 2015 | 137462 | 0.50 |

资料来源：国家统计局．中国统计年鉴 2016 ［M］．北京：中国统计出版社，2016：10.

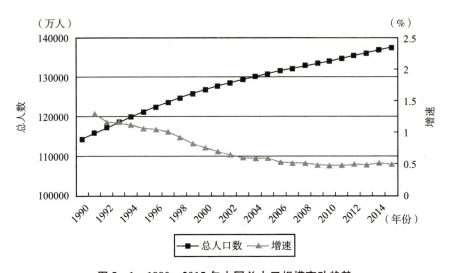

图 5 – 1　1990 ~ 2015 年中国总人口规模变动趋势

　　资料来源：国家统计局．中国统计年鉴 2016 ［M］．北京：中国统计出版社，2016：10.

2. 劳动年龄人口增长达到峰值后下降

总体来看，劳动年龄人口同总人口规模相似，1990～2013 年，15～64 岁劳动年龄人口规模在不断扩大，从 1990 年的 7.63 亿人增加到 2013 年的近 10.06 亿人，23 年间约增加了 2.43 亿人，虽然劳动年龄人口不断增加，但增速的总体呈下降趋势。2014 年开始，劳动年龄人口开始缓慢下降，2014 年和 2015 年分别比上一年度下降 0.11 个百分点（见表 5 - 2、图 5 - 2），劳动年龄人口负增长，这是中国人口变化的新特点，是继 1996 年 0～14 岁人口达到峰值后中国人口变动的又一特点。

表 5 - 2          1990～2015 年中国劳动年龄人口
（15～64 岁）规模的历史变化

| 年份 | 劳动年龄人口<br>（万人） | 增长速度<br>（%） | 年份 | 劳动年龄人口<br>（万人） | 增长速度<br>（%） |
|------|------|------|------|------|------|
| 1990 | 76306 | | 2003 | 90976 | 0.75 |
| 1991 | 76791 | 0.64 | 2004 | 92184 | 1.33 |
| 1992 | 77614 | 1.07 | 2005 | 94197 | 2.18 |
| 1993 | 79051 | 1.85 | 2006 | 95068 | 0.92 |
| 1994 | 79868 | 1.03 | 2007 | 95833 | 0.80 |
| 1995 | 81393 | 1.91 | 2008 | 96680 | 0.88 |
| 1996 | 82245 | 1.05 | 2009 | 97484 | 0.83 |
| 1997 | 83448 | 1.46 | 2010 | 99938 | 2.52 |
| 1998 | 84338 | 1.07 | 2011 | 100283 | 0.35 |
| 1999 | 85157 | 0.97 | 2012 | 100403 | 0.12 |
| 2000 | 88910 | 4.41 | 2013 | 100582 | 0.18 |
| 2001 | 89849 | 1.06 | 2014 | 100469 | -0.11 |
| 2002 | 90302 | 0.50 | 2015 | 100361 | -0.11 |

资料来源：国家统计局．中国统计年鉴 2016 ［M］．北京：中国统计出版社，2016：10.

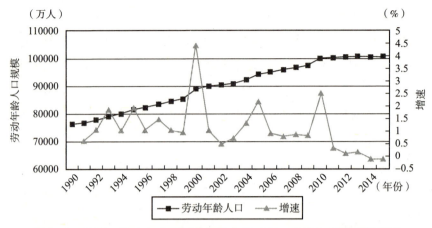

**图 5 - 2　1990 ~ 2015 年中国劳动年龄人口（15 ~ 64 岁）规模变动趋势**

资料来源：国家统计局. 中国统计年鉴 2016 ［M］. 北京：中国统计出版社，2016：10.

### 3. 人口年龄结构的历史变化

人口年龄结构尤其是劳动年龄人口占总人口的比重，是劳动力供给的另一重要影响因素，它与总人口规模一起，共同决定了劳动力市场的主体供给状况。

（1）2010 年中国劳动年龄人口比重达到峰值

中国 15 ~ 64 岁劳动年龄人口占总人口的比重，从 1982 年到 2010 年是不断上升的，2010 年达到 74.5% 的峰值，此后呈逐年下降趋势，2013 年已下降到 73.0%。如果中国产业结构和经济发展方式未能发生较大转变的话，那么劳动力供给将很难满足现行的产业生产需求和经济发展方式，也不利于整个经济社会运行方式协调运转。

与劳动年龄人口比重相伴随的是少儿人口和老年人口比重。相对于 15 ~ 64 岁劳动年龄人口比重，0 ~ 14 岁少儿人口比重在不断下降，由 1982 年的 33.6% 降低到 2015 年的 16.5%；与此同时，65 岁及以上老年人口比重在不断攀升，2000 年已达到国际公认的 7% 人口老龄化标准，中国自此已进入老龄化社会。而且，随着时间的推移，人口老龄化程度日益加剧，2014 年 65 岁及以上老年人口占比超过 10%，2015 年达到 10.5%，反映了中国社会陷入越来越严重的人口老龄化（见表 5 - 3、图 5 - 3）。

表 5 – 3　　　　　　　　1982～2015 年中国人口年龄结构分布　　　　　单位：%

| 年份 | 0～14 岁 | 15～64 岁 | 65 岁以上 | 年份 | 0～14 岁 | 15～64 岁 | 65 岁以上 |
|------|---------|----------|----------|------|---------|----------|----------|
| 1982 | 33.6 | 61.5 | 4.9 | 2002 | 22.4 | 70.3 | 7.3 |
| 1987 | 28.7 | 65.9 | 5.4 | 2003 | 22.1 | 70.4 | 7.5 |
| 1990 | 27.7 | 66.7 | 5.6 | 2004 | 21.5 | 70.9 | 7.6 |
| 1991 | 27.7 | 66.3 | 6.0 | 2005 | 20.3 | 72.0 | 7.7 |
| 1992 | 27.6 | 66.2 | 6.2 | 2006 | 19.8 | 72.3 | 7.9 |
| 1993 | 27.2 | 66.7 | 6.2 | 2007 | 19.4 | 72.5 | 8.1 |
| 1994 | 27.0 | 66.6 | 6.4 | 2008 | 19.0 | 72.7 | 8.3 |
| 1995 | 26.6 | 67.2 | 6.2 | 2009 | 18.5 | 73.0 | 8.5 |
| 1996 | 26.4 | 67.2 | 6.4 | 2010 | 16.6 | 74.5 | 8.9 |
| 1997 | 26.0 | 67.5 | 6.5 | 2011 | 16.5 | 74.4 | 9.1 |
| 1998 | 25.7 | 67.6 | 6.7 | 2012 | 16.5 | 74.1 | 9.4 |
| 1999 | 25.4 | 67.7 | 6.9 | 2013 | 16.4 | 73.9 | 9.7 |
| 2000 | 22.9 | 70.1 | 7.0 | 2014 | 16.5 | 73.4 | 10.1 |
| 2001 | 22.5 | 70.4 | 7.1 | 2015 | 16.5 | 73.0 | 10.5 |

资料来源：国家统计局．中国统计年鉴 2016［M］．北京：中国统计出版社，2016：10.

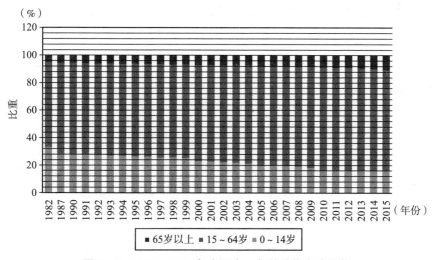

图 5 – 3　1982～2015 年中国人口年龄结构变动趋势

资料来源：国家统计局．中国统计年鉴 2016［M］．北京：中国统计出版社，2016：10.

（2）劳动年龄人口中位数向高年龄组转移

劳动年龄人口比重变化体现了人口老龄化对总人口年龄结构的影响，同时人口老龄化也会影响劳动年龄人口内部结构。如表5－4、图5－4所示，总体来看，1982～2010年15～19岁组劳动年龄人口占比虽然在2005年突然上升至10.00%，这不排除是由于数据抽样特征所导致的，总体来说呈下降趋势的。与此相反，40～64岁各年龄组劳动年龄人口比重呈现出逐年上升趋势，40～44岁组至60～64岁组分别由1982年的4.73%、4.51%、3.89%、3.14%和2.66%增长到2010年的9.31%、7.53%、6.05%、6.09%和4.17%，增长速度比较快。可见，劳动年龄人口内部也呈现出了老化趋势，即高龄组劳动年龄人口所占比重不断增加。通过表5－4的数据计算得出，45～64岁高龄劳动年龄人口比重由1982年的14.20%迅速上升到了2010年的23.83%，增长了近10个百分点。而且，劳动年龄人口中所占比例最大的年龄组依次位移，15～19岁劳动年龄人口是1982年劳动年龄人口中占比最大的组，1990年则为20～24岁、1995年为25～29岁、2000年为30～34岁。虽然在2005年和2010年占比排在第一位的劳动年龄人口组分别是15～19岁和20～24岁人口，但排在第二位的分别为35～39岁和40～44岁人口，且与比重最大的年龄组相差不到0.4%。因此，从总体趋势上看，1982～2010年劳动年龄人口重心向高年龄组转移。

表5－4　　　　　　　　　中国劳动年龄人口内部结构状况　　　　　　　单位：%

| 年龄 | 1982 年 | 1990 年 | 1995 年 | 2000 年 | 2005 年 | 2010 年 |
|---|---|---|---|---|---|---|
| 15～19 岁 | 11.63 | 10.68 | 7.97 | 7.99 | 10.00 | 7.96 |
| 20～24 岁 | 9.08 | 11.15 | 9.98 | 7.67 | 7.72 | 9.68 |
| 25～29 岁 | 8.87 | 9.08 | 10.41 | 9.60 | 7.40 | 7.46 |
| 30～34 岁 | 7.47 | 7.38 | 8.48 | 10.00 | 9.27 | 7.15 |

| 年龄 | 1982 年 | 1990 年 | 1995 年 | 2000 年 | 2005 年 | 2010 年 |
|------|---------|---------|---------|---------|---------|---------|
| 35~39 岁 | 5.34 | 7.60 | 6.88 | 8.13 | 9.65 | 8.95 |
| 40~44 岁 | 4.73 | 5.45 | 7.07 | 6.58 | 7.83 | 9.31 |
| 45~49 岁 | 4.51 | 4.20 | 5.05 | 6.74 | 6.32 | 7.53 |
| 50~54 岁 | 3.89 | 3.93 | 3.86 | 4.77 | 6.43 | 6.05 |
| 55~59 岁 | 3.14 | 3.54 | 3.54 | 3.59 | 4.50 | 6.09 |
| 60~64 岁 | 2.66 | 2.81 | 3.10 | 3.21 | 3.30 | 4.17 |

资料来源：联合国经济和社会事务部《世界人口展望：2015 年修订版》的相关数据计算所得．http：//esa.un.org/unpd/wpp/DataQuery/。

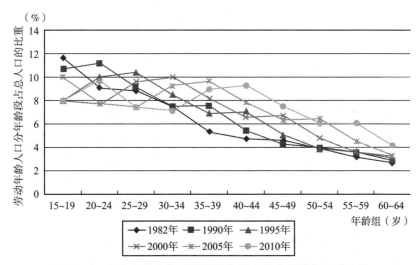

图 5-4　部分年份分年龄组劳动年龄人口内部结构变动趋势

4. 总抚养比的历史变化

少儿人口占比、劳动年龄人口占比以及老年人口占比的变动使不同时期人口抚养比变化呈现出不同的特征。如图 5-5 所示，1982 年以来，中国人口总抚养比显著下降，1993 年跌破了 50%（为 49.9%），并于

2010 年跌至 34.2% 的谷底。人口抚养比下降有助于形成生产型的人口年龄结构，从而使中国经济发展能够享受一定时间段的"人口红利"期，有助于经济的快速发展，也正是如此，中国经济享受了较长时期的快速增长，尤其是进入 21 世纪以来的头十年。然而，随着劳动年龄人口占比不断下降、老年抚养比不断上升、少儿抚养比渐趋平稳，导致总抚养比在 2010 年之后呈现出稳定增长态势。

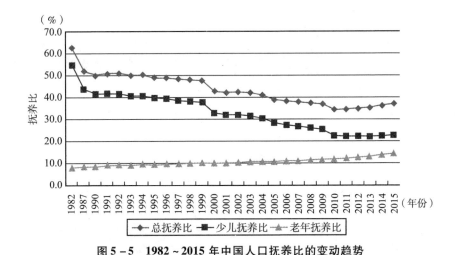

图 5 - 5　1982～2015 年中国人口抚养比的变动趋势

资料来源：国家统计局．中国统计年鉴 2016 ［M］．北京：中国统计出版社，2016：10．

### 5.1.1.2　中国劳动参与率的历史变化

劳动力供给主要受人口结构的影响外，此外，还受劳动参与率[①]的间接影响。经济因素和非经济因素通过影响劳动参与率变动来影响劳动力供给，可见劳动参与率不是影响劳动力供给的直接因素，只是分析劳动力供给变动的工具。劳动参与率与劳动力供给密切相关，在总人口规

---

[①]　劳动参与率是衡量和测度一个社会的人口参与社会劳动程度的指标，是反映劳动力市场活动水平的重要指标，其计算一般以经济活动人口即就业人口与失业人口之和除以劳动力资源数量（劳动适龄人口）得到，其中分性别、分年龄的劳动参与率反映了经济活动人口分布的不同侧面。

模和劳动年龄人口规模一定的条件下，较高的劳动参与率将为社会提供较多的劳动力供给，而降低劳动参与率将减少劳动力供给。

中国劳动参与率主要是受劳动工资制度、社会保障制度和劳动力市场制度等因素的影响。

劳动工资制度是影响劳动参与率变动的重要因素。在工资或收入水平较低的条件下，就自然会导致家庭扩大向社会供给劳动的规模，在此基础上才可能提高消费水平。同理，在工资或收入水平每年都有所提高的情况下，提高消费水平可以不依靠增加家庭的就业人数，家庭扩大向社会供给劳动的规模也不会有太大的变化。改革开放 40 余年来，中国工资总水平以及各地区的工资水平都有一定的提高，但是与日益增长的物质文化精神需求相比，全国总体工资水平及地区工资水平还处于较低水平，这导致更多的家庭不得不增加就业人数，尤其是在农村农民增收难度加大的情况下更是如此。

社会保障制度及其保障水平也是影响劳动参与率的重要因素。中国社会保障的财政支付制度主要是与工资制度、就业制度相互交织在一起的，影响劳动者就业的决策。由于中国社会保障水平及层次较低，以及受相关政策的影响，使得城镇劳动参与率在退休年龄前后的巨大差异。而由于农业劳动者到达退休年龄以后没有退休金作保障，要想获得生产生活资料，唯一的途径就是劳动，即使到了 60 岁以上，其所需要的生活必需品也只能通过劳动获得，而且在农村劳动力不断外出流动的现实背景下，60 岁以上农村劳动力仍然继续从事劳动，具有"老人农业"的某些属性。

劳动力市场制度对劳动力供给发挥调节作用。劳动力市场的基本功能主要是价格的决定机制，高素质与高工资对应，低素质与低工资对应，从而刺激劳动者继续接受教育和培训，影响劳动者就业选择，即配置和调节劳动力资源的机制已经确立并正在发挥作用。随着第三产业迅速发展，为劳动者提供了大量的就业机会，这一方面存在许多失业人员和下岗职工没有工作，另一方面是存在许多的职位空缺，这就是劳动力市场的结构性矛盾。劳动力市场就像"看不见的手"，促使劳动者进一步提高技术素质，发挥劳动者的主观积极性和挖掘劳动者的自身潜力，增强劳动者谋取就业岗位和抵抗失业风险的能力。市场机制对就业及就业结构发挥作用的同时，对劳动参与率也起到了一定的调节作用。虽然劳动力市场制度的障碍依然存在，但劳动力市场分割状况已得到了很大改善，劳动力可以在不同企业、不同行业、不同省市、区域甚至国家间流动。大量农村劳动力不用局限于有限的土地，而是到城市需要他们的岗位上工作。在就业逐步市场化的今天，就业与失业由市场决定，劳动力市场机制当然影响劳动参与率。

1. 劳动参与率总体呈下降趋势

从纵向看，1982～1990年中国劳动年龄人口的劳动参与率由84.26%小幅上升到85.02%，但随后则表现出连续下降趋势，到2010年已降到75.71%，1990～2010年下降了9.31个百分点（见表5－5），中国的劳动参与率总体水平在世界上都是偏高的。应该说，这种较高的劳动参与率是与中国的经济发展水平、工资水平、受教育程度和城镇化等因素有关。受经济发展水平、工资水平和受教育程度等的影响，更多的劳动力需要通过参与社会劳动来赚取收入和养活家庭，这实际上推高了劳动参与率。

2. 劳动参与率呈"倒U型"变动

从同一年份不同年龄组劳动力参与率来看，15～19岁组劳动参与率较低，到20～24岁年龄组有大幅度提升。1982～2010年的近30年间，25～29岁组、30～34岁组、35～39岁组和40～44岁组等年龄组的劳动参与率大多维持在高劳动参与率水平，仅2005年和2010年25～29岁组的劳动参与率（分别为89.32%和88.89%）除外。受产业发展水平及退休政策的影响，从50～54岁组开始，劳动参与率随年龄增长而开始下降，且下降幅度较快，这与西方国家劳动力市场参与率下降趋势不一样，中国高劳动年龄组劳动参与率下降较快，更多与劳动力从事的行业（职业）和退休政策紧密相关。这些数据表明，某一年份劳动参与率基本呈"倒U型"变动趋势（见图5-6）。

3. 低年龄组劳动参与率大幅下降

1982~2010年低劳动年龄人口劳动参与率呈下降趋势。15~19岁年龄组的劳动参与率由1982年的76.22%下降到2010年的27.95%，下降了48.27个百分点，这主要是近30年来的教育事业发展有关，尤其是国家加强"两基"教育和发展高等教育紧密相关。同样，20~24岁年龄组的劳动参与率也呈下降趋势，由1982年的94.04%下降至2010年的72.76%，下降了21.28个百分点，这与中国高等教育发展尤其是1999年开始的高校扩招有较大的关系（见表5-5、图5-6）。这些数据表明，由于整体经济发展形势对劳动力素质要求提高及中国教育事业发展，使低年龄组劳动参与率在不断下降。

表5-5　　　　部分年份劳动年龄人口不同年龄组劳动参与率状况　　　　单位：%

| 年龄 | 1982 年 | 1990 年 | 1995 年 | 2000 年 | 2005 年 | 2010 年 |
|---|---|---|---|---|---|---|
| 15~19 岁 | 76.22 | 67.05 | 58.71 | 50.38 | 34.14 | 27.95 |
| 20~24 岁 | 94.04 | 92.70 | 92.95 | 87.81 | 80.62 | 72.76 |
| 25~29 岁 | 94.00 | 95.04 | 94.66 | 92.30 | 89.32 | 88.89 |
| 30~34 岁 | 94.09 | 95.26 | 94.76 | 93.07 | 90.66 | 90.16 |
| 35~39 岁 | 93.98 | 95.25 | 94.74 | 93.20 | 91.30 | 90.75 |
| 40~44 岁 | 91.50 | 93.79 | 93.99 | 92.00 | 90.29 | 90.71 |
| 45~49 岁 | 84.80 | 89.87 | 89.99 | 88.35 | 85.29 | 87.66 |
| 50~54 岁 | 72.27 | 78.54 | 80.17 | 79.39 | 76.58 | 76.31 |
| 55~59 岁 | 58.72 | 65.22 | 64.49 | 67.88 | 65.13 | 67.14 |
| 60~64 岁 | 40.32 | 45.76 | 43.74 | 50.05 | 49.10 | 49.52 |
| 15~64 岁 | 84.26 | 85.02 | 84.84 | 82.52 | 76.49 | 75.71 |

资料来源：根据各次人口普查和相应年份的人口抽样调查数据计算并整理得出。

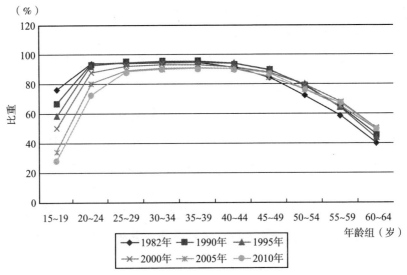

（%）

比重

年龄组（岁）

◆ 1982年　■ 1990年　▲ 1995年
✕ 2000年　✳ 2005年　● 2010年

**图 5 - 6　部分年份分年龄组劳动年龄人口劳动参与率变动趋势**

资料来源：根据各次人口普查和相应年份的人口抽样调查数据计算并整理得出。

### 5.1.1.3　劳动力供给的历史变化

**1. 劳动力供给缓慢上升，"低减高增"趋势明显**

从总体来看，1982～2010 年中国劳动力供给数量规模不断增加，由
5.19 亿人增长到 7.55 亿人。从年均增速来看，虽然从 2000～2005 年的
0.13% 增长到 2005～2010 年的 0.53%，但从整体趋势上来看，年均增
速是逐渐下降的，意味着中国劳动力供给上升空间在缩小，预计规模达
到一定峰值后会逐渐减少（见表 5 - 6、图 5 - 7）。

从部分年份劳动力供给状况来看，1982～2010 年 15～19 岁年龄组
是所有年龄组中变动较大的，28 年间减少了 5932.4 万人，减幅达到了
66.54%；20～39 岁各年龄组的劳动力供给大多经历了先上升后下降的
变化趋势，只是各自变动幅度不一；40～64 岁各年龄组的劳动力供给基
本上随着年份的变动而不断上升。这些数据说明，中国劳动力供给呈现
出"低（年龄组）减高（年龄组）增"的变动趋势，也进一步证实了
中国劳动力供给呈现老化的特点（见表 5 - 6）。

| 表5-6 | | | 部分年份中国分年龄组劳动力供给状况 | | | 单位：万人 |
|---|---|---|---|---|---|---|
| 年龄 | 1982年 | 1990年 | 1995年 | 2000年 | 2005年 | 2010年 |
| 15~19岁 | 8915.1 | 8265.4 | 5747.5 | 5112.8 | 4457.8 | 2982.7 |
| 20~24岁 | 8588.5 | 11929.1 | 11395.6 | 8553.7 | 8125.0 | 9445.3 |
| 25~29岁 | 8377.7 | 9967.6 | 12103.0 | 11251.1 | 8631.5 | 8891.9 |
| 30~34岁 | 7066.0 | 8116.1 | 9865.1 | 11823.0 | 10967.6 | 8644.9 |
| 35~39岁 | 5043.9 | 8358.4 | 8002.1 | 9628.6 | 11503.2 | 10892.4 |
| 40~44岁 | 4353.7 | 5901.9 | 8155.9 | 7692.8 | 9233.1 | 11324.6 |
| 45~49岁 | 3843.1 | 4362.4 | 5574.5 | 7558.5 | 7037.9 | 8854.9 |
| 50~54岁 | 2828.9 | 3559.6 | 3796.0 | 4806.9 | 6426.5 | 6186.3 |
| 55~59岁 | 1852.1 | 2664.6 | 2805.1 | 3092.9 | 3822.4 | 5479.0 |
| 60~64岁 | 1078.8 | 1486.5 | 1666.4 | 2040.5 | 2118.7 | 2766.3 |
| 合计 | 51947.7 | 64611.7 | 69111.1 | 71560.8 | 72323.8 | 75468.4 |

资料来源：根据各次人口普查和相应年份的人口抽样调查数据计算并整理得出。

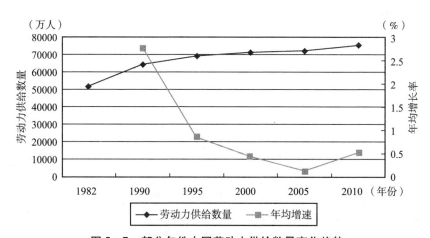

图5-7　部分年份中国劳动力供给数量变化趋势

资料来源：根据各次人口普查和相应年份的人口抽样调查数据计算并整理得出。

2. 劳动力供给内部结构变动呈现"老化"特点

根据国际劳动力年龄分组的相关文献，综合受教育年限、退休年龄、便于国际比较等因素，国际上将劳动年龄分为 15～24 岁、25～44 岁和 45～64 岁三个年龄段，分别称为年轻劳动力、中青年劳动力和中老年劳动力，其中 25～44 岁年龄段是首要的劳动力人口。从图 5－8 可见，1982～2010 年，年轻劳动力供给逐渐下降，由 33.69% 下降到 16.47%，28 年间减少了一半的比例，导致后续的中青年劳动力供给潜力下降。中老年劳动力则稳步上升，由 1982 年的 18.49% 上升到 2010 年的 30.86%，并且在 1995～2000 年，中老年劳动力超过了年轻劳动力，其差距具有扩大的趋势。相比较而言，中青年劳动力占比稳定，由缓慢上升，经 2000 年达到峰值后又缓慢下降。值得注意的是，1990 年，中青年劳动力比重超过 50%，而且维持了 20 年的时间，说明了中青年劳动力是劳动力供给的主要力量。这些数据说明，在总人口逐渐老龄化的同时，劳动力供给内部也呈现出老化的趋势。

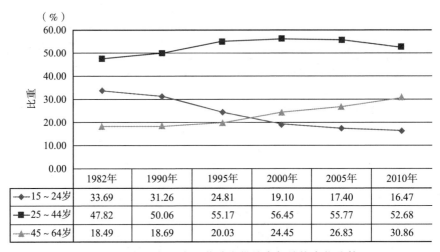

| （%） | 1982年 | 1990年 | 1995年 | 2000年 | 2005年 | 2010年 |
|---|---|---|---|---|---|---|
| 15～24岁 | 33.69 | 31.26 | 24.81 | 19.10 | 17.40 | 16.47 |
| 25～44岁 | 47.82 | 50.06 | 55.17 | 56.45 | 55.77 | 52.68 |
| 45～64岁 | 18.49 | 18.69 | 20.03 | 24.45 | 26.83 | 30.86 |

图 5－8　部分年份中国劳动力供给内部结构变化趋势

资料来源：根据各次人口普查和相应年份的人口抽样调查数据计算并整理得出。

## 5.1.2 中国未来劳动力供给态势研究

### 5.1.2.1 预测方法与参数假设

1. 分要素人口预测法

通常情况下，某一国家或地区人口总规模的变化主要受三个因素的影响：生育率（出生率）、死亡率和迁移率。计算未来劳动力供给态势，首先要预测基本人口状况，再结合劳动参与率假设计算得出未来劳动力规模和结构特征。

本部分的人口规模预测以 2010 年全国人口普查数据为基础，主要采用分要素人口预测法，预测区间为 2016～2050 年历年分年龄分性别人口数。从年龄结构角度剖析劳动年龄人口构成，从中探寻未来劳动力发展特点以及可能面临的问题，为下一步研究我国劳动力供给规模及结构提供数据支撑。劳动力供给数量规模和结构演变主要受劳动年龄人口状况和劳动参与率的影响，分别对人口要素和未来劳动参与率做出不同方案的参数假设，然后用劳动年龄人口数量乘以劳动参与率，得出劳动力供给数量和结构。

2. 人口要素参数假设

（1）总和生育率（Total Fertility Rate，TFR）：在此，结合当前生育政策调整，联系"六普"时的总和生育率水平及相关学者对此的估计。因此，总和生育率水平将采用两个不同的方案：方案一是假定 2016～2050 年总和生育率一直稳定在 1.5 的水平，作为政策出台前的对比和参照，称为"参照方案"；方案二是假定我国的总和生育率到 2020 年为 1.6，到 2030 年达到 1.7，此后一直稳定在 1.7 的水平，称为"假设方案"。

（2）生育模式：方案一的生育模式保持 2010 年不变，方案二同时考虑"堆积效应"、"整体提升效应"和 2000～2010 年生育模式变化特征，以 2010 年全国育龄妇女分年龄生育率为基础，适当提高 30～49 岁妇女生育率所占比例的同时降低 15~24 岁的生育率占比，并假定到 2050 年保持这一生育模式不变。

（3）出生人口性别比：方案一和方案二均假定出生人口性别比由当前 118 的水平线性下降到 2050 年的 107。

（4）平均预期寿命：方案一和方案二对我国未来预期寿命的参数设定统一参照联合国预测结果。

（5）死亡模式：方案一和方案二均采用联合国"一般"模型生命表作为预测所用的死亡模式。

（6）迁移水平：假定国内、国外净迁移数量为 0。

3. 劳动参与率假设

考虑到教育发展水平、经济收入水平、社会保障水平及延迟退休政策等因素的影响。假设 15~24 岁年龄组劳动参与率会有所下降，25~44 岁年龄组劳动参与率保持不变，45~64 岁年龄组劳动参与率会有所上升（见表 5-7）。

表 5-7　　　　　　2016~2050 年分年龄劳动参与率预测　　　　单位：%

| 年份 | 15~24 岁 | 25~44 岁 | 45~64 岁 |
|------|----------|----------|----------|
| 2016 | 53.67 | 88.63 | 72.70 |
| 2020 | 51.19 | 87.60 | 72.70 |
| 2025 | 48.10 | 86.30 | 72.70 |
| 2030 | 45.00 | 85.00 | 73.16 |
| 2035 | 45.00 | 85.00 | 73.62 |
| 2040 | 45.00 | 85.00 | 74.08 |
| 2045 | 45.00 | 85.00 | 74.54 |
| 2050 | 45.00 | 85.00 | 75.00 |

资料来源：根据参数假设整理。

### 5.1.2.2　预测结果分析

本部分主要分析方案二即假设方案下的总人口、劳动年龄人口及劳动力的变化，然后根据分析需要与方案一即参照方案的结果进行对比。

1. 2016～2050 年中国人口变动特点

（1）总人口规模将在 2030 年左右达到峰值

实施"全面二孩"政策将会使中国总人口规模小幅增长，使总人口达到峰值的时间略有延缓，但不会改变中国总人口总体发展趋势。总体来看，2016～2050 年总人口发展呈现为"先升后降"趋势。方案二的预测结果表明，生育政策调整将使中国总人口规模从 2016 年的 13.77亿人缓慢增加到 2030 年的 14.18 亿人，即中国总人口达到峰值，随后总人口规模开始慢慢下降，2050 年为 13.48 亿人（见表 5－8）。可见，在预测期内，实施"全面二孩"政策生育的人口数比按照生育政策未调整前生育的人口数有所增加，到 2030 年两种政策之间生育人口数的差值为 2019.2 万人，2050 年则为 5453.6 万人，略微缓解了中国总人口下降的演变趋势。

表 5－8　　　　2016～2050 年两种方案下的总人口规模比较　　单位：万人

| 年份 | 方案一 | 方案二 | 差值 |
|------|--------|--------|------|
| 2016 | 137523.1 | 137674.1 | 151.1 |
| 2020 | 139457.6 | 140027.8 | 570.2 |
| 2025 | 140313.0 | 141585.7 | 1272.7 |
| 2030 | 139734.8 | 141754.0 | 2019.2 |
| 2035 | 138227.3 | 140971.5 | 2744.2 |
| 2040 | 136067.8 | 139582.8 | 3515.0 |
| 2045 | 133161.7 | 137588.2 | 4426.5 |
| 2050 | 129343.6 | 134797.2 | 5453.6 |

资料来源：根据软件预测结果整理所得。

（2）2050 年老年人口规模近 4 亿人

中国未来人口老龄化变动趋势表明（见图 5－9），考虑到"全面二孩"生育政策的影响（即方案二），65 岁及以上老年人口规模占总人口规模的比重将不断上升。2016 年约为 11.07%，2035 年约 22.53%，到 2050 年约为 29.10%。可见，调整生育政策不会改变中国人口老龄化趋势，只会在某种程度上减缓人口老龄化的加速趋势。从绝对规模上看，到 2050 年，调整生育政策引出的人口增量只增加了总人口，不会对预测期内老年人口规模产生影响，而老年人口规模是既有人口的自然变动。从趋势上来看，2016～2050 年人口老龄化速度较快，到 2020 年 65 岁及以上老年人口规模将达到 1.84 亿人，2030 年将达到 2.61 亿人，2035 年突破 3 亿人，2050 年将接近 4 亿人。

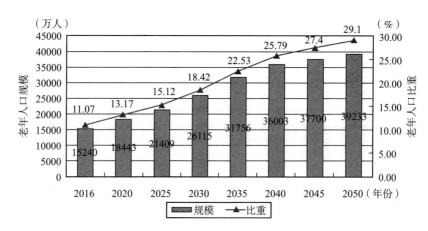

图 5－9　2016～2050 年中国老年人口规模与比重

资料来源：根据软件预测结果整理所得。

（3）老年抚养比稳步上升，将在 2027 年左右首超少儿抚养比

如图 5－10 所示，中国人口总抚养比呈上升趋势，少儿抚养比变动不大，基本维持在 21%～24% 之间起伏波动，而老年抚养比则呈稳步上升趋势，从 2016 年的 15.32% 上升到 2025 年的 22.06%，2035 年达到 35.25%，2040 年增加到 42.08%，2050 年超过了 50%。可见，中国人

口总抚养比上升主要源于老年抚养比上升，尤其是在 2025～2030 年期间老年抚养比首次超过少年抚养比之后，对总抚养比变动起到了主要的推动作用。

从所占比例来看，2016 年老年抚养比仅占总抚养比的 39.90%，到 2050 年已占 69.16%，老年抚养比对总抚养比的提升起到了最关键的作用，这是人口老龄化背景下人口抚养比变化的基本特点，这不仅会对养老保障制度产生不可忽视的影响，还将成为经济增长的重要影响因素。

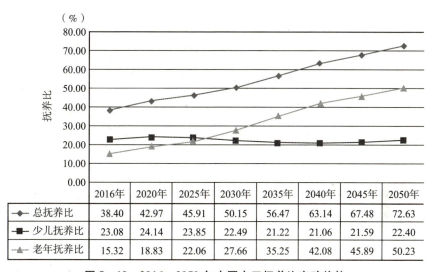

| （%） | 2016年 | 2020年 | 2025年 | 2030年 | 2035年 | 2040年 | 2045年 | 2050年 |
|---|---|---|---|---|---|---|---|---|
| 总抚养比 | 38.40 | 42.97 | 45.91 | 50.15 | 56.47 | 63.14 | 67.48 | 72.63 |
| 少儿抚养比 | 23.08 | 24.14 | 23.85 | 22.49 | 21.22 | 21.06 | 21.59 | 22.40 |
| 老年抚养比 | 15.32 | 18.83 | 22.06 | 27.66 | 35.25 | 42.08 | 45.89 | 50.23 |

**图 5 - 10    2016～2050 年中国人口抚养比变动趋势**

资料来源：根据软件预测结果整理所得。

（4）劳动年龄人口规模持续下降，降速具有"先慢后快"的特点

劳动年龄人口是劳动力供给的"蓄水池"。如图 5 - 11 所示，方案二预测的劳动年龄人口规模持续下降，从 2016 年的 9.95 亿人下降到 2050 年的 7.81 亿人，34 年间预计减少 2.14 亿人，年均减速为 0.71%。从降速来看，2020 年劳动年龄人口降速为 0.39%，2025 年劳动年龄人口降速与 2020 年相比，则有所减缓，为 0.19%，即 2016～2025 年，劳动年龄人口降速下降较慢；随后，2025～2040 这 15 年间，劳动年龄

人口基本上呈加快下降趋势，降速越来越快，虽然2045年劳动年龄人口降速小有上升，但随后的降速又开始加快。这表明，中国未来劳动年龄人口将持续下降，生育政策调整及人口生育小高峰改变的只是劳动年龄人口的下降速度而已。

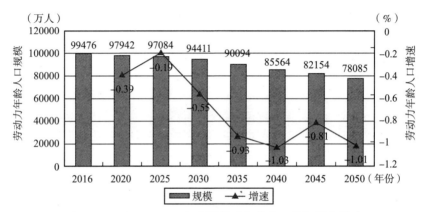

图5-11　2016～2050年中国劳动年龄人口的规模和增速

资料来源：根据软件预测结果整理所得。

2. 2016～2050年中国劳动力供给的变动特点

（1）劳动力供给规模总体下降，劳动力供给各年龄段下降趋势略有差异

受劳动年龄人口规模下降的影响，无论是方案一还是方案二的预测结果均表明中国未来劳动力供给规模将持续减少。从方案一预测数据来看，到2030年15～64岁劳动力供给数量为6.90亿人，到2050年进一步降到5.62亿人。从方案二的预测结果表明，劳动力供给将由2016年的7.61亿人降到2050年的5.80亿人。其中，约在2030年劳动力供给规模降至6.91亿人，2045年间降至6.05亿人（见表5-9）。

从劳动力不同年龄段来看，从方案二假设水平下，15～24岁年龄段的年轻劳动力供给规模将从2016年的0.89亿人下降到2050年的0.54亿人，34年间下降了39.29个百分点，年均降速为1.46%；25～44岁年龄段的中青年劳动力供给同样呈快速减少的趋势，从2016年的3.9

亿人减少到 2050 年的 2.6 亿人，减少了 33.55%，年均减速为 1.20%；45~64 岁年龄段的中老年劳动力供给则表现为"先增后减"的变动趋势，从 2016 年的 2.83 亿人增长到 2035 年的 3.11 亿人的峰值后开始稳步下降，2050 年为 2.67 亿人，低于 2016 年的中老年劳动力供给水平。可见，15~44 岁年龄段劳动力供给规模持续减少，使劳动力供给总规模也随之减少，这对城乡劳动力供给态势及产业转型来说都将产生直接的影响。

表 5-9　　　　　2016~2050 年两种方案下的劳动力供给规模　　　单位：万人

| 年份 | 15~24 岁 | | 25~44 岁 | | 45~64 岁 | 15~64 岁 | |
| --- | --- | --- | --- | --- | --- | --- | --- |
| | 方案一 | 方案二 | 方案一 | 方案二 | | 方案一 | 方案二 |
| 2016 | 8943 | 8943 | 38896 | 38896 | 28299 | 76139 | 76139 |
| 2020 | 7440 | 7440 | 36997 | 36997 | 29931 | 74369 | 74369 |
| 2025 | 7004 | 7004 | 34473 | 34473 | 30915 | 72392 | 72392 |
| 2030 | 6979 | 7016 | 31371 | 31371 | 30663 | 69012 | 69050 |
| 2035 | 6972 | 7228 | 26987 | 26987 | 31128 | 65088 | 65343 |
| 2040 | 6209 | 6742 | 25364 | 25435 | 30119 | 61693 | 62296 |
| 2045 | 5290 | 5941 | 25395 | 25876 | 28705 | 59390 | 60522 |
| 2050 | 4767 | 5429 | 24770 | 25845 | 26712 | 56249 | 57985 |

资料来源：根据软件预测结果整理所得。

（2）中老年劳动力供给占比和中青年劳动力供给占比呈相互交错变动态势

从劳动力内部供给结构来看（见图 5-12），年轻劳动力占比变化平缓，基本上在 9%~12% 区间内波动，这主要是生育政策调整及育龄人口生育意愿变化所致；中青年劳动力和中老年劳动力各自占比却呈相互"逆转"的变动态势。具体来说，2016~2030 年，25~44 岁年龄段的中青年劳动力供给占比略高于45～64岁年龄段的中老年劳动力占比，预计二者在2030～2035年内发生首次"逆转"，即中老年劳动力供给占比将首超中青年劳动力供给占比，在45%左右。随着时间的推移，中青年劳动力供给在2040年左右开始略有回升，而中老年劳动力同期则表现为达到最高占比后下降，两者之间的差距在2050年缩小到约1.5%，按照这一人口变动的惯性，中青年劳动力供给与中老年劳动力供给各自占比还将发生再次"逆转"的可能。可见，2016～2050年劳动力供给内部结构也日益面临着"老化"趋势，这一趋势将影响到劳动力转移的意愿及其潜力。

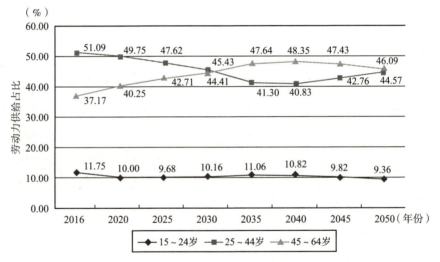

图5－12　2016～2050年中国劳动力供给内部结构变动趋势

资料来源：根据软件预测结果整理所得。

### 5.1.3　中国农村劳动力供给趋势

伴随着经济发展和劳动力市场的不断发育，农村劳动力转移就业形势已经发生了转折性的变化。前面分析了劳动力供给及其内部结构占比，这是全国性的总人口预测数据。下面将结合这一数据，运用户籍人口城镇化率指标简单分析农村劳动力资源配置状况，对农村劳动力转移的可能性和农村剩余劳动力数量进行估计，以此为基础，讨论进一步挖掘农村劳动力的供给潜力所应进行的政策调整。

### 5.1.3.1 户籍人口城镇化率的现状与假设

由于中国城镇化率通常是以常住人口为基础统计和计算的，在此同样以这个指标作为假设。2005 年以来，中国城镇化率以超过 1% 的速度提高（见表 5-10），2011 年城镇化率超过了 50%，2015 年为 56.10%。然而，2015 年非农业户口占总人口的比重（即户籍人口城镇化率）仅为 39.9%，可见两个指标悬殊较大。具体到人口数，则是以亿人为单位的农村人口进城，2015 年就是 2.23 亿人农村人口被统计在城镇率中。

表 5-10　　　　　　2005～2015 年中国城镇化率指标　　　　单位：%

| | 2005年 | 2006年 | 2007年 | 2008年 | 2009年 | 2010年 | 2011年 | 2012年 | 2013年 | 2014年 | 2015年 |
|---|---|---|---|---|---|---|---|---|---|---|---|
| 城镇化率 | 42.99 | 44.34 | 45.89 | 46.99 | 48.34 | 49.95 | 51.27 | 52.57 | 53.73 | 54.77 | 56.10 |

资料来源：国家统计局. 中国统计年鉴（历年）. 相应年份.

在此，结合国家"十三五"规划有关城镇化率的有关要求，根据中国新型城镇化发展战略和提高城镇化质量的需要，假设 2016 年的城镇化率为 57%，2020 年为 60%，2025 年的城镇化率为 63%，2030 年为 65%，我们设定低增长的城镇化率指标，主要不是为了扩大城镇化的百分比，而是把更多的资源投入到城镇化质量上，力争用 15 年的时间彻底缓解中国的"半城市化"问题。

### 5.1.3.2 估计与讨论

根据前述的假定，可以得出 2016～2030 年农村劳动年龄人口及农村劳动力供给规模。如表 5-11 所示，2016～2030 年中国农村劳动力供给同样呈下降趋势。

表 5 – 11 　　　　　　　 2016～2030 年中国农村劳动年龄人口及

劳动力供给规模 　　　　　　单位：万人

|  | 2016 年 | 2020 年 | 2025 年 | 2030 年 |
|---|---|---|---|---|
| 农村劳动年龄人口 | 42774.7 | 39176.8 | 35921.1 | 33043.9 |
| 农村劳动力供给规模 | 32739.8 | 29747.6 | 26785.0 | 24167.5 |

资料来源：根据前述假设计算而得。

首先，在 4 亿农村劳动年龄人口中，年龄的分布并不均衡，年轻劳动力（16～24 岁）占比最低，而年长劳动力（40～64 岁）所占比重较高。可见，由于农村劳动力转移就业规模的逐年增加，滞留在农业的劳动力老化现象已非常明显，这些滞留在农业的劳动力也是转移意愿较低的劳动力群体。故，可以认为，未来可供转移的农村劳动力规模将逐渐缩小。

其次，从可供外出就业的数量看，如果考虑到农业内部结构调整及农村经济发展的劳动力需求，如果非农部门的需求和劳动力市场的制度因素不出现大的变化，农业中可转移就业的劳动力数量已经非常有限。如果中国经济保持预期的发展速度和就业弹性，则每年新增就业的数量约为 1000 万人，这也就意味着，已出现的劳动力短缺形势将更加严峻。

最后，从未来非农劳动力的供给源泉看，随年龄增长的"倒 U 型"趋势比较明显。15～29 岁的劳动力虽然受教育水平较高，但未转移的潜力已经有限。虽然目前未转移的 40～64 岁劳动力数量仍然可观，但因他们的平均受教育水平相对较低、外出概率也最低，转移意愿不足，可供转移的潜力略高于 15～19 岁和 20～29 岁。30～39 岁的劳动力转移概率尽管低于 30 岁以下的劳动力，但高于 40 岁以上的劳动力，该年龄组可供转移的潜力高于 30 岁以下的劳动力。

需要指出的是，不同年龄组的劳动力在转移潜力上存在着明显的差别。我们根据前面预测的劳动力供给规模，综合国内学者对农业劳动力

需求的预测分析结果来看，2020 年可供再转移的农村劳动力规模约
2000 万人左右，2030 年则所剩无几。

# 5.2 "十三五"时期中国农村
# 劳动力区域供给潜力

前面分析了全国性的劳动力供给及可能的农村劳动力供给趋势。在
此，为了准确反映东、中、西三大区域农村劳动年龄人口的存量及其增
长态势，本书研究以 2010 年第六次全国人口普查 31 个省区市的农村人
口数据 15 ~ 64 岁的常住人口作为存量，并根据年龄移算法模型计算
2020 年东、中、西三大区域农村劳动力可能的供给趋势。

## 5.2.1  2010 年中国东、中、西三大区域农村劳动年龄人
口存量状况

2010 年我国东、中、西三大区域农村劳动年龄人口分布情况见表
5 - 12。

表 5 - 12　　　　2010 年中国东、中、西三大区域农村劳动
年龄人口分布情况　　　　　　单位：万人

| 东部地区 | 农村劳动年龄人口 | 中部地区 | 农村劳动年龄人口 | 西部地区 | 农村劳动年龄人口 |
|---|---|---|---|---|---|
| 北京 | 223.42 | 山西 | 1369.24 | 广西 | 1804.17 |
| 天津 | 201.34 | 吉林 | 1006.70 | 内蒙古 | 855.00 |
| 河北 | 2946.09 | 黑龙江 | 1342.31 | 重庆 | 884.91 |
| 辽宁 | 1257.81 | 安徽 | 2337.63 | 四川 | 3304.20 |
| 上海 | 195.11 | 江西 | 1704.30 | 贵州 | 1444.65 |

| 东部地区 | 农村劳动年龄人口 | 中部地区 | 农村劳动年龄人口 | 西部地区 | 农村劳动年龄人口 |
|---|---|---|---|---|---|
| 江苏 | 2261.79 | 河南 | 3920.74 | 云南 | 2084.04 |
| 浙江 | 1527.92 | 湖北 | 2145.36 | 西藏 | 156.67 |
| 福建 | 1159.37 | 湖南 | 2603.01 | 陕西 | 1524.77 |
| 山东 | 3464.16 | | | 甘肃 | 1169.24 |
| 海南 | 299.76 | | | 青海 | 217.47 |
| 广东 | 2392.02 | | | 宁夏 | 226.39 |
| | | | | 新疆 | 882.39 |
| 合计 | 15928.79 | 合计 | 16429.29 | 合计 | 14553.90 |

资料来源：国务院人口普查办公室，国家统计局人口和就业统计司. 中国2010年人口普查资料 [M]. 北京：中国统计出版社，2012：4.

从表5-12可看出，东部地区农村劳动年龄人口总量为15928.79万人、中部地区为16429.29万人、西部地区为14553.90万人，分别占农村劳动年龄人口总量的33.96%、35.02%、31.02%。东部地区和中部地区人口富集，而西部地区的新疆、内蒙古、青海、宁夏、西藏等省区则劳动年龄人口较少，故这些省份的农村劳动力流动规模相对而言较少。从东、中、西三大区域农村劳动年龄人口总量分布与前面表1-2三大区域 GRP 所占比例对应就可以看出，农村劳动年龄人口分布与GRP 分布并未呈现一致关系，即劳动年龄人口多并不意味着产值多，这说明三大区域在产业集聚与人口聚集方面未呈现出有效的联动，需要产业转移和劳动力再分布，进而实现产业与人口的有效配置。

## 5.2.2　东、中、西三大区域农村劳动年龄人口供给趋势

在此，本书研究借鉴年龄移算法模型来进行预测。过程如下：年龄移算预测模型是指以各个年龄组的实际人口数为基数，按照一定的存活

率逐年递推来预测人口的方法。年龄移算法的主要原理是将人口看作时间的函数，即将人口的年龄用时间来表示的，每过一年人口年龄就会长一岁。正是因为这一原理，年龄移算法可以把由某一年龄组的人口数在其相应年龄组的死亡率水平条件下，通过转移到下一个年度或者下一个年龄组，将下一个年龄组的人口数测算出来，而且具有相当高的准确性。其计算表达式为：

$$P_{x+5\sim x+9(t+5)} = P_{x\sim x+4(t)} \cdot S_{x\sim(x+4)} \qquad (5.1)$$

$$S_{x\sim(x+4)} = 1 - q_{x\sim x+4} \qquad (5.2)$$

$$q_{x\sim x+4} = \frac{2 \cdot m_{x\sim x+4}}{2 + m_{x\sim x+4}} \qquad (5.3)$$

$$m_{x\sim x+4} = \frac{d_{x\sim x+4}}{p_{x\sim x+4}} \qquad (5.4)$$

式中：$P_{x+5\sim x+9(t+5)}$ 为预测年度 $x+5\sim x+9$ 岁人口数，$S_{x\sim x+4}$ 为预测年度 $x\sim x+4$ 岁人口的存活率，相应地，$q_{x\sim x+4}$ 为死亡概率，$m_{x\sim x+4}$ 为死亡率，$d_{x\sim x+4}$ 为死亡人数，$p_{x\sim x+4}$ 为年龄组总人口数。在运用年龄移算法模型计算出 2015 年和 2020 年各省区市的农村劳动年龄人口之后，再假设各地 2011~2020 年各省区市城镇化率与 2006~2010 年城镇化率幅增保持相同的变化率，进而计算得出 2015 年和 2020 年各省区市农村劳动年龄人口规模，然后加以汇总得出东、中、西三大区域农村劳动年龄人口分布情况（由于计算量比较大，计算过程略）。根据上述计算过程，计算结果见表 5-13。

表 5-13　　　　　　2015 年和 2020 年中国东、中、西三大区域

农村劳动年龄人口分布情况　　　　　　单位：万人

| 东部地区 | 2015 年 | 2020 年 | 中部地区 | 2015 年 | 2020 年 | 西部地区 | 2015 年 | 2020 年 |
|---|---|---|---|---|---|---|---|---|
| 北京 | 212.62 | 194.74 | 山西 | 1325.44 | 1221.11 | 广西 | 1763.70 | 1690.97 |
| 天津 | 192.32 | 177.42 | 吉林 | 978.37 | 926.34 | 内蒙古 | 788.88 | 692.60 |
| 河北 | 2703.96 | 2449.97 | 黑龙江 | 1295.40 | 1213.35 | 重庆 | 816.80 | 719.960 |

续表

| 东部地区 | 2015 年 | 2020 年 | 中部地区 | 2015 年 | 2020 年 | 西部地区 | 2015 年 | 2020 年 |
|---|---|---|---|---|---|---|---|---|
| 辽宁 | 1195.18 | 1087.68 | 安徽 | 2186.74 | 1992.33 | 四川 | 3102.93 | 2780.90 |
| 上海 | 178.28 | 159.04 | 江西 | 1651.93 | 1576.24 | 贵州 | 1488.71 | 1432.46 |
| 江苏 | 2024.97 | 1747.95 | 河南 | 3692.89 | 3390.70 | 云南 | 2097.96 | 2040.38 |
| 浙江 | 1416.56 | 1270.55 | 湖北 | 1933.02 | 1690.08 | 西藏 | 170.62 | 183.06 |
| 福建 | 1055.82 | 926.58 | 湖南 | 2442.41 | 2273.67 | 陕西 | 1424.22 | 1379.59 |
| 山东 | 3259.16 | 2977.64 | | | | 甘肃 | 1144.04 | 1075.44 |
| 海南 | 300.53 | 293.03 | | | | 青海 | 221.57 | 220.21 |
| 广东 | 2445.18 | 2490.14 | | | | 宁夏 | 229.80 | 224.60 |
| | | | | | | 新疆 | 895.28 | 892.01 |
| 合计 | 14984.58 | 13774.74 | 合计 | 15506.20 | 14283.82 | 合计 | 14144.51 | 13332.18 |

资料来源：本书研究预测计算而得（由于西藏城镇变化率不规则，没有考虑城镇化率变动对其农村劳动力变动的影响）。

从表 5-13 可见，2015 年和 2020 年各省区市农村劳动年龄人口规模具有减少趋势，各地减少规模不一致是因为各地人口年龄结构不同所致。从东、中、西三大区域的总体农村劳动年龄人口规模趋势变化来看（见图 5-13），三大区域均呈递减趋势，2020 年与 2015 年相比，东、中、西三大区域农村劳动年龄人口减少规模不同，其中东部及中部地区减少幅度要大一些（超过 1200 万人），西部地区减少要缓慢一些（约 812 万人）。这说明东、中、西三大区域农村劳动年龄人口总量下降趋势明显，东、中部地区农村劳动力流出农村的规模较大。因此，从供给潜力来看，全国农村劳动年龄人口供给总体上呈递减趋势，2010 年为 46911.98 万人，2015 年为 44635.29 万人，2020 年为 41390.74 万人，10 年间，农村劳动年龄人口减少 5521.24 万人，尤其是 2015~2020 年减少得更快（为 3324.55 万人），说明中国未来农村劳动年龄人口总体供给潜力呈递减趋势。因此，东部地区需要加快产业转移升级的步伐，中、西部地区也要加快承接产业转移和自身的产业升级，提高劳动力素质来适应产业发展的需要，同时推动人口城镇化进程。

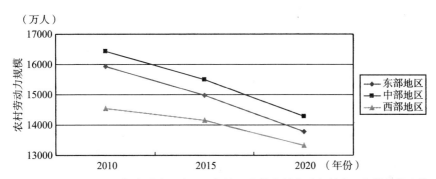

**图 5 - 13　2010～2020 年中国东、中、西部地区总体农村劳动年龄人口规模趋势变化**

从东、中、西部三大区域农村劳动年龄人口供给的内部年龄结构（见图 5 - 14）来看，中、西部地区农村劳动年龄人口总体年龄结构较轻，老化程度不及东部地区，具有发展劳动密集型产业的人力条件，而东部地区农村劳动年龄人口老化趋势相对比较严重，产业升级的动力较强。当然，农村劳动力跨区域流动能够平抑区域之间的年龄结构差距，即东部地区的老化程度会被年轻的农村劳动力流入所平抑，同时也能够缩小地区经济差距。

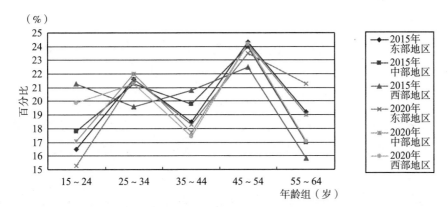

**图 5 - 14　2015 年和 2020 年东、中、西部三大区域农村劳动年龄人口的年龄构成**

## 5.3   产业转型视角的农村劳动力
## 转移区域态势分析

前面已对农村劳动力转移就业现状做了相应的分析，农村劳动力转移与就业也呈多样化多元化的态势。随着产业结构调整及向中、西部地区梯度转移，在各方利益博弈的影响下，中、西部地区外出农民工有可能选择在本地就业或返乡"回流"。事实上，中、西部地区外出农民工返乡并非是一个新生事物，返乡农民工群体初步形成于 20 世纪 90 年代，至 21 世纪初渐成规模，且这一规模正处于增长趋势。据《南方农村报》报道，"截至 2015 年底，农民工返乡创业人数累计已超过 450 万人，约占农民工总数的 2%，大学毕业生返乡创业比例从几年前的 0.5% 增至 1%"①。农民工返乡创业就业无疑对东部地区产业转型形成一种倒逼态势，促使产业转型升级，进而影响农村劳动力区域性流动行为。中、西部地区区域经济的发展为农村劳动力就地就近转移提供了有利条件。由于农村劳动力需要为远距离的迁移付出更高的成本，因此，就业机会远离劳动力时，实际上提高了他们转移就业的保留工资。特别是对于年龄更长的劳动力，就地就业机会的增加能显著增强他们的转移意愿。

### 5.3.1   东部地区产业转型对农村劳动力转移趋势的影响分析

东部地区产业转型对农村劳动力从业素质要求提高，农民工市民化成本较大，影响农村劳动力流向东部地区。由于经济危机、外需不足等因素以及国际产业转移趋势的影响，东部地区产业亟须进一步转型，而

---

① 超 450 万人返乡创业，农业部"一揽子"政策扶持、资金补助[N]. 南方农村报，2016 – 7 – 22.

且国家层面也鼓励东部地区劳动密集型乃至部分资本密集型产业向中、西部地区转移，2010 年还出台了国家层面的承接产业转移指导意见，截至 2012 年底，先后批准了 6 个中、西部国家级承接产业转移示范区，并要求东部地区加快产业升级。随着东部地区区域经济的持续发展，大中城市产业结构升级，其产业发展从劳动力密集型向资本密集型、技术密集型过渡，更多地发展生产性服务业，这对从业人员的素质要求也越来越高。加之我国农村劳动力文化素质明显低于城镇居民水平，尽管外出流动的农村劳动力文化素质高于农村劳动力整体文化素质，但是相对于城市产业发展及产业升级的技能来说，仍然是难以适应的，其难以进入城市一级劳动力市场实现就业，只能在城市低端产业形成过渡性就业竞争。在这一现实条件下，文化素质较低的农村劳动力在东部地区大、中城市劳动力市场上必然面临着更加严峻的竞争压力。据此推断，未来中、西部地区流向东部地区的农村劳动力将会逐渐减少，而且，随着产业转型升级步伐的加快，这种趋势将会越来越突出。同时，随着中、西部地区加快承接产业转移，通过 3~5 年的发展，必将成为本地农村劳动力流动和就业的首选地，农村劳动力"孔雀东南飞"的局面将会改变，越来越多的农村流动劳动力加入到返乡就业的浪潮中。

由于制度及政策方面的原因，导致我国农村劳动力流出后难以在流入地实现市民化，在东部地区尤为如此。因为东部地区在工资收入方面与中、西部地区并没有明显优势，而在生活居住等方面的经济成本和探亲访友等方面的社会成本明显高于中、西部地区，比如在居住方面，无论是住房租金还是住房价格，东部地区都明显处于"高位运行"，东部地区的城市房价都远超中、西部地区同等城市的房价，又如在子女教育方面也是如此。因此，农村流动劳动力在东部地区实现市民化的成本高昂，无论是对流入地政府还是对农村劳动力个体都是如此。对农村劳动力个体而言，高企的生活成本使他们难以成为东部城市的一员，难以融入城市社会，在东部城市的"过客"意识尤为明显，在这种意识作用下"乡情"终难抹去，因此，就不难理解很多在东部地区流动的中、西部地区农村劳动力还是以家乡作为最终归属的选择。正是在高企的市民化成本制约下，必将导致许多潜在的中、西部地区农村劳动力选择在本地或周边区域就业，尤其是对已在东部地区经受过流动洗礼的农村已婚劳动力更是如此，而且还有那些原本进入东部劳动力就业市场的中、西部地区农村劳动力极有可能返回中、西部地区就业创业，"返乡就业"将是40岁及以上农村外出劳动力就业的主要选项。从前面的农村劳动力区域流动数据即可看到这一点。同时，由于东部地区劳动力具有较强的闯市场能力和商业意识，会有更多的农村劳动力向中、西部地区返乡就业和创业。

### 5.3.2 中部地区产业转型对农村劳动力转移趋势的影响分析

中部地区要素市场渐趋完善，具备承接东部地区产业转移的条件，吸纳农村劳动力本地就业能力得到提高。中部地区是我国经济社会发展的战略腹地，根据其地理和资源条件，中部地区具有承接产业转移的天然优势，区域产业特色逐渐形成，基础设施建设取得积极进展，对内对外开放水平不断提高，市场环境、投资环境、要素市场体系建设日趋完善，承接产业转移的基础条件基本具备，逐渐成为推动全国区域发展的重要人口和产业承载地区。随着产业转型不断推进、高铁网络建设快速推进和劳动力素质逐渐提升，中部地区将成为我国经济发展重要的战略"隆起带"。据国家统计局数据，我国跨省流动人口中，湖北、湖南、江西、河南、安徽五省占全国的42.9%，而中部地区（指湖北、湖南、江西、河南、山西、安徽六省）现有从业人员受到初中以上教育的为56.3%，明显高于西部地区的41.6%①。可见，中部地区利用区域特有的地理和资源优势，吸收东部产业转出的劳动密集型产业，充分发挥比

---

① 周均旭，江奇．中部产业转移的经济效应及对劳动力就业的影响——以湖北蕲春为例 [J]．当代经济，2012（3）：88 - 89.

较优势，力争在局部领域取得突破，在承接产业转移示范区内形成新的区域经济"增长极"，比如中部地区具有能源优势的开发和加工产业及其相关的产业链，实现经济、社会、生态三种效益的协调发展，同时利用其特有的地理优势，积极发展服务东、西部地区的产业，加快基础设施建设，加快城镇化步伐，形成区域性中心城市或城市带。

在这样的区域经济社会条件下，农村劳动力在中部地区内部就业的可能性增大，即中部地区农村劳动力被本区域吸纳的程度会进一步增强，由中部地区向东部地区流动的农村劳动力规模将会逐渐下降。以2015 年农民工监测调查报告显示，"外出农民工中，跨省流动农民工7745 万人，比上年减少 122 万人，下降 1.5%，占外出农民工总量的45.9%，比上年减少 0.9 个百分点。分区域看，中部地区 61.1% 的外出农民工跨省流动，下降 1.7 个百分点。[1]"外出农民工跨省流动数量减少，主要与东部地区产业向中部地区及西部地区转移有关，与中、西部地区的务工收入与东部地区差距缩小有关。可见，产业和人口在中部地区的聚集为中部崛起和振兴创造了条件。

### 5.3.3 西部地区产业转型对农村劳动力转移趋势的影响分析

西部地区随着开发步伐加快和区域经济发展，已迈过"起飞"阶段，对农村劳动力需求加剧，影响西部地区农村劳动力的跨省流动趋势。从 2011 年起，西部大开发[2]进入第二阶段。正是有了第一阶段的西部开发，西部地区经济发展增速才逐渐超过东部地区。"2011 年西部地

---

① 国家统计局 . 2015 年农民工监测调查报告 ［R/OL］. 2016 – 04 – 28. http：//www. stats. gov. cn/tjsj/zxfb/201604/t20160428_1349713. html.

② 西部大开发总体规划按 50 年划分为三个阶段：从 2001 年到 2010 年为奠定基础阶段，从 2011 年到 2030 年为加速发展阶段，在前段基础设施改善、结构战略性调整和制度建设成就的基础上，进入西部开发的冲刺阶段，巩固提高基础，培育特色产业，实施经济产业化、市场化、生态化和专业区域布局的全面升级，实现经济增长的跃进。从 2031 年到 2050 年为现代化阶段。

区实现生产总值近 10 万亿元，增长约 14.1%，各项主要经济指标增幅均高于全国整体水平，发展速度连续 5 年超过东部地区。[①]"西部开发奠定了西部地区未来深化发展的基础，成就显著。目前，西部地区在加快生态环境建设的同时，基础设施得到明显改善，工业企业利润大幅增加，地区财力显著增强，自我发展能力不断增强，产业结构调整明显好转，市场发育水平较为完善，劳动力素质有所提高，经济社会发展的基础性民生性问题开始得到解决。

随着西部开发进入第二个发展阶段，西部地区多数省份大力推进"工业强省（强区）"和城镇化劳动战略，产业园区不断新建和发展，承接产业转移加快，企业薪资竞争力不断提升，使本区域农村劳动力"回流"趋势明显，产业园区和城镇建设加快推进给本区域的农村劳动力创造了大量的就业机会。以西部劳动力大省四川为例，"2012 年上半年，四川转移农村劳动力 2100 万人，其中省内转移 1091 万人，历史上首次超过向省外输出的规模。这是农村劳动力转移发生重大变化的信号。[②]" "2014 年，四川农民工转移输出 2472.3 万人，其中，省内就业1313.1 万人，省外就业 1154.7 万人，外派劳务 4.5 万人。[③]"实际上，四川省并不是体现这种流动趋势的孤例。同样在西部省份的贵州，由于推动"工业强省"和城镇化带动两大战略，各类园区呈雨后春笋般地涌现，吸纳农村劳动力返乡就业能力不断增强，农民工返乡创业就业已成为推动贵州省同步小康建设的重要力量。近年来，贵州省农村劳动力转移就业呈现以下特点：一是农村劳动力转移就业规模较快增长，省内就地就近转移就业创业已成为越来越多农民工的首选。截至 2016 年 5 月底，贵州省农村劳动力外出就业 864.02 万人，同比增长 1.78%。其中，

---

① 颜牛，陈杰. 西部地区发展速度连续 5 年超过东部地区 ［EB/OL］. 2012 - 02 - 23. http：//finance. people. com. cn/GB/70846/17203814. html.

② 中西部承接产业转移 中国经济区域版图悄然转变［N］. 中华工商时报，2012 - 8 - 20.

③ 四川省统计局. 农民工市民化影响因素及路径探索 ［EB/OL］. 2016 - 01 - 08. http：//www. sc. stats. gov. cn/tjxx/tjfx/qs/201601/t20160108_199074. html.

跨省外出农民工为 609.38 万人，同比下降 0.16%，省内就地就近转移就业 254.64 万人，同比增长 6.74%。二是农民工返乡就业创业规模逐年递增。2012～2015 年，农民工返乡创业就业人数呈逐年上升之势，分别达 53 万人、57 万人、62 万人、81 万人，农民工省内转移就业人数呈逐年上升之势，分别达 185 万人、200 万人、226 万人、248 万人[1]。为鼓励返乡农民工创业就业，贵州省实施了"雁归兴贵"行动计划，通过奖励、支持和担保等措施，支持农民工返乡创业就业，服务贵州城乡经济社会发展。

总之，产业转型对农村劳动力区域转移格局影响的趋势将成为中国未来经济社会发展的趋势之一。由于东、中、西部地区未来农村劳动力整体供给规模呈下降趋势，劳动力数量红利将逐渐丧失，需要进一步挖掘劳动供给潜力，扩展劳动力质量红利，延续中国未来经济增长的人力资本空间。更多的证据表明，从东部地区到中、西部地区的农村劳动力区域转移格局在我国已逐步成型，这一大格局的形成必然影响我国农村劳动力转移与就业模式的变化，农村劳动力区域性流动必将发生重大变化。可见，东部地区产业升级加快对农村劳动力素质要求进一步提高，未来农村劳动力流入东部地区就业的成本增加，中、西部地区发展和产业转型趋势对农村劳动力需求增加，中、西部地区农村劳动力向东部地区转移的未来趋势必将逐渐减弱，向本地就近就业的趋势日益明显。

---

[1]　贵州省人力资源和社会保障厅，2016 年 6 月。

# 服务管理：中国农村劳动力
# 转移的对策建议

通过前面的分析可知，中国农村劳动力外出就业，实现了收入工资化、职业非农化、生活城镇化，然而，由于制度因素及个人原因，农村劳动力转移面临着"半城市化"的难题。在新时代农村劳动力转移潜力下降的背景下，如何挖掘劳动供给潜力，缓解农村劳动力转移"半城市化"难题，需要从制度和政策层面加强农村劳动力转移的服务管理，提高服务管理水平，以达到增加劳动供给的目的。为此，本章首先提出全国层面促进农村劳动力有序转移及市民化的对策建议，以充分发挥中央政府的宏观指导和顶层设计作用；随后，根据目前现行的政策制定和执行机制，重点从省级层面提出实现农村劳动力定居城镇的对策建议，使之更具有可操作性、更便于实际运行。最后，探讨挖掘劳动供给潜力的相关对策。

## 6.1 全国层面的农村劳动力转移对策

党的十八届六中全会精神和党的十九大精神为促进农村劳动力有序

流动提供了思想指导。从农村劳动力转移面临的"半城市化"问题来看，大多与中央政府的制度"顶层设计"有关。因此，在区域产业转型和农村劳动力迁移流动的时代背景下，必须采取有效措施促进农村劳动力有序流动以助推区域经济协调发展，这才是本书研究目的之所在。为此，本书研究首先提出全国层面的农村劳动力有序流动的对策建议，这些对策建议主要是为省级层面对策建议提供指导和方向，同时也便于开展农村劳动力流动方面的省际合作。

### 6.1.1  加快推进户籍制度改革，分阶段将"农业转移人口"纳入城镇户籍登记范围

党的十八大报告指出，"加快改革户籍制度，有序推进农业转移人口市民化，努力实现城镇基本公共服务常住人口全覆盖"①，这为户籍制度改革指明了方向。户籍制度改革的目标是建立与市场经济体制相适应的城乡统一的户籍制度，使户籍"权利回归"，使公民享有迁徙和居住的平等自由。现行户籍制度已影响到人们社会生活的方方面面，实现这一目标，需要经历一个由调整、变动到全面放开的长期过程。因此，户籍制度改革必须结合社会经济发展水平、经济结构转型程度、地区之间的现实差异，在中央统一部署和省级统筹的大原则下，选择一些经济发展优势明显、财政收入实力雄厚的省市以居住证转为城镇户籍作为试点率先推行户籍制度改革，在借鉴改革试点经验的基础上，逐步扩大试点，从而达到城乡统筹的目标。

当前，在本省籍人口城镇落户政策已有较大改革的背景下，以推进农村劳动力跨省流动户籍制度改革为突破口，逐步深化户籍制度改革，推动实行居住证制度，为实现户籍制度改革目标奠定基础。户籍制度改

---

① 胡锦涛. 坚定不移沿着中国特色社会主义道路前进　为全面建成小康社会而奋斗［N］. 人民日报，2012－11－18（1）.

革的主要内容为：鼓励和推行居住证制度，逐渐赋予居住证梯度累进的公共服务功能，并逐步健全居住证转为城镇户籍的制度安排；根据农村劳动力数量分布和质量结构，制定农村劳动力城镇落户规划和年度计划，并纳入各级政府经济社会发展规划，分期分批接纳在城镇工作生活一定年限的农村劳动力或"农业转移人口"落户；鼓励农村劳动力向本省中小城市（城镇）落户；在城镇落户的农村劳动力依法享受和承担与城市市民同等的权利和义务；同等条件下，具有劳动技能等级证书、职业资格证书或大专以上学历者优先落户。同时，逐步剥离附加在户籍背后的公民享有的政治经济文化权益，以及与之相配套的公共福利和公共服务水平。

只有对依附在户籍背后的教育培训、社会保障、劳动就业、住房养老、医疗卫生等"附加功能"进行逐层剥离，才能逐渐降低城镇户籍的特殊吸引力，才不会对人口城乡自由迁移形成阻碍。因此，依托户籍制度的渐进改革模式，积极推进和扩大居住证转为城市户口的试点城市户籍制度改革。基于目前情况，为了削薄城镇户籍的附属功能，补厚农村户籍的福利空当，只能在现有基础上大力发展县镇经济，提高整个社会的福利水平，重点提高农村人口的福利水平，才能完全剥离我国现行户籍制度背后所附加的各种福利和利益，实现农村劳动力自由迁移流动。

## 6.1.2　完善农村外出劳动力社会保障基本服务体系

党的十九大强调要"按照兜底线、织密网、建机制的要求，全面建成覆盖全民、城乡统筹、权责清晰、保障适度、可持续的多层次社会保障体系。[1]"社会保障能够缓解农村劳动力在城镇的"后顾之忧"，在现有经济发展水平和制度背景下，要根据各地区经济发展和社会保障制度

① 习近平. 决胜全面建成小康社会　夺取新时代中国特色社会主义伟大胜利［N］. 人民日报，2017－10－28（1）.

运行的实际情况，逐步健全与城乡社会保障制度相互衔接和转移接续的农民工社会保障基本服务体系，以达到城乡劳动力就业均衡。一是根据现有农村劳动力的参保情况，逐步完善农村劳动力用工制度。加强农村劳动力就业的社会保障体系建设，建立健全多层次、全覆盖的社会保障体系，来实现不同身份、不同地区社会保障模式与种类的统一，将外出就业的农村劳动力纳入统一的城镇社会保障体系中；人力资源和社会保障等相关职能部门要完善社会保障制度，确保农村劳动力参加社会保障制度的强制性，用工单位和农民工必须按规定参加社会保障，并履行缴纳相关社会保险费的义务。二是完善农村劳动力基本社会保险制度。人力资源和社会保障等相关职能部门要根据相关法律法规制定实施细则，逐步为农村外出劳动力建立健全以身份证号码为编号的社会保障卡，以便于农民工社会保险资金的可携带和接续转移；健全完全积累的个人账户，个人账户的所有权归农村劳动力所有，个人账户缴费由农村劳动力和用工单位共同缴纳，以农村劳动力的实际收入为缴费基数，费率由相关各方依有关法律协商决定；根据农村劳动力跨省流动情况，探索农民工社会保险基金的跨区域转移支付制度。三是将农村外出劳动力及流动儿童纳入现居住地社会救助制度的临时救助范围。可将持有居住证的农村外出劳动力，在流入城市连续工作生活一年以上，且申请前连续在城市缴纳社会保险费超过一年的，因遭受疾病、意外事故、诉讼、失踪、死亡等突发情况，致使基本生活暂时出现较大困难的，可凭居住证向居住证发放地申请临时救助；建立流动儿童干预机制，将流动儿童纳入社会救助范围，并纳入政府相关职能部门及责任人年度考核目标。

### 6.1.3 抓好农村外出劳动力职业技能培训，提高其就业适应能力

就业能力是农村劳动力可持续生计的核心要素。因此，在巩固"双基"教育、加快发展高中教育、积极发展中等职业教育、向农民工净流

入省（直辖市）根据一定比例投放高考录取指标的同时，进一步健全农村劳动力培训机制、整合教育资源，大力发展农村劳动力转移培训和科学素质教育，增强农村劳动力就业创业能力。一是降低农村劳动力个人培训成本，积极引导劳动力参与培训的热情。建立农村劳动力技能培训资金的各级政府分摊机制，对接受培训的劳动力给予一定比例的补助，降低劳动力个人培训成本，调动其参与培训的积极性。二是建立全国性的农村劳动力梯次培训机制，扩大农村劳动力职业培训的公共财政支出，满足多元化需求的梯次培训。梯次培训机制就是根据不同市场用工需求，以及满足不同农村劳动力培训需求，培训不同层次农村外出劳动力以及农村新增劳动力资源，形成短期和长期培训结合的、初中高级衔接的农民工培训体系，把劳动职业技能培训作为加强农村劳动力服务管理的关键环节来抓，实现农村劳动力流动技能化，让农村外出劳动力学会闯市场的本领，提升其参与劳动力市场竞争的适应力。三是整合培训资源，提高培训效率。加强对培训机构的管理，将其纳入法制化轨道，政府应建立培训机构的资格准入制，明确规定基本设施、教学设备、实训基地、师资力量的必备条件，保证培训质量、提高培训效率；政府部门应创新培训工作管理机制，加强对培训机构的监管力度，使得培训机构走向规范化、法制化运营。

### 6.1.4 健全劳动力市场制度，搭建农村劳动力公平就业平台

就业服务是完善劳动力市场的重要手段。加强政府的就业服务及信息化建设是拓宽农村劳动力就业信息渠道，有效降低就业成本，实现农村劳动力顺利转移的重要途径。一是逐步健全统筹城乡的就业服务体系，实现农村劳动力的梯次转移。统筹城乡就业服务的信息体系主要包括信息网络建设、信息供给与发布、相关就业政策咨询与指导、农民工权益保障的法律咨询等，其主要功能就是及时发布企业用工信息，保障就业信息传递通畅。二是充分发挥政府在劳动力市场建设中的宏观调控

作用，以维护农村劳动力各种合法权益为嵌入点，推进劳动力市场的法制建设。政府通过相应法律程序，制定一系列推动劳动力市场建设的劳动法规规章、劳动政策，建立完备的劳动就业制度体系。三是完善企业对农村劳动力用工的监察体系，加强劳资关系纠纷的协调、仲裁机构建设。加强政府职能部门对企业用工过程的监督检查，协调劳资纠纷，依法保护农村外出劳动力合法权益，积极建立健全劳动权益保护的法律援助渠道，调处社会纠纷，以规范性文件规定和管理农民工的各种权益。

### 6.1.5 逐步将农村外出劳动力纳入城镇住房保障体系

城镇住房保障体系是一项系统的民生工程，应根据农村外出劳动力为城市经济社会发展所做的贡献，把他们纳入城镇住房保障体系。一是按照基本公共服务均等化的要求，可先将持有居住证并在城镇居住相应年限的农村劳动力（或称"农业转移人口"）纳入城市保障房范围，允许他们落户城市，推进其市民化进程。二是政府相关部门出台激励机制和保障措施，鼓励和吸引民间资本投资保障性住房建设，为农村劳动力城镇居住提供更多的房源；探索在非公企业建立住房公积金制度，具体的缴费标准可参照城镇事业单位公积金缴费标准适当降低，农民工只要连续缴存一定年限的公积金就可申请住房公积金贷款。三是采取多方融资，健全多元化住房资金投入机制，根据农村外出劳动力不同层次、不同阶段的需求，建设农民工公寓或廉租房，满足他们多样化的租房需求。

### 6.1.6 推动农村土地制度改革，为农村劳动力进城落户定居创造条件

农地制度改革能为农村外出劳动力提供一定的金融资源，积极探索新的农村集体土地流转模式，实现土地承包权的再配置，对于土地规模

189

化经营和农村劳动力转移就业有着双向促进作用，同时为农村土地承包权流转和农村外出劳动力城镇落户创造一定的制度条件和金融资源。一是确定农村土地产权。以"三权分置"为基础，明确农户及集体组织对承包地、宅基地、集体建设用地、农村房屋、林权等的物权关系，明确所有权、承包权和经营权的边界，开展划界、登记和颁布产权证书，使其成为土地流转的基本凭证，保障农户产权主体的合法土地权益；同时，建立相应的农村产权交易机构，引入农业担保、投资和保险机制，使农民（农户）成为农村土地市场主体，平等参与生产要素的自由流动，充分发挥市场配置资源的决定性作用，建立归属清晰、权责明确、保护严格、流转顺畅的现代农村土地产权制度，为农地流转及其收益打下相应的产权基础。二是积极推进农村土地流转。农村土地流转包括土地产权、房屋产权和林权流转。赋予农村土地使用权的完全交易权，允许已经进城定居和落户的农村劳动力有偿流转在原农村的宅基地和承包地，流转对象实行原集体经济组织内部成员优先原则；探索城镇居民到农村合作开发和长期租赁承包地及农村住房的运行机制；充分发挥政府在农村土地流转制度创新中的积极引导和协调矛盾的作用，提供一个公正、公平、安全的制度环境和运作规范。三是完善农村土地征用程序和征地补偿机制。提高农民在土地增值收益中的分配比例，为失地农民提供能够参加住房、就业、医疗、养老保险等的费用；对高速公路等交通基础设施建设，可以参照公益性用地的相关政策执行。

## 6.1.7 加快推动城乡一体化发展，提高人口城镇化率

人口城镇化带动农民逐步转变为市民和第二、第三产业工人，使农村劳动力从农业边际生产率更高的第二、第三产业发展中获得更高的收入，进而变农民消费为市民消费，对工农业产品和服务等形成巨大需求。一般而言，人口城镇化率每提高1个百分点，就会有1300多万人口从农村转入城镇，就会增加城镇公共服务需求。一是要以棚户区和城

中村改造为突破点，增强城市运行的包容性、协调性和安全性，进一步提升城市综合体的综合承载能力。二是采取更加积极的政策措施，创造更多的就业机会，吸纳农村外出劳动力在城镇实现就业，尤其是中、西部地区城镇更要通过承接产业转型和产业园区建设来增加就业机会，吸纳更多的农村劳动力返乡就业创业。三是建立农民和农村非农产业向中心镇及其邻近社区集中的推进机制，加快推动城镇及其邻近社区公共服务均等化。城乡统筹的基础设施、公共服务设施、社会化服务设施应重点向中心镇及其临近社区布局，以增强城镇吸纳农村劳动力定居的能力。四是增加金融资源供给，强化涉农商业银行的服务功能。鼓励现有商业性和政策性银行在中心镇设立各自的分支机构，强化其作为中小银行的支农服务功能，可在一定的信贷额度内向农村劳动力提供就业创业扶持贷款；根据特殊农业产业发展的需要，农户或种植户可以凭借其农地产权、金融机构授信资源申请贷款，明确抵押条件及贷款用途，可以根据需要适当延长贷款期限，并实行相对优惠的贷款利率。

## 6.2　省级层面的农村劳动力转移对策

随着产业转型对农村劳动力区域转移的影响程度加深，农村劳动力转移现象将呈现多样化的特点，这就导致不同省份在农村外出劳动力服务管理方面面临的具体问题不一而足。概观农村劳动力区域转移流动现象，省级层面的农村劳动力流动主要包括省内流动和跨省流动，这种现象在多数省份都是如此，只是流动的规模大小不一而已，中、西部地区跨省流动规模远大于东部地区。无论是东部地区还是中、西部地区，无论是过去，还是现在和将来，农村劳动力转移流动现象仍将继续存在，农村劳动力转移已由管理转向了服务管理并重的新常态。而且，国家层面已高度关注农民工问题，并纳入加强和创新社会管理的工作范畴，这对促进农村劳动力有序转移赋予了更多的要求和内容。

由于行政管辖权因素，省级层面的对策建议主要是做好流入本省的农村劳动力服务管理工作，这就是对其他劳动力流出省份的贡献，尤其是对东部省份而言更是如此。同时，农村劳动力跨省流动的服务管理工作也是省级层面政策措施应该考虑之列，主要是作为流出地（转出地）做好一些支持性的服务工作，便于在农村劳动力流动方面开展省际合作，共同做好农村外出劳动力服务管理工作。当然，这一层面的对策建议要求针对性更强、操作性更具体的特点。

### 6.2.1 转变农村外出劳动力的服务管理理念

认清目标和路径是深化农村劳动力服务管理的基础，特别是在当前农民工[①]基本公共服务均等化的政策环境与制度环境发生变化的新形势下，更需要在宏观整体上解放思想、转变观念。新时代推进农村劳动力服务管理应该更具人本色彩，这对传统的农民工管理模式提出了挑战，首先表现在服务管理思想上的更新转变。

地方各级政府部门和流动人口服务管理专兼职人员应当认识到：现阶段大规模、跨地域的农村劳动力流动，是市场经济发展的历史必然，也是区域经济社会又好又快发展的必要条件之一。当前，在加快经济社会又好又快发展的背景下，加强农民工服务管理工作已成为城市经济发展和社会稳定的重要环节，必须将农民工纳入城市社会管理之中，探讨农民工服务管理的长效机制。

#### 6.2.1.1 提高对农民工尤其是跨省流入农民工服务管理重要性的认识

地方政府应定期组织深入学习中央有关农民工及流动人口文件精神，深刻领会"三个代表"重要思想、科学发展观和新时代中国特色社

---

① 前面概念界定部分就已经说明，本书研究中使用的"农村外出劳动力"和"农民工"在内涵上一致，均是指处于流动状态的进城农村劳动力。在此，出于表述的需要，本书研究有时使用"农民工"一词替代"农村外出劳动力"。特此说明。

会主义思想在农民工服务管理工作中的具体体现，正确理解和处理农民工与城市发展的相互关系，进一步提高农民工服务管理重要性的认识。

### 6.2.1.2　举办专题培训讲座，转变基层专职管理队伍的思想观念

县级人民政府应定期组织农民工服务管理干部进行专题培训，使基层社区干部和工作人员转变对农民工服务管理的思想观念，真正把社区（街道办事处、乡镇）作为农民工服务管理的主阵地和主战场。

### 6.2.1.3　探索农民工服务管理的新模式和新途径

坚持以"管理为基，服务为先"的原则，把农民工服务管理工作业绩纳入政府政绩考核指标之中，纳入国民经济和社会发展规划，所需经费纳入本级财政预算，探索农民工服务管理的新模式和新途径，体现责任政府和服务政府的基本职能，逐步形成各地农民工服务管理的新格局。

## 6.2.2　理顺农村外出劳动力的服务管理体制

面对当前农民工服务管理的新形势，政府部门必须树立"大人口"意识，完善农民工服务管理体制，创建一个与经济社会文化发展、城市转型要求相适应的专业化、社会化、网络化、高效化的农民工服务管理体制，这样才能真正实现由管理向服务的转变。

### 6.2.2.1　充实和完善农民工服务管理机构的综合决策机制

1. 建立健全地（市）级农民工服务管理工作领导组织及其常设机构①

切实加强党委政府对农民工服务管理工作的统筹协调，鼓励各地（市）级党委和政府设立本级农民工服务管理工作领导组织及其常设机构，指导和监督本级及县级农民工服务管理工作。

2. 完善县级以上农民工服务管理常设机构的工作职责

通过完善工作职责，加强农民工计划生育、居住证管理、就业创

---

① 这一类农民工服务管理机构也可以称为"流动人口服务管理机构"。在实践中，各地在机构名称方面略有不同，但具体职能的大方向相似。

业、教育培训、医疗卫生、社会保障、出租屋管理、保障性住房等方面政策制度的衔接和协调，制定和完善农民工服务管理的相关公共政策，形成部门协同推进农民工服务管理的工作机制。

### 6.2.2.2 完善农民工服务管理的组织建设

1. 完善县级农民工服务管理机构，明确考核标准

在地（市）级农民工服务管理工作领导机构的领导下，健全县级农民工服务管理组织机构，明确县级农民工服务管理组织机构的工作职责，加强县级农民工服务管理领导机构的组织建设，配足相应的人员编制，完善具体的工作职责和绩效考核体系。

2. 健全街道办事处（社区①、乡、镇）管理服务机构和工作职责

街道办事处（社区、乡、镇）是农民工服务管理工作的基层组织，要完善街道办事处（社区、乡、镇）服务管理定位和职能，实现政府服务管理职能的重心下移。本书研究认为，可在街道办事处（社区、乡、镇）组建农民工服务管理中心。由于管理重心下移和职能下放，农民工服务管理部门正职和副职纳入公务员序列管理，按照权职一致原则明确相应的工作职责，同时按照 3000:1 ~ 5000:1 的比例设置专职管理岗位，其工作人员纳入事业编制考核，同时建立相应的晋升机制和考核机制，可根据其业绩和工作年限转入公务员系列。健全农民工服务管理目标岗位责任制，严格对相关服务管理人员的考核和奖惩，提高服务管理人员工作积极性和责任感。农民工服务管理部门可组织开展本街道办事处（社区、乡、镇）涉及农民工居住证、出租房屋管理服务的信息登记事务和日常管理；提供出租房屋信息介绍服务；建立和维护职业介绍、岗前培训教育和安全卫生管理服务网；受理维护农民工合法权益投诉和计划生育等基本公共服务具体事务；负责农民工社会保险及社会救济等社会保障工作的实施；负责指导、督促社区流动人口协管员开展工作；负责开展与农民工服务管理有关的其他工作等。农民工服务管理中心应

---

① 在此专指类似于基层城市管理体制改革后的社区，即撤销街道办事处后设立的新型社区。

为街道办事处（社区、乡、镇）农民工服务管理工作的专职组织，地（市）级、县级农民工服务管理目标任务和管理责任考核至街道办事处（社区、乡、镇），其辖区内的农民工服务管理站及工作人员、协管员主要是辅助管理。

3. 组建社区（或村）农民工服务管理站

街道办事处（社区、乡、镇）的社区①（或小区）或村可以考虑设立农民工服务管理站，站长由社区（村）主任兼任，工作人员由社区民警和社区（村）居委会工作人员及协管员组成。社区（村）农民工服务管理站侧重在街道办事处（社区、乡、镇）农民工服务管理中心及街道办事处（社区、乡、镇）有关部门的指导下负责登记采集农民工家庭、居住证办理、出租房屋等基本信息；负责签订出租房屋、用工单位治安和卫计责任书，督促房主、业主落实管理责任；入户宣传各级政府有关流动人口的服务管理政策，做好相关政策的宣传教育和咨询工作。

### 6.2.2.3　探索和完善流动人口自治组织管理的机制

自治组织作为非正式组织，本身具有一定的服务管理职能。因此，可以根据各地实践需要成立农民工互助服务中心，作为农民工自治管理的组织载体和民间组织，并将农民工互助服务中心（或非营利组织）纳入城市社会统筹管理幅度之内，引导并发挥其应有的积极作用。

1. 创新农民工自治管理机制，实现服务管理工作转向主动介入

一是建立健全组织体制。农民工互助服务中心接受街道办事处（社区、乡、镇）农民工服务管理组织的指导和引导，组织体系完全由农民工自愿组建，由热心公益事业的农民工志愿者任互助服务中心成员。二是建立健全培训机制，加强对互助服务中心负责人定期的培训和教育。三是完善管理制度。进一步完善互助服务中心工作内容、工作制度、自治公约等指导性文件。四是统一硬件设施。投入一定的经费统一互助服

---

① 在此的社区与基层城市管理体制改革后的社区不同，主要是街道办事处（乡、镇）管辖下的社区或新型社区管辖下的住宅小区或居住小区。

务中心标牌，统一互助服务中心成员办公设施，主要文体用品全部到位。通过以上措施，实现农民工服务管理工作前移，主动协助配合政府部门开展各项服务管理工作。

2. 完善农民工自治形式，充分发挥农民工自治、自律、他律、互律作用

一是组建农民工治安小组。自觉举报非法行医、无照经营、非法传销等安全隐患和违法行为，自我开展预防煤气中毒宣传检查、防火防盗、安全生产等安全防范工作。二是建立农民工纠纷调解小组，形成县级农民工服务管理机构、街道办事处（社区、乡、镇）农民工服务管理中心、农民工互助服务中心三级矛盾调解机制，为农民工提供反映合理诉求的渠道，将各类社会矛盾纠纷化解在基层。

3. 扩展农民工自治途径，确保农民工互助服务中心规范发展

一是建立农民工志愿者协会。动员和组织农民工参与各项公共事务管理，积极参与各项安保、日常巡逻、文明宣传等社会面治安防范工作，形成社会管理"人人参与、人人共享"的良好局面。二是构建农民工信息报送渠道。一方面要求农民工在接受服务的同时主动申报个人情况变化，另一方面要求农民工发现问题及时报告，成为基层服务管理力量的有效补充。三是完善农民工党团建设工作。各社区可在条件成熟的农民工互助服务中心建立"农民工党支部""农民工团组织"，通过完善管理机制，强化流动党员的纵向联系；创新教育培训机制，让流动党员形式散而心相连；依托流动党员之家、零距离对话，定期开展活动，走进流动党员心中，充分发挥流动人口党员先锋模范作用，探索"以党的组织为阵地、以群团组织为配套、以志愿组织为补充"的农民工自治管理途径。

4. 加强农民工服务管理的部门合作，共同完成社会管理目标

积极加强街道办事处（社区、乡、镇）农民工服务管理机构与互助服务中心等自治组织的合作，挖掘农民工自治组织的组织优势，共同完成社会管理目标。促进农民工融入社区，把代表农民工利益的自治组织

体系纳入城市社会管理体制，使农民工服务管理的正式组织和非正式组织各自发挥其应有的积极作用。街道办事处（社区、乡、镇）农民工服务管理组织与自治组织应通过互帮互助增强农民工的社会资本。

农民工互助服务中心等自治组织立足自我服务、自我管理、自我教育，加强社会管理资源的整合，并日益成为党委政府引导、农民工自愿参与的互助服务管理平台，成为鼓励和带动农民工积极参与城市社会建设和社会管理的重要途径，成为各地创新农民工服务管理、推进社会管理创新、构建社会管理新格局的重要实践和有利探索。

### 6.2.2.4 加强农民工服务管理的公务员队伍建设

良好的服务管理制度和社会秩序最终要靠敬业度较高的公务员[1]（含专职管理人员）队伍来执行和维护。公务员队伍是农民工服务管理制度得以有效执行的重要保证，是加强和创新社会管理的需要。

1. 完善行政行为责任制和过错责任追究制，建设公正的公务员队伍

实现依法行政的手段之一，就是将农民工服务管理的目标、职责、要求、权责细化到农民工服务管理的具体工作岗位和工作人员，纳入相应的目标考核制度，结合目标考核决定相应的等级，不同等级的公务员或者无定级的专职管理人员之间，在岗位聘任、奖励评定、职位晋升等方面逐步实行系统内部差别制，激励公务人员公平、公正、公开行政，严惩行政不作为，惩治"懒人"和"庸人"。

2. 在公平行政的同时，推行人性化的行政行为，建设文明的公务员队伍

"人性化行政"是依据正当的行政程序进行非歧视的、理性化的、社会化的服务管理行为，将农民工服务管理制度的原则性和灵活性结合起来，最大限度地追求服务公正与管理效果的统一。在实际行政过程中，公务人员应把"依法、理性、为民、亲民"理念放在首位，贯穿于

---

[1] 这里的公务员是指列入公务员序列的地（市）级、县级、城市社区的农民工服务管理人员。

服务管理全过程，倡导文明行政、热情行政、理性行政，使农民工服务管理行为成为传播城市文明的载体，树立依法行政的良好形象。同时，通过加强对公务人员的监督和管理，使公务人员的行政行为更全面、更合理、更有效。

### 6.2.2.5  完善农民工服务管理的协管队伍

街道办事处（社区、乡、镇）农民工服务管理中心根据需要招聘协管员以弥补服务管理中心在管理岗位和工作人员的不足。

1. 配足做实协管员，完善工作职责和考核标准

经费充裕的街道办事处（社区、乡、镇）可按 500：1 的比例（经费相对比较紧张的乡、镇可按流动人口 600：1～800：1 比例）配足做实协管员队伍，其工作待遇由县级农民工服务管理机构统筹安排；制定和完善协管员的工作职责和考核标准，做到协管员服务于农民工和基层社区。街道办事处（社区、乡、镇）农民工服务管理中心的协管员可由本地户籍居民兼任，也可由互助服务中心负责人或具有责任心和正义感的农民工兼任。

2. 加强对农民工协管队伍的教育、培训和管理，提高协管队伍的政治素质和业务技能

协管员在街道办事处（社区、乡、镇）农民工服务管理中心的组织下，协助服务管理中心和街道办事处（社区、乡、镇）有关部门做好农民工服务管理，主要负责宣传政策、信息跟踪、居住证办理、出租房登记管理、就业信息传递和免费卫计服务咨询等，全面落实服务管理措施。同时，动员和组织社区治保组织、治安志愿者、物业管理人员、保安联防人员等参与农民工服务管理，构建广泛的社会化网格化管理网络。

## 6.2.3  创新农村外出劳动力的服务管理模式

按照"公平对待、服务至上、合理引导、完善管理"的原则，把农民工服务管理工作纳入本地国民经济和社会发展规划，特别是结合新型

城镇化建设和户籍管理制度改革的需要，探索和创新"以房管人、以业管人、以证管人"等类似的农民工服务管理新模式，着力提升各地农民工服务管理整体水平。

### 6.2.3.1 实施"以房管人"的居住模式

居住管理是农民工服务管理工作的切入点和突破口。将现有农民工服务管理与出租屋管理相结合，建立出租屋数据库，提供基础性信息数据。根据各类出租屋的不同情况和特点完善不同的居住管理模式，明确房东、业主或用工单位的管理责任。结合各地有关农民工或流动人口服务管理的地方法规，全面推行居住登记和居住证制度，强化出租屋暂住人口登记和管理。

1. 以出租房屋为基础，健全农民工出租房屋的管理机制

街道办事处（社区、乡、镇）农民工服务管理中心要把出租房屋列入工作视线内，实施管理责任制，配齐专职管理人员，专职管理人员工作重心要前移到出租房屋，对外来人员可能落脚的出租房屋严格管理；各个街道办事处（社区、乡、镇）可根据实际需要设立出租房屋管理站，社区民警或责任区民警等人员任站长。专职管理人员和协管员要随时上门采集农民工流动信息，每半个月必须对所包片的出租房屋走访登记一遍，及时掌握农民工居住动态，由专人将农民工及其出租房屋的信息进行录入，全面掌握农民工及出租房屋情况；社区民警要改变工作方式，严格按照责任区分片包干、分类管理，建立一户一档，并按照出租户类型每月定期或不定期进行走访。

2. 探索建立出租房屋业主的管理体制

明确出租房屋业主的责任，继续坚持"谁出租谁负责，谁留宿谁负责"的原则，凡出租房屋的单位和个人，都必须在承租人来去一周内向社区（村）报告承租人的信息并登记备案；街道办事处（社区、乡、镇）要同出租房屋业主签订治安责任书，明确出租房屋业主的治安责任，要求该办理的房屋租赁许可证等都要按规定办好；出租房屋业主要了解承租人的从业情况，并定期做好跟踪调查和回访；严格奖惩制度，

对于遵纪守法的出租房屋业主要给予表彰鼓励，对于违法或知情不报，不履行义务的出租房屋业主要加以处罚；依法取缔非法的房屋中介组织，建立健全房屋租赁的监督制约机制，规范出租房屋管理，把农民工出租房屋管理工作纳入规范化、法制化轨道；大力加强规范宾馆、旅社、个体旅店、房屋出租户的治安管理，健全住宿登记制度，落实治安责任；切实掌握每一个租住人员的情况和变动信息，重点掌握身份不明、收入不稳定、无工可做、昼伏夜出、经常换址及有劣迹、有违法犯罪嫌疑等租住人员的情况，实施有效的跟踪管理。

### 6.2.3.2  完善"以证管人"的服务模式

实行农民工居住登记和居住证制度，树立"服务＋管理"的工作理念，转变管理模式。健全居住证制度，以居住证为依托统筹农民工现居住地的登记管理、社会保障和公共服务，把办理居住证与就业服务、工商登记、创业扶持、社会保障、子女教育、计划生育、证照办理、社会救助等公民权益结合起来，不断扩大农民工享受政府提供的公共服务项目，以充分发挥居住证的公共服务和公共管理两个功能，让农民工与具有城市户籍的人口共享城市发展的成果，让农民工对城市更加认同，更具有归属感。因此，需要从农民工居住登记和居住证办理的每个环节入手，以效率促管理，向管理要效率。

1. 完善居住证办理的服务机制

对农民工居留比较集中的聚集地和用工企业，设立"办证点"（可作为相关居住证政策宣传的窗口）或"联络站"，设立"亲情联系"机制；对农民工相对比较分散的地方，可以通过协管员进行新增外来流动农民工的登记，协助做好农民工服务管理。同时由社区民警带领专职管理人员推出"集中办证""送法送证上门""预约办证""一站式服务""亲情联系卡"等一系列的便民服务措施，进一步掌握农民工流动及变动情况。

2. 加强农民工居住信息服务管理

以抓农民工"变动率"为工作中心，要求专职管理人员和社区民警，按照"社（村）不漏栋、栋不漏户、户不漏人、人不漏项"的要求，对辖区开展细致摸底，并按照卡册详细采集有关信息；以"户核"的方式，有重点、有针对性地弥补和修正各类信息，重点是新流入或短期流动的农民工，将完整、准确的信息及时录入农民工（或称"流动人口"）综合信息管理网络系统，并随时维护，确保信息全面、准确、动态，实现信息资源共享。

3. 有效提高出租房屋的农民工办证率

对农民工出租房屋实行旅店式管理，由公安机关统一印制《出租房屋管理登记表》或类似表格发放到出租房业主或房屋租赁中介机构手中，由出租房屋业主或房屋租赁中介机构对出租房屋承租人的基本情况进行登记，并负责督促承租人及时登记并办理居住证，跟踪检查其办理情况。专职管理人员和社区民警定期对社区出租房屋进行随机检查，对不按规定登记办理居住证的承租人签发《催办通知书》，责令定期办证，并将这类农民工纳入"重点"对象，纳入常态化服务管理。

4. 升级居住证的公共服务功能，建立梯度累进的公共服务享受机制

依托于居住证逐步升级的公共服务获得过程正是农民工市民化的过程。居住证制度改革的核心是通过赋予其较高的公共服务功能来引导农民工积极主动办理。持居住证的农民工除了享有各地法律法规规定的居住证持有人应该享有的权益外，可根据持证时间的长短、从业与社保缴费及遵纪守法情况等，享受逐步升级的市民待遇，优先享有承租政府提供的公共租赁住房，优先获得公益岗位，优先享受政府就业服务和职业培训，优先保障子女在本地公办学校就学和异地高考，优先享受政府保障性住房供给等。

5. 完善公安机关参与"以证管人"的体制机制

发挥公安机关在"以证管人"模式中的优势，在地（市）、县两级农民工服务管理机构的领导和支持下，探索公安机关、街道办事处（社区、乡、镇）农民工服务管理中心与其他相关职能部门合力共建"以证管人"的协调机制，力争实现农民工服务管理的新突破。第一，积极与当地卫计、人社、民政、工商、妇联、民委等部门齐抓共管，互相策

应，做到多管齐下，综合治理；第二，加强与农民工原登记地的联系，争取农民工原登记地公安机关的配合，实现对农民工的双向管理和信息共享，做到"流出有组织，流入有管理"；第三，加大对用工单位的管理，用规章制度约束用工单位把好"用人关、教育关、管理关"，如果用工单位违反规定雇用诸如无居住证、身份证等证件的外来劳动力，公安机关应给予用工单位严厉处罚，罚没收入用于所在社区的农民工服务管理；第四，增强公安机关服务意识，做到服务与管理并举，让那些有正当职业的农民工有"入城为安，视城为家"的感觉，成为各级城市"新市民"；第五，根据市场经济发展需要和农民工服务管理工作特点，补充和完善相关的服务管理措施，把农民工纳入法制化、规范化、制度化的管理轨道。

### 6.2.3.3 全面落实"以业管人"的就业模式

健全农民工就业服务管理制度，以用工单位为重点加强农民工就业地点的服务管理，按照"谁用工谁负责"的原则，落实用工单位的服务管理责任，严格落实用工单位农民工信息报送制度，保护农民工就业的合法权益。

1. 加强农民工就业创业的分类管理

以建设一批示范性的农民工服务管理中心（站）为抓手，推动"各级政府主导、相关部门各司其职、街道办事处（社区、乡、镇）具体组织实施、用工单位协助"机制的落实；按照"人来登记、人走注销"的原则，采取"旅业式""物业式""单位自管式""散居包片式"等管理方法，要求暂住一个月以上的农民工必须办理居住证，使农民工通过居住证实现就业创业。

2. 严格落实用工单位负责制，加强用工单位自主管理

按照"谁用工谁负责"的原则，依托用工单位，严格落实用工单位负责制，加强用工单位自主管理。每个用工单位指定一名兼职管理员负责本单位农民工的登记、办证、教育等工作，做到"用人登记、人走销户，每月统计、逐月上报"，使社区民警（责任区民警）和专职管理人员能够及时掌握用工单位农民工动态情况。各级工会要主动介入农民工

组织，用工单位可根据农民工需要建立农民工工会，使之成为维护农民工合法权益的自治组织和用工单位自主管理的辅助组织。

3. 明确社会组织及服务场所的服务管理责任

对雇用留宿外来人员的企事业单位、个体工商户、商场、成建制劳务队伍、教育培训机构等社会组织以及具备住宿条件的公共娱乐服务场所，农民工服务管理中心（站）将督促和帮助这些用工组织的负责人建立农民工从业信息、治安管理组织，并明确协管员，负责农民工就业信息的登记报送工作，并与专职管理人员共同负责。

4. 加强农民工从业技能培训及其他培训等就业创业服务，提高其从业能力

农民工服务管理中心（站）组织人社等其他相关部门，加强对农民工的就业创业能力培训，加强劳动职业技能鉴定，对考核合格者发放职业技能证书，并作为办理城镇非农业户口的优先条件。加大劳动维权力度，使他们享受基本的就业服务，进而增加经济收入和就业稳定性，享受劳动维权、定期体检、司法援助、社会救助等服务，提高农民工市民化程度。人社部门要通过用工招聘会、春风行动、劳务合作、人才引进等平台，免费为农民工提供岗位信息、政策咨询和职业指导等基本就业公共服务，积极引导农民工有序流动。

## 6.2.4 搭建农村外出劳动力的服务管理平台

### 6.2.4.1 构建省级农民工综合信息管理网络系统①

1. 完善各级农民工综合信息网络系统

充分利用大数据技术优势，以合理足额的经费保障为基础，地

---

① 从实践来看，也可与各省（市、区）的流动人口信息系统联合和扩容，在名称上可称为"流动人口综合信息管理网络系统"或"农民工综合信息管理网络系统"，二者在信息管理内容方面基本一致。

（市）级政府部门可按照"统一规划，统一标准，联合共建，数据共享"的原则，依托电子政务外网和大数据平台，建立纵向连接各区（市、县）、街道办事处（社区、乡、镇）和站（村）、横向连通各相关部门的农民工综合信息管理系统，在地市级农民工综合信息管理系统基础上建立健全省级农民工综合信息管理系统，实现部门/地区之间的信息资源共享。

2. 完善农民工统计制度

以综合信息管理系统为基础，完善农民工重点监测和统计报表制度，整合关联度高、重复性强的调查内容，减少不必要的报表、调查指标，规范调查频率；加大农民工数据统计的培训力度，提高基层统计队伍的统计能力和职业素养；完善农民工数据采集和统计工作流程，严把数据源头关。总之，通过协调机制加快建设集农民工房屋租赁、税收征管、治安管理、就业创业、计生服务、社会保障、子女教育等多功能的综合信息平台，作为政府农民工决策的基础，不断提高信息应用水平和信息管理效能。

### 6.2.4.2　建设农民工综合社会协作平台和分类服务管理平台

1. 建设农民工综合社会协作平台

各级政府按照信息共享、资源整合、优势互补的原则，由地（市）级农民工服务管理领导机构牵头，通过农民工综合信息管理网络系统整合劳动就业、公安、卫计、住建、工商、税务、人社、教育、民政等职能部门涉及农民工的信息资源，加强部门协调配合，建立跨部门、跨系统的农民工服务管理协作机制，将地（市）级农民工综合信息管理网络系统建设成为各部门/各区域的社会协作平台，提升农民工综合信息管理水平。

2. 建设农民工分类服务管理平台

以农民工综合信息管理网络系统为基础，根据农民工服务需求分类实施服务管理，建设农民工分类服务管理平台，并及时加强宣传、定期随访、提供咨询、跟踪服务和重点管理，使农民工享受到均等化的基本公共服务。

### 6.2.4.3  健全镇级农民工服务管理"一站式"工作平台

1. 加快健全街道办事处综合服务平台，保障农民工合法权益

按照加强和创新社会管理的要求，结合"上面多条线，社区一个站"的管理原则，充分发挥群众组织和社会组织的协同作用，利用地（市）级农民工综合信息管理网络系统，加快在街道办事处（社区、乡、镇或农民工聚集地）建立综合服务平台，作为镇级农民工服务管理的"一站式"窗口（依托在镇级农民工服务管理中心），简化程序、一沉到底，提高农民工服务管理的综合效能；完善基层农民工服务管理功能，将镇级农民工服务管理的"一站式"窗口创建成为各级政府服务管理工作的平台和窗口，有效整合政府部门和社会单位的基本公共服务内容，农民工持居住证到指定社会单位、职能部门，可直接享受相关的各项权益。

2. 配备镇级"一站式"窗口服务管理人员

充分按照"一岗多责、一专多能"原则配备镇级"一站式"窗口服务管理人员，纳入街道办事处（社区、乡、镇）农民工专职管理人员队伍，并将政府各部门在街道办事处（社区、乡、镇）的服务力量整合到镇级农民工服务管理"一站式"窗口，为农民工（甚至城镇居民）提供证照办理、房屋租赁、就业指导、个体户工商登记、社会保障、教育培训、医疗卫生、计划生育和信息采集等综合服务，实现基本公共服务重心下移街道办事处（社区、乡、镇）和站（村）。

3. 完善镇级"一站式"窗口服务管理人员考核标准

地（市）级农民工服务管理领导机构要制定有效的考核标准，将农民工"一站式"服务质量纳入县级政府和街道办事处（社区、乡、镇）农民工服务管理中心和专职管理人员年度社会管理工作的考核内容。工作成绩突出的应予以表彰奖励，存在问题的单位应限期整改，对不适应岗位的专职管理人员，可以提出意见责令聘请部门予以调整或按照有关规定予以辞退。

## 6.2.5 完善农民工子女教育服务机制

加快农民工子女教育体制改革，推行"现居住地"教育模式，让农民工子女与户籍儿童一样享受同等的教育资源和教学质量，确保农民工子女能够享受最基本的教育公共服务。

### 6.2.5.1 完善农民工子女教育的升学考试机制

在现行户籍制度制约的前提下，以"现居住地"模式改革农民工子女升学考试制度，解决农民工子女在现居住地初中、高中衔接教育问题。

1. 建立农民工子女学籍档案网络管理制度

督促承担义务教育阶段的城镇中、小学校要健全农民工子女入学教育全过程电子档案，学生电子档案能够在特定条件下联网查询，电子档案作为农民工子女在城市参加初中升学的主要凭证，办理居住证并在现居住地连续就读初中两年以上的农民工子女可在现居住地参加中考升入高中，享受现居住地户籍人口同等的教育基本服务，高中连续在现居住地就读三年的农民工子女可就地参加高考。

2. 开放农民工子女职业技术教育

采取积极措施鼓励农民工子女在现居住地接受中等、高等职业技术教育，这可作为缓解农民工子女在城镇就读初中、高中衔接困难以及进行农民工子女职业培训的一个可行办法。

### 6.2.5.2 健全公立学校向农民工子女开放的运行机制

1. 完善各级政府义务教育资金投入体制

根据相关的法律法规要求，健全省、市、县级政府基础教育成本分担机制，明确省、市、县财政投入责任，通过财政转移支付逐步形成"省级统筹、市级补贴、县级为主"的义务教育资金投入体制；地市级人民政府在上级政府财政安排下，予以相应比例的配套资金，改善城市公办学校的办学条件，以包括农民工子女在内的全部学生为基数的生均经费标准核拨办学经费，把农民工子女教育纳入地（市）级人民政府义务教育实施规划的范畴。

2. 探索农民工子女在现居住地参加中考、高考的运行机制

开放城镇公办义务教育学校，让符合条件的农民工子女就近就读，并将农民工子女就地参加中考纳入公办义务教育学校的一项考核指标；各级公办高级中学要根据政府教育发展规划安排，开放教学资源和改善办学条件，接纳在本地就读且参加中考升学的农民工子女，并将农民工子女纳入公办高级中学生均等指标的计算范围，逐步过渡到农民工子女在现居住地根据有关要求参加高考。

3. 根据城镇条件制订农民工学龄前子女入幼入托规划

在条件许可的情况下，县级人民政府可参照农民工子女义务教育的操作方法把农民工学龄前子女纳入本地幼教发展规划之列，享受户籍人口子女入幼入托的相应政策待遇，对城镇公办幼儿园可将农民工学龄前子女入幼入托作为考核指标之一。

### 6.2.5.3  完善城镇民办学校的运行机制

1. 健全利益引导机制，改善民办学校办学条件

探索建立民间资本投资办学的利益引导机制，出台相关财政补贴及其他优惠政策，鼓励和引导民间机构投资办学，改善民办学校办学条件；加强民办学校业务指导，完善办学考核标准，逐步将公办学校办学准入标准引入民办学校办学考核标准，提高民办学校办学水平。

2. 加强民办学校教学环节管理

加强民办学校教学运行的监督检查，重点检查民办学校的师资队伍建设、教学收费审计和教学质量管理，及时发现和解决民办学校运行中出现的难点问题和突出问题，保障农民工及其子女的教育权利。根据政府教育发展规划，鼓励农民工子女到民办学校就读，并享受公办学校学生享受的评优评奖、入队入团及其他的入学升学待遇，保证农民工子女享受异校同质的教育基本公共服务。

## 6.2.6 构建农民工服务管理支持体系

### 6.2.6.1 全面推进农民工计划生育基本公共服务均等化工作

认真总结各地计划生育基本公共服务均等化试点工作的经验，在全省区域内推进农民工计生基本公共服务均等化工作。

1. 计生技术服务均等化

依托人口计划生育服务机构，指定专门的县级医院进行试点，使流动育龄妇女获得计生手术免费服务，并提供相关证明材料；确保流动育龄妇女在现居住地按规定免费享有孕情环情等项目检查及服务；做好流动育龄妇女孕期随访，积极为外来孕产妇提供温馨、舒适、便捷的随访服务并做好档案记载管理工作，落实住院分娩、B超检查、计划生育手术等实名登记报告制度，实现规范化、网络化管理。

2. 宣传倡导服务均等化

大力开展优生优育科普知识宣传讲座和普及工作，联合科技、教育等相关部门积极开展不同类型的以关爱农民工为主题的宣传服务活动和咨询服务；积极组织开展婴幼儿早期启蒙教育，制作和发放免费宣传品，结合婚育文明进万家活动等形式普及人口和计划生育政策法规以及优生优育、生殖保健科普知识。继续做好宣传倡导，防止和打击"两非"行为，保证母婴安全。要加大生殖健康科普宣传力度，为农民工提供与户籍人口同等的生殖健康咨询和随访服务。

3. 生殖保健服务均等化

联合卫生等部门使流动育龄妇女在现居住地免费获得优生优育、生殖保健、出生缺陷干预、免费婚检、孕前优生健康检查等咨询服务，可采取发放咨询卡片的形式，每年至少接受2次以上生殖健康检查、免费婚检等咨询服务，保证流动育龄妇女根据自己的时间安排享受该项服务。

4. 奖励优待服务均等化

落实人口计生及其他政策文件规定的流动人口计划生育服务和奖

励、优待政策。开展生育关怀救助活动，完善流动育龄妇女住院分娩救助制度，并逐步提高救助标准；加强人口计生和相关政策的衔接，不断完善流动人口计划生育政策，把流动人口计划生育作为完善计划生育利益导向政策体系的重中之重，让农民工享受到应有的"奖、优、免、扶、保、助"等方面的优惠政策，使农民工获得现居住地基本公共服务。

5. 婚姻生育服务均等化

明确民政等部门的工作职责，为持居住证的农民工出具婚姻证明，保护合法婚姻；政府相关部门要宣传生殖健康知识和性行为知识，做好性病等传染病防治；卫生部门及相关机构为在现居住地生活并持居住证的农民工出具婚检生育证明，做好生育全过程跟踪和新生儿出生缺陷干预；人社等部门要将已婚女性农民工纳入生育保险范围，并监督用工单位推行生育保险以及企业对女性农民工生育期的生活补贴和工资补贴。

### 6.2.6.2 完善社会保险与劳动保障基本公共服务，切实保障农民工劳动权益

人社等部门要完善农民工社会保障制度，确保农民工参加社会保障制度的强制性。凡进城稳定就业的农民工，用工单位和农民工都必须按照有关政策要求办理居住证并规定参加社会保障，履行缴纳相关社会保险费的义务。

1. 完善机制保障女性农民工参加生育保险

保障女性农民工按规定参加生育保险，农民工在现居住地施行计划生育手术的，享受与本市户籍人口同等的休假等待遇，并由人社部门及社区农民工服务管理中心监督用工单位执行。

2. 实行强制性工伤保险制度

农民工工伤保险制度由用工单位缴费，按照城市户籍职工工伤保险制度的有关规定执行，保障遭受工伤或患职业病的农民工获得与城镇职工一样的医疗救治和经济补偿。

3. 保障农民工参加医疗保险

探索农民工住院医疗保障制度，可建立农民工大病医疗的社会统筹账户；凡是参加大病医疗费用统筹的农民工可持居住证及相关大病医疗卡到指定的医院就诊；完善医疗保险结算办法，为患大病后自愿回原籍治疗的参保农民工提供医疗保险结算服务或按规定将农民工医疗保险账户转移接续到农民工原籍，保证农民工连续缴费和医疗利益。

4. 完善农民工养老保险制度

实行城乡统一的养老保险制度，以身份证号码为基础发放社会保障卡或以居住证为基础完善社会保障功能，建立完全积累的个人账户，个人账户的所有权归农民工所有，农民工个人账户能够与职工基本养老保险制度、城镇居民社会养老保险制度或新型农村社会养老保险制度实现对接和转续；个人账户缴费由农民工和用工单位共同缴纳，以农民工的实际收入为缴费基数，费率由农民工和用工单位依有关法律协商决定。

5. 探索建立农民工失业保险制度

参照城镇职工失业保险制度制定不同缴费标准的农民工失业保险制度，使农民工失业后能够按规定享受同等失业保险待遇；农民工缴纳的失业保险金纳入以身份证号码为编号的社会保障卡，以便于失业保险资金的可携带和接续转移。

### 6.2.6.3 保护农民工合法权益，保障农民工劳动就业公共服务

1. 及时调处农民工社会纠纷，依法保护的合法权益

各级农民工服务管理中心要充分发挥调处农民工社会纠纷等矛盾的作用，消除农民工服务管理各环节对农民工的歧视现象，确立"以人为本"的服务管理理念，在人格尊严和社会地位上平等对待农民工。

2. 保障农民工法律援助和诉求表达渠道畅通

切实做好农民工维权服务工作，建立畅通的农民工法律援助和诉求表达渠道，严厉查处各类侵害农民工合法权益的行为，确保农民工"诉有所求，求有所解"，特别是要依法保护劳动者权益不受侵犯。

3. 加强劳动合同管理，保障农民工劳动就业公共服务

加快劳动法制建设，规范劳动合同管理，积极探讨农民工工资支付的监管机制，严厉惩处侵犯农民工合法权益和人身权利的事件；街道办事处（社区、乡、镇）农民工服务管理中心、工会、劳动执法、司法等部门要及时介入、调处纠纷，保障农民工合法权益；大力拓展纠纷调处、权益维护、职业培训、困难救助、司法援助等基本公共服务，拓宽服务渠道，为农民工提供各项基本公共服务。

### 6.2.6.4  采取多种途径完善农民工社会救助体系

1. 把农民工纳入现居住地社会救助制度的临时救助范围

可将持有居住证的农民工，在现居住地连续工作生活一年以上，且申请前连续在现居住地缴纳社会保险费超过一年的，因遭受疾病、意外事故、诉讼、失踪、死亡等突发情况，致使基本生活暂时出现较大困难的，可向居住证发放地申请临时救助。持居住证并在现居住地连续工作满五年且连续缴纳社会养老保险满五年的非本地户籍居民，家庭月人均收入低于或等于本市居民当年最低生活保障标准的农民工家庭，可依需求申请教育救助、医疗救助、就业援助、法律援助、殡葬救助；同时，享受临时救助及其他救助（援助）的农民工家庭有参加公益性劳动的义务，救助对象每月参加公益劳动时间应不少于四天。

2. 大力发展慈善事业，完善社会救助公共服务参与机制

要鼓励和支持民间组织、慈善团体、宗教组织和广大市民，通过义工服务、捐款捐物、告知引导和直接救助等多渠道、多形式参与社会救助工作。加强救助管理机构建设，对生活无着落的流浪乞讨人员实施临时救助，做好特殊季节的流浪未成年人保护和救助工作。

### 6.2.6.5  加强宣传教育，提高农民工权益意识和守法意识

1. 加强农民工基本公共服务均等化宣传工作

通过各种形式和渠道深入社区（小区、农民工聚集地）宣传计生服务、居住证办理、出租房管理、劳动合同签订、社会保险费缴纳、劳动权益保护、治安管理、社会救助等相关公共服务政策，使农民工了解自身相

关的劳动权利和社会责任，营造良好的社会管理氛围，使农民工在享受服务的同时配合管理，自觉地遵守法律，共同搞好农民工服务管理。

2. 加强农民工普法宣传，提高守法意识

加强政策法规宣传教育，尤其是加强《劳动合同法》等相关法律法规的宣传教育，充分利用广播、电视、社区（村委会）、用工单位、出租房屋业主、大学生社团组织等宣传基本公共服务政策，培养农民工的权益意识和法律意识，提高农民工自我保护能力和守法意识，增强他们的社会责任感。

## 6.2.7 推动农村土地流转制度改革，增加农村外出劳动力的金融资源供给

推动农村土地的资源物权化、产权资本化进程，促进土地资源向资本的转变。农地流转的前提和基础是确定土地产权，即确权。所谓确权就是明确农户及集体组织对承包地、宅基地、集体建设用地、农村房屋、林权等的物权关系。

### 6.2.7.1 确定农村土地的各项相关权利束

1. 准确界定农地的占有权关系

以"三权分置"为基础，确定农地的各项权属关系。在完善家庭联产承包责任制的基础上，突出农村土地的占有权（即承包权），即确定农民对农村土地的占有权和使用权（即经营权）问题，在此基础上使农户成为农村土地产权主体。

2. 明确农地的处置权归属

明确农户的农地处置权，包括转包、出租、互换、转让、入股（将土地承包经营权入股，从事农业合作生产）等权利，适当引导农民把行使土地处置权的重点放在出租、入股等土地流转形式上。

3. 重视农户的农地收益权

农地收益应在所有者（法律所有者、经济所有者）、占有者（承包

者）、使用者（经营者）之间分配，因此农地的生产收益分配、转让收益分配、投资收益分配及其他收益分配归劳动者本人及其家庭。

4. 明确土地产权的权属和边界，使农民（农户）成为农村土地市场主体

建立相应的农村产权交易机构，引入农业担保、投资和保险机制，使农民（农户）成为农村土地市场主体，平等参与生产要素的自由流动；充分发挥市场配置资源的决定性作用，建立归属清晰、权责明确、保护严格、流转顺畅的现代农村土地产权制度，为农地流转及其收益打下相应的产权基础。

### 6.2.7.2 培育农村土地有形市场，完善土地流转的市场运作

1. 完善土地承包权流转办法，规范土地流转行为

《土地承包法》以法律形式确认了有关农地制度建设的规范，而这是全国性的法律规范，还需要地方立法机构及政府在此法律框架下研究制定符合本地实际的、具有可操作性的土地承包权流转办法，以规范农村土地流转行为，稳定土地承包关系。

2. 完善农村土地流转程序，充分发挥和协调相关各方的作用

健全一套良性运行的土地流转程序，引导和规范土地流转市场，完善相关的管理体制；发挥政府的主导和协调作用，加强农村土地流转市场的引导和管理；农村集体组织要履行其应有的职责和义务，通过相关渠道向上级农地主管部门及时反馈农户的土地诉求和土地流转中出现的新情况、新问题，推动农地流转的健康有序发展。

3. 规范农户土地承包权流转

第一，土地流转要围绕中国特色的农业产业化及其粮食安全来进行，这是首要的原则；第二，正确处理国家（集体）与农户及土地流转主体之间的利益关系，合理调节各方的利益分配机制，保护各方的合法权益；第三，健全土地流转的跟踪服务和纠纷调解机制，强化农户承包经营权的合法性和规范性，建立土地流转管理与纠纷调解仲裁机构。

### 6.2.7.3　健全农村土地流转市场建设

健全土地流转市场体系，进行土地承包权供需登记，处理农地流转过程中各种利益关系，促进农地承包权在更大范围内合理流转。根据行政区域划分，可以筹建农村土地流转市场体系，即由村级土地流转服务站、镇（乡）级土地流转服务中心和县（区）级农村土地流转服务中心共同组成的三级农地流转市场体系。

1. 建立健全村级土地流转服务站建设

这一村级土地流转服务站可挂靠在村委会，也可视各地条件单独设立，并接受上级土地管理部门监督。

2. 完善镇（乡）级土地流转交易中心建设

镇（乡）级土地流转交易中心指导农地流转合同的订立，负责办理由土地流转而引起的相关合同的变更、解除、重订等，建立土地流转合同信息中心，调解农村土地流转争议等。该土地流转交易中心可挂靠在乡镇土地管理部门内部，按照或参照公务员制度来管理。

3. 探索建立县（区）级农村土地流转服务中心

该土地流转服务中心可设在县级土地管理部门内部；也可根据具体情况按土地公司模式运作，同时接受县级及以上土地管理部门的监督管理。县级农村土地流转服务中心要统一制定土地流转合同样本，同时制定农村土地承包经营权流转备案登记、资格审查、信息发布、档案管理、规模经营年审、投诉举报、收益评估、服务承诺、纠纷调处等配套制度，还可制定相应的县级农村土地承包经营权流转制度。

### 6.2.7.4　积极推动农地金融制度创新，为农户积累一定的金融资源

农地金融制度创新的路径在于农村土地流转制度，主要是土地金融机构模式。

1. 以土地作价入股的土地流转模式

通过土地股份这种土地流转形式，实现农村劳动力与土地的分离，使农户每年从土地入股中获取一定的收益，从而使其稳定非农就业，逐步实现向城镇转移。土地股份合作社可按照企业化模式来运作，通过办

理营业执照与获得法人资格参与农村市场经济建设。

2. 探索和创新土地金融机构模式

农地金融制度创新的关键路径在于土地金融机构模式。以土地使用权（即经营权）作为抵押贷款的融资手段，充分发挥土地的财产功能，将凝聚在土地上的呆滞资金转化为可流动的金融资本。农村劳动力通过土地承包权抵押贷款，获得非农就业、教育培训和城镇转移的资金支持，为农村劳动力转移后的城市融入提供一定的金融资源。发挥广大农民的创造性，结合各地实际尝试建立由合作性土地金融机构、商业性土地金融机构和政策性土地金融机构等组成的功能各异、层次互补、职能有别的农村土地金融体制，共同服务于农村金融制度和农业农村经济的发展。

## 6.2.8　加强跨省流动农村劳动力的服务管理工作

### 6.2.8.1　多方协力，积极开展省际协作

1. 通过多边协议开展跨省外出农民工计划生育服务管理以及劳动权益保护

在积极争取国家相关部委的协调、指导与监督下，通过省际间双方协议、多边协议和省际间基层协议，开展由地（市）级联谊指导、县级及以下农民工服务管理机构具体负责实施跨省外出农民工计划生育服务管理以及劳动者权益保护，服务跨省外出农民工的生育需求及社会救助需要。

2. 健全跨省外出农民工服务管理工作的目标责任制

省级、地（市）级农民工服务管理领导机构负责督促参与、协调监管和评估考核，制定协作规范，并将跨省外出农民工服务管理纳入县级农民工服务管理部门和负责人的目标责任制考核，明确职责，分级管理，对考核不合理的负责人按照有关法律法规和政策规定进行处理。

3. 加强对跨省外出农民工的合法劳动者权益保护

省级或地（市）级服务管理机构在本省农村劳动力流入比较集中的大、中城市设立农民工权益保护中心，该中心可设在本省驻该地的联络处（或联络办），主要职责是积极与本省农民工外出就业所在地服务管理部门或劳动监察部门协调、合作，并积极与在该地就业的本省农民工联系，为他们提供就业信息、社会救助和法律法规咨询服务，帮助解决劳务劳资纠纷，为本省跨省外出农民工提供劳动者权益保护。

### 6.2.8.2 加快劳动力市场建设及其信息化，建立稳定的劳动力输出基地

1. 加快农村劳动力流动的信息化进程

由县级人社、公安等部门牵头，建立县、乡（镇）、村三级农村劳动力流动信息电子档案，档案内容覆盖农村劳动力的基本信息、主要技能、务工经历及务工期望，做好农村劳动力资源库建设的基础性工作，逐步建立城乡一体的劳动力市场，并加快农村劳动力资源的信息化，便于与农村劳动力流入地相关部门进行信息核对。

2. 建立健全县级农村劳动力信息网

按照"四化"同步发展的要求，建立以县级为单位的农村劳动力信息网，并联结各级政府网站，把本县劳务政策、各地劳动力就业需求信息、创业信息通过互联网传送。

3. 健全劳务信息收集制度，构建农村劳动力市场信息网络系统

中、西部地区县级农民工服务管理部门联合人社等相关职能部门专职工作人员寻找劳务需求市场，关注经济较为发达的沿海地区、大中城市的劳务需求情况，了解劳务市场信息并及时在本县农村劳动力信息网上发布劳务需求信息，积极与用工单位洽谈，与用工信誉/待遇较好的企业建立相对稳定的劳务供需关系，保证或优先为这些单位输送合格的农村劳动力，逐步建立和完善城乡、区域沟通的市场信息网络系统，建设成为稳定的农村劳动力输出基地。

### 6.2.8.3　着力抓好职业技能培训，提升农村劳动力的适应能力和就业空间

1. 建设农村劳动力职业教育培训基地

地（市）级相关政府部门应建立农村劳动力职业教育培训基地，大力发展农村劳动力转移培训和科学素质教育，扎实做好农村劳动力培训工作，增强农村劳动力就业创业的能力。

2. 加大公共财政支出，加强劳动职业技能培训

扩大对农村劳动力职业培训的公共财政支出，把职业技能培训作为加强农民工服务管理的关键环节来抓，采取更为开放的政策和措施，利用农业中专学校、职业高中、职业学院力争低价甚至免费对农村劳动力进行职业技术培训，实现农村劳动力流出技能化，提升农村劳动力在劳动力市场的竞争力和适应力，降低农村劳动力流动就业的成本。

## 6.2.9　健全农民工服务管理的运行经费保障机制

### 6.2.9.1　完善农民工服务管理组织的经费保障机制

1. 完善农民工服务管理经费的财政保障机制

按照"政府主导、合理立项、以县为主、各负其责"的原则，完善农民工服务管理经费保障机制，确保农民工服务管理人员专项经费和必需的工作经费。农民工服务管理经费主要由地（市）级、县级两级财政分担并列入财政预算，并力争得到省级财政专项资金的支持。地（市）级财政负责保障地（市）级农民工服务管理工作所需的日常办公经费和系统开发维护经费，对县级财政实行定项或定额补助。财政经费实行专款专用，统一由县级会计核算中心管理。

2. 多方筹集农民工服务管理工作经费

其他各有关方面支出应本着"合法、合理""取之于民，用之于民""谁受益，谁出资"的原则，多方筹集保障经费，为开展各级农民工服务管理工作提供充足的经费保障，确保服务管理水平不断提高。

**6.2.9.2 调整地（市）级财政分配结构，加大农民工基本公共服务支持力度**

地（市）级人民政府在测算人均数时要按全部实有人口数来计算，按照与户籍人口同等投入标准，认真研究和确定农民工基本公共服务项目和支出，以医疗卫生和子女教育为重点，加大财政对农民工医疗卫生、社会保障、就业权益、子女教育、社会救助、保障住房等薄弱方面的投入，作为地（市）级财政安排农民工基本公共服务支出，以实现基本公共服务的全覆盖。

**6.2.9.3 探索省级财政转移支付制度，实施省级政府对地（市）级农民工基本公共服务的奖补机制**

为了让农民工在城镇稳定就业，获得享受基本公共服务的均等机会，可以探索省级财政向地（市）级人民政府转移支付的农民工均等化公共服务资金投入机制。这实质上也是对农民工流出地的支持，相对减少流出地对当地居民基本公共服务的投入，也减轻现居住地因农民工增加而增长的基本公共服务负担，体现流入地政府在农民工基本公共服务提供上所承担的责任，有利于构建农民工服务管理"全国一盘棋"的工作机制，也有利于引导地（市）级人民政府加大资金投入。同时，农民工净流入的省份应积极争取中央财政公共服务资金转移支付投入。

# 6.3 挖掘农村劳动力供给潜力的对策

由于人口结构的持续变化，中国未来劳动力供给减少已成为事实。劳动年龄人口规模在"十二五"时期达到峰值并缓慢下降，其占总人口的比重也呈负增长趋势。迅速的人口结构转变和劳动力老化趋势，将使中国在尚未充分享受人口红利的时候，就不得不面临日益趋紧的劳动供给约束，这也是新时代供给侧结构性改革面临的重要问题。近年来，中国劳动力市场出现的新形势、新变化，预示着未来劳动力市场制度安排和政策将面临新的调整，挖掘各类劳动力供给潜力将成为劳动力市场建设的主要任务。对于劳动力供给来说，劳动参与率、人力资本投资和劳动力市场建设是主要的三大供给源。然而，对农村劳动力来说，其本身的劳动参与率比较高，甚至不少老年人口也正在从事纯农业生产，中国山区农业尤其是山区传统农业的"老人农业"特征比较明显。因此，挖掘农村劳动力供给潜力的主要任务就在于：一是改善其劳动参与的产业结构，主要是大力发展现代农业，使农村劳动力从第一产业中转移出来；二是加大人力资本投资提高农村劳动力供给质量；三是加强城镇劳动力市场建设，吸纳更多的农村劳动力城镇非农就业。为此，本节主要从以上三个方面加强相应的服务管理，以挖掘农村劳动力潜在供给能力，增加现实供给。

## 6.3.1 构建现代农业发展体系，培育新型职业农民

切实加强农田水利基础设施建设，调整农业内部产业结构，践行绿色发展理念，转变农业发展方式，加快农业科技创新，培育新型职业农民，实现"农业产业化、产业特色化、产业生态化"的现代农业转型升级，使农业从业人员向职业农民转变，促使更多的农村劳动力从农业转移出来。

### 6.3.1.1 转变农业发展方式，调整农业产业结构

加快农业发展方式转变，改善农业生产经营条件，完善农业基础设施建设，加大涉农政策和资金投入，拓宽农业内部各产业投资渠道，合理调整优化现代农业产业布局，鼓励农地向合作社流转和集中，引导包括返乡农民工在内的农村劳动力向产业园区、新型城镇等区域流动，逐步减少农业就业人口，促进农村劳动力稳定非农就业，有效改善第一产业的就业拥挤现象。

### 6.3.1.2 积极推动农业产业化经营

积极发展农业专业合作社、家庭农场等新型农业经营主体，促进生

产要素合理流动，推动农业技术创新，积极发展优质农业和农产品加工业，培育新型市场经营主体和从事产业化经营的农民，发展多种经营，构建集约化、专业化、组织化、社会化的新型农业经营体系，提高现代农业的经营水平和市场经营主体的应变能力。

### 6.3.1.3    实施特色化的农业品牌战略

发挥农村植物资源优势，依靠农林科技力量，按照科学原则合理调整优化农业产业品种结构，以农村特色产业为核心，以加快农村基础设施建设为抓手，适时根据市场变化调整农产品品种、品质、结构，根据群众的主观愿望和客观实际，逐步改善种植结构，培育农村各具特色的产业体系，重点发展绿色农业，提高农业产业品质，打造农业产业品牌，通过农业产业结构的主动性调整保障粮食安全及主要农产品的有效供给。

### 6.3.1.4    大力发展现代生态农业

加快发展生态农业，以现代生态农业为主攻方向，发展壮大农业产业化龙头企业，加快农业产业结构调整升级，加大现代生态农业技术研发和推广的支持力度，促进生态循环农业健康发展，确保和做实农业基础地位。

## 6.3.2    加大人力资本投资，提高农村劳动力供给质量

东部地区产业转型主要发展高附加值产业，必然对从业人员素质提出了更高的要求，高素质人力资源成为经济发展的第一资源，对东部地区内生经济增长而言具有决定性意义。从人力资本形成的规律性和当前及未来中国劳动力市场形势的变化看，需要继续加大人力资本投资尤其是农村人力资本投资来提高劳动供给的质量。而且，人力资本投资的超前性，也意味着教育培训制度改革的紧迫性。

从提高农村劳动力供给质量的长远目标来看，农村教育仍应重视基础教育（包括普及高中后的基础教育），这是由第一产业——农业的基

础地位决定的。因此，完善农村基础教育体系，提高农村劳动力质量是人力资本投资的重要领域。

### 6.3.2.1 完善和创新农村基础教育制度

农村基础教育作为农村基本公共产品的范畴，是人力资本投资最基本的途径。因此，必须突出省级政府在农村基础教育投入中的责任和主体地位，实现义务教育经费投入的省级统筹，加大财政资金投入农村教育尤其是农村基础教育的比重，同时优先把农村高中教育纳入农村义务教育范畴，提高农村劳动力的文化素质。通过政策激励机制吸引高素质的师资力量向农村基础教育流动，完善农村基础教育师资队伍的进出机制。转变教育模式，在普及农村基础教育的同时，可在职高教育阶段增加职业技能训练课程，使农村受教育人口在完成中等教育后掌握一定的专业职业技能。

### 6.3.2.2 整合农村教育资源，创新农村培训制度

农村培训制度是农村劳动力继续教育的主要手段。因此，整合农村培训资源，完善农村培训制度，无疑为提升农村人力资本质量创造了一条现实又可行的渠道。一是构建农村培训资金的投入机制，主要由政府、企业（农地经营者）、社会组织和农户共同承担，探索建立以政府投入为引导、以企业投入为主体、社会中介组织和农户合理分摊的农村培训资金投入体系。二是改造和完善教育培训机构，加强培训基地建设。充分利用已有的农村职业学校、成人学校和农村各类校舍资源，建立农村职业培训基地，完善培训基地的软硬件条件，增加培训项目及内容，扩大培训规模和提高培训效率，使其成为农村劳动力提高技能、转移培训和文化传承的培训中心。三是加强职业培训基地的师资队伍建设。通过政府的政策优惠、鼓励和吸引社会力量介入和培训基地的自身积累，建立健全培训教师的薪酬激励机制，使农村职业培训机构拥有一批稳定的教师队伍。四是建立和完善农村职业培训基地、城市培训组织和用人单位的沟通联动机制。农村职业培训基地可以与城市培训组织在培训资源、培训内容上通过网络信息和远程教育形式实现沟通合作，实

现资源与信息共享，使农村培训基地的培训跟上区域就业形势的需要；同时，引导和鼓励农村培训基地与各地用人单位建立合作伙伴关系，通过签订培训订单或劳务输出协议，约定相互的责任和权益，实现农村劳动力资源与用人单位之间的无缝对接和良性互动。

### 6.3.2.3　建立教育培训资源的城乡均衡配置制度

教育资源的城乡均衡配置问题是教育发展面临的一大趋势，也是实现城乡教育一体化的必然要求。因此，需要健全相关制度逐步实现城乡教育培训资源的均衡配置。为此，首先，要科学合理布局农村教育资源。受"少子化"趋势的影响，部分农村地区校舍面临闲置，可通过国家教育投入发展农村寄宿制学校，重新调整农村中、小学校布局，以此带动农村校舍的标准化建设和农村教育资源的合理布局。其次，实行农村和城市义务教育的同等资金投入。这是一种按生均的平等投入，即在国家给予农村教育补贴政策之外，无论城乡生源，每所学校按生均同等投入教育经费；无论城乡教师均享受同等的福利待遇。最后，初步实现教育资源的城乡互动。通过以城带乡的长效机制实现城乡义务教育阶段学校的师资、设施、信息等教育教学资源共享与互动，促进教育公平。

### 6.3.3　加强劳动力市场制度建设，保持劳动力市场的竞争性和灵活性

劳动力市场制度必须在给予劳动者相对完善的社会保护的同时，最大限度地激发劳动者参与劳动力市场的积极性。中国劳动力市场制度建设的主要目标是要消除城乡、城市和区域二元化劳动力市场的分割，实现城乡劳动力市场一体化。如果不考虑制度性因素的制约，劳动力市场一体化就是劳动力在不同劳动力市场之间自由流动，最终使不同市场的同质劳动力获得同等工资的过程。中国城乡劳动力资源不均衡配置主要源于城乡劳动力市场制度的不平等和农村劳动力城乡转移的制度障碍，这就决定了中国城乡劳动力市场一体化建设。首先，要建立健全劳动力

市场制度，尽可能地缩小不同市场间的劳动力市场制度差异，这是一个劳动力资源配置制度的创新过程，即消除传统的劳动力资源配置制度，建立城乡平等劳动力市场制度；其次，消除劳动力在不同劳动力市场间流动的障碍，促进劳动力的自由流动，即消除农村劳动力城乡流动的制度障碍；最后，实现劳动力资源在各个劳动力市场间的统一配置，形成同质劳动力的统一工资率，这才是实现城乡劳动力资源统一配置的过程。

要实现中国劳动力市场制度的创新或真正使中国劳动力市场制度发挥制度创新的功用，本书研究认为，需要在如下方向有所作为，或者向这个方向发展。首先，二级劳动力市场的工资水平开始上升且二元劳动力市场的工资差异在逐步缩小，形成同类职业同类岗位同酬，即不同市场间的工资收入差距因为劳动力的流动而逐步缩小，最终形成单一工资率。其次，劳动力市场歧视开始消除，这主要体现在劳动力市场分割方面。除了消除制度性因素引致的劳动力市场分割之外，还要消除制度性因素之外的其他因素引致的劳动力市场分割和劳动力就业歧视。再次，消除劳动力自由流动的制度障碍，也就是推动劳动力自由流动的制度创新过程，包括户籍制度、土地制度、社会保障制度及教育培训制度方面的创新，还有就是这些制度创新之间的整体性和协调性。最后，城乡居民收入差距缩小，中国农村劳动力城乡转移的过程与城乡居民收入差距缩小的过程是分离的。

### 6.3.3.1 完善农村劳动力市场运行机制

从国家粮食安全、农业现代化和农村产业结构调整角度来说，农村劳动力市场在现代劳动力市场体系建设中的作用不仅不能削弱，更应该不断加强和建设。从长期来看，农村劳动力市场将纳入城市尤其是镇（乡）级劳动力市场体系建设的范畴。因此，农村劳动力市场制度建设可以所在乡镇为中心加强农村劳动力市场建设，完善其运行机制，积极推动农民的灵活就业，为未转移的农民提供非农就业的信息和机会；同时，制定科学可行的农村经济发展规划与政策，发挥制度的经济价值，

*223*

为返乡农民工创造相应的制度条件和经济条件，提高农村产业的就业吸纳能力，促进农民增收、农业发展和农村经济发展。

### 6.3.3.2　完善城市劳动力市场运行机制

完善城市劳动力市场主要着眼于消除城市二元劳动力市场分割形成的制度安排，重构劳动力公平竞争与合理流动的新型用工制度，构建和谐的劳动关系。从这一角度来说，健全劳动力自由就业体系、劳动力市场服务体系和劳动力市场监督调控体系是劳动用工制度创新的主要内容。

健全劳动力自由就业体系是指建立不分区域、城乡和所有制的就业体系，赋予劳动力同等的就业权利，保证劳动力的自由流动和平等竞争。健全劳动力市场服务体系主要是要做好劳动力市场供求信息流通体系和职业中介机构就业服务机制建设，整合公共就业服务资源，逐步向基本公共服务均等化目标迈进。健全劳动力市场监督调控体系包括规范和完善劳动力市场的用工管理制度、规范企业的用工行为、保护劳动者合法劳动权益、加大企业劳动保障的监察力度等内容，使城市劳动力市场监督调控体系日趋完善。这三项市场体系建设可视为城市劳动力市场运行机制建设的主要内容，通过城市劳动力市场制度来为实现劳动力市场的城乡一体化提供相应的劳动力市场标准，从而最终实现劳动力资源的自由平等流动。

# 附　　录

## 农村劳动力转移就业问题调查问卷

问卷编号：

您好，我们正在研究农村劳动力就业行为的相关问题，希望您能抽出宝贵时间帮我们填写这份问卷，问卷信息仅用于学术研究，您的个人信息及答案将会匿名处理，希望能够得到您的支持和配合，谢谢！

联系邮箱：shenpeng76@163. com.

"农村劳动力转移就业问题研究"调研组
2013 年 6 月

被访者姓名：_____　联系电话：_____

家庭住址：_____省_____县（市）_____乡（镇）_____村

访问员姓名：_____访问员联系电话：_____

访问时间：2013 年____月____日　开始时间：_____

### 一、基本信息

1. 您出生于_____年。

2. 您的性别：男（　　　）；女（　　　）。

3. 您的教育程度（　　　）。

A. 文盲/半文盲　　　　　　　B. 小学

C. 初中　　　　　　　　　　D. 高中/中专/职业高中

E. 大专及以上

4. 您的婚姻状况（　　　）。

A. 未婚　　　　B. 已婚　　　　C. 离婚或丧偶　　D. 其他

5. 家庭人口数＿＿＿＿＿人，其中16岁以下有＿＿＿＿＿人，在校读书有＿＿＿＿＿人，65岁以上有＿＿＿＿＿人，在外打工人数有＿＿＿＿＿人。

6. 您家的经济状况是（　　　）。

A. 低保户　　　B. 中等收入　　　C. 较富裕　　　D. 其他

7. 家庭住房面积＿＿＿＿＿m²，房屋结构属于（　　　）。

A. 砖混　　　　B. 砖木　　　　C. 钢混　　　　D. 其他

## 二、区域转移与就业情况

1. 您是否有外出务工的经历（　　　）。

A. 没有　　　　B. 有

2. 您外出务工的原因是（　　　）（可选三项）。

A. 外出务工收入更高　　　　B. 家庭人多地少，没事干

C. 到外面见见世面　　　　　D. 外出学经验、技术

E. 向往城镇生活　　　　　　F. 要外出赚钱养家、盖房

G. 其他

3. 您外出务工的地点主要在（　　　）。

A. 本地乡镇

B. 本地县城

C. 本省大中城市或直辖市辖区

D. 本省省会城市

E. 省外（（a）广东福建一带；（b）江浙上海一带；（c）京津唐一带；（d）其他区域。直接打"√"）

F. 其他

4. 您外出务工至今大约有＿＿＿＿＿年。

5. 您外出务工通常选择的交通工具主要是 (　　　)。

A. 短、长途汽车　　　　　　　B. 火车

C. 飞机　　　　　　　　　　　D. 轮船

E. 其他

6. 您外出务工比较倾向于选择的务工方式是 (　　　)。

A. 打零工　　　B. 专职打工　　　C. 兼职打工　　　D. 其他

7. 您平均每次寻找到工作需花费的时间是 (　　　)。

A. 1 个月以下　　　　　　　　B. 1~3 个月

C. 3~6 个月　　　　　　　　　D. 6 个月以上

8. 您找工作的途经主要是通过 (　　　)。

A. 亲友介绍　　　　　　　　　B. 广告

C. 招聘会　　　　　　　　　　D. 中介机构

E. 网络、电视、报纸等媒体　　F. 政府组织

G. 其他

9. 您务工先后从事过的行业有 (　　　) (可选三项)。

A. 建筑业　　　B. 制造业　　　C. 运输业　　　D. 餐饮服务业

E. 采掘业　　　F. 家政服务业　　G. 个体商业　　H. 其他

10. 您从事这些行业的主要原因是 (　　　) (可选三项)。

A. 工资高　　　　　　　　　　B. 懂这方面知识

C. 文化水平、技术要求低　　　D. 工作很轻松

E. 有利自身知识能力结构发展　F. 有益身心健康

G. 培训、学习机会多　　　　　H. 其他

11. 您最近一份工作的月薪水平为 (　　　)。

A. 2000 元以下　　　　　　　　B. 2000~2500 元

C. 2500~3000 元　　　　　　　 D. 3000~3500 元

E. 3500 元以上

12. 您对当前的工资水平是否满意 (　　　)。

A. 非常满意　　　　　　　　　B. 较满意

C. 一般                    D. 不满意

E. 相当不满意

13. 您是否能按时领到工资（     ）。

A. 能按时拿到               B. 基本按时拿到

C. 通过自己催讨            D. 通过朋友帮忙拿到

E. 有过根本拿不到的经历     F. 在政府帮助下才能拿到

G. 其他

14. 您在遇到拖欠工资、人身伤害时会如何处理（     ）。

A. 自己直接向单位维权       B. 联合工友共同维权

C. 找朋友帮忙               D. 找政府部门解决

E. 运用法律手段解决         F. 自认倒霉

G. 其他

15. 您平均每年外出务工的时间是（     ）。

A. 3 个月以下              B. 3 ~ 6 个月

C. 7 ~ 9 个月              D. 10 ~ 12 月

E. 不确定

16. 您每月向家里寄钱的金额大概是（     ）。

A. 1000 元以下            B. 1000 ~ 2000 元

C. 2000 ~ 3000 元         D. 3000 ~ 4000 元

E. 4000 元以上

17. 您每月寄钱回家的主要用途是（     ）（最多选三项）。

A. 建房      B. 婚嫁      C. 子女教育      D. 家人医疗

E. 还债      F. 其他

18. 您在业余时间喜爱的活动是（     ）。

A. 文娱体育               B. 自学专业

C. 业余学习班学习         D. 游玩聊天

E. 朋友互访                F. 其他

19. 您在外务工每月消费大约_____元，其中，日常消费支出

_____元，房租花费_____元，医疗保健花费_____元，技术培训花费_____元，其他_____元。

20. 您是否了解《劳动合同法》（    ）。

A. 了解        B. 了解一些    C. 完全不了解

21. 您与用工企业签订的劳动合同形式（    ）。

A. 有书面劳动合同        B. 口头协议

C. 没有任何实行的合同

22. 您在外务工过程中最担心的问题是（    ）（可选三项）。

A. 不能及时找到工作        B. 不能按时领到工资

C. 自身安全、健康问题        D. 对在家父母子女不放心

E. 家中土地无人耕种        F. 其他

23. 您在农村老家时参加过的社会保障有（    ）。

A. 新型农村养老保险        B. 新型农村合作医疗保险

C. 集体福利保障        D. 其他保险

E. 没有

24. 您就业的工作单位通常为您（    ）（可多选）。

A. 缴纳了养老保险        B. 缴纳了失业保险

C. 缴纳了医疗保险        D. 缴纳了生育保险

E. 缴纳了工伤保险        F. 缴纳了公积金

G. 都没有

25. 您认为现在外出就业最需要的保险有（    ）（限选三项）。

A. 养老保险        B. 医疗保险

C. 交通工具保险        D. 家庭财产保险

E. 人身意外伤害保险        F. 失业保险

G. 其他

26. 您在外务工过程中是否受到歧视（    ）。

A. 没有受歧视的经历        B. 找工作时曾受到歧视

C. 与朋友交往中曾受到歧视    D. 在工作过程中曾受到歧视

E. 在消费时曾受到歧视　　　F. 其他

27. 您对在外务工有何打算（　　）。

A. 等年纪大了就回乡　　　　B. 等家乡条件改善后回乡

C. 想留在城镇生活　　　　　D. 不固定，有活干就外出务工

E. 其他

28. 您认为如果在城市工作生活面临的最大困难是（　　）。

A. 房价太高，租金贵　　　　B. 城市的消费水平太高，接受不了

C. 工作不稳定　　　　　　　D. 家里的农田无法转手

E. 舍不下老家的亲人　　　　F. 其他

29. 为了进城务工就业，您希望老家所在的当地政府能为您做些什么？（　　）（可多选）。

A. 多培训，加强就业指导

B. 多提供就业信息

C. 多统一组织外出就业

D. 不用它们做什么，外出务工靠自己

E. 其他：_____（根据自己的认为填写）

30. 您进城打工最希望务工地政府给予哪些帮助（　　）？（可多选）。

A. 保障劳动权益　　　　　　B. 提供就业机会和就业信息

C. 完善医疗保障政策　　　　D. 提供就业培训

E. 提高社会地位　　　　　　F. 帮助子女当地入学

G. 降低落户门槛，完善户籍制度　H. 其他

31. 随着产业转移升级和区域经济发展，假如让您自由选择就业地点，您乐意选择的就业地点是（　　）。

A. 家庭所在乡镇　　　　　　B. 县内其他乡镇和县城

C. 本省（市）内工矿园区　　D. 本省（市）县级市

E. 本省（市）地级市　　　　F. 本省省会城市

G. 本地直辖市城区

H. 省外地区（若选择该选项，请回答32题）

32. 如果您选择在省外地区就业，最可能的选择地点是（　　　）。

A. 东部地区工矿园区　　　　　　B. 东部地区中小城市

C. 东部地区大城市　　　　　　　D. 东部地区省会城市和直辖市

E. 中部地区工矿园区　　　　　　F. 中部地区中小城市

G. 中部地区大城市　　　　　　　H. 东部地区省会城市

I. 其他（请注明＿＿＿＿＿＿＿＿）

### 三、个人及家庭条件

（A）

1. 您家承包土地面积大约有＿＿＿＿＿亩，其中稻田＿＿＿＿＿亩，土地＿＿＿＿＿亩，林地＿＿＿＿＿亩。

2. 您家承包土地所在的地理环境属于（　　　）。

A. 山区　　　　B. 丘陵　　　　C. 平原　　　　D. 高原

E. 草原

3. 您家的土地耕作方式主要是（　　　）。

A. 完全的铁犁牛耕　　　　　　　B. 半机械化

C. 完全机械化

4. 外出打工时家里土地（　　　）。

A. 继续耕种　　　　　　　　　　B. 给父母或其他亲属耕种

C. 出租　　　　　　　　　　　　D. 丢荒

E. 其他

5. 您家有没有土地流转的意愿（　　　）。

A. 愿意承包　　　　　　　　　　B. 愿意转出

C. 维持现状

6. 您所在村集体对外出务工时出租土地的态度是（　　　）。

A. 不允许　　　　　　　　　　　B. 需经村集体同意

C. 不干涉

7. 您家劳动力外出影响土地耕种时，村集体将怎样做（　　　）。

A. 收回离开人的土地　　　　　　B. 强迫继续耕种

C. 没有规定

（B）

1. 您在务工之前参与过培训没有？（　　）。

A. 参加过（继续回答）　　　　B. 没有参加过（跳至第3题）

2. 您参加哪种培训？（　　）。

A. 当地政府组织　　　　　　　B. 当地社会机构培训

C. 职高培训　　　　　　　　　D. 跟师傅学手艺

E. 其他，请注明＿＿＿＿＿＿＿＿

3. 您外出就业后参加过哪种形式的培训？（　　）（可多选）。

A. 劳动部门提供　　　　　　　B. 工作地政府部门组织的

C. 个人自费学习　　　　　　　D. 在工厂边干边学

E. 没有培训过　　　　　　　　F. 其他

4. 您对参加就业培训有什么看法？（　　）。

A. 愿意继续接受培训　　　　　B. 花费太高

C. 花费时间太多　　　　　　　D. 对找工作没有太大帮助

E. 培训效果不好　　　　　　　F. 没有必要

5. 您认为参加培训后给您带来了哪些好处？（　　）。

A. 找工作时间快　　　　　　　B. 工资更高

C. 没有改变　　　　　　　　　D. 其他

6. 您最希望获得哪些方面的培训？（　　）。

A. 岗位技能培训　　　　　　　B. 特殊工种技能培训

C. 人际交往技能　　　　　　　D. 计算机技能培训

E. 基本文化素养教育　　　　　F. 一般管理知识

G. 普法知识教育　　　　　　　H. 其他，请注明

（C）

1. 您的亲友大多从事的工作是（　　）。

A. 公务员　　　　　　　　　　B. 企事业单位人员

C. 工人　　　　　　　　　　　D. 农民

E. 农民工            F. 商人

2. 您对亲友的信任程度如何（      ）。

A. 非常信任            B. 比较信任

C. 一般                D. 看具体情况

E. 不信任

3. 您是否经常与亲朋分享外出务工信息（      ）。

A. 经常         B. 偶尔         C. 从不分享

4. 您家在农忙时是否经常与亲友相互帮忙干活（      ）。

A. 经常          B. 偶尔         C. 从不换工

5. 您所在村到最近的乡镇约_____公里，到最近的县城约_____公里。

6. 您所在村距离火车客运站约_____公里，您村距离高速公路入口站约_____公里。

再次感谢您的支持与合作！

# 参 考 文 献

**一、中文参考文献**

[1] 蔡昉. 以农民工市民化推进城镇化 [J]. 经济研究, 2013 (3): 6-8.

[2] 蔡昉. 中国人口与可持续发展 [M]. 北京: 科学出版社, 2007.

[3] 蔡昉, 等. 中国人口与劳动问题报告 No.7: 人口转变的社会经济后果 [M]. 北京: 社会科学文献出版社, 2006.

[4] 蔡昉. 中国人口与劳动问题报告 No.8: 刘易斯转折点及其政策挑战 [M]. 北京: 社会科学文献出版社, 2007.

[5] 蔡昉, 等. 劳动力流动的政治经济学 [M]. 上海: 上海三联书店, 上海人民出版社, 2003.

[6] 陈会广, 刘忠原. 土地承包权益对农村劳动力转移的影响——托达罗模型的修正与实证检验 [J]. 中国农村经济, 2013 (11): 12-23.

[7] 陈卫. 中国未来人口发展趋势: 2005~2050 年 [J]. 人口研究, 2006 (4): 93-95.

[8] 陈藻, 杨风. 乡—城迁移人口城市聚居形态与"半城市化"问题——以成都市为例 [J]. 农村经济, 2014 (12): 90-94.

[9] 陈中伟, 陈浩. 农村劳动力转移与土地流转统筹发展分析 [J]. 中国人口科学, 2013 (3): 46-53, 127.

[10] 程名望, 张帅, 潘烜. 农村劳动力转移影响粮食产量了吗?——基于中国主产区面板数据的实证分析 [J]. 经济与管理研究,

2013（10）：79-85.

[11] 董环宇. 从人口年龄结构变动分析我国未来劳动力供给的变化 [D]. 吉林大学, 2009.

[12] 杜建军, 孙君. 农村劳动力转移与劳动力价格动态趋同研究 [J]. 中国人口科学, 2013（4）：64-72, 127.

[13] 杜鑫. 劳动力参与行为的影响因素分析——以北京为例 [J]. 经济理论与政策研究, 2009：99-111.

[14] 关海玲, 丁晶珂, 赵静. 产业结构转型对农村劳动力转移吸纳效率的实证分析 [J]. 经济问题, 2015（2）：81-85.

[15] 郭瑜. 人口老龄化对中国劳动力供给的影响 [J]. 经济理论与经济管理, 2013（11）：49-58.

[16] 郭志刚. 六普结果表明以往人口估计和预测严重失误 [J]. 中国人口科学, 2011（6）：2-13, 111.

[17] 国务院研究室课题组. 中国农民工调研报告 [M]. 北京：中国言实出版社, 2006.

[18] 国家人口与计划生育委员会流动人口服务管理司. 中国流动人口发展报告2012~2016 [M]. 北京：中国人口出版社, 2012.

[19] 辜胜阻, 李睿, 曹誉波. 中国农民工市民化的二维路径选择——以户籍改革为视角 [J]. 中国人口科学, 2014（5）：2-10, 126.

[20] 郝永红, 王学萌. 灰色动态模型及其在人口预测中的应用 [J]. 数学的实践与认识, 2002（5）：813-820.

[21] 胡军辉. 相对剥夺感对农民工市民化意愿的影响 [J]. 农业经济问题, 2015（11）：32-41, 110-111.

[22] 纪月清, 熊晶白, 刘华. 土地细碎化与农村劳动力转移研究 [J]. 中国人口·资源与环境, 2016（8）：105-115.

[23] 贾曼丽. 老龄化背景下我国劳动力供给的影响因素与未来趋势研究 [D]. 首都经济贸易大学, 2016.

[24] 姜保雨. 农村劳动力转移与现代农业建设协调发展 [J]. 社

会科学家，2013（5）：50-53.

[25] 姜卫平. 中国人口发展趋势 [J]. 人口与计划生育，2010
（8）：9-10.

[26] 金玉秋. 2008～2020年我国劳动力供给与需求预测 [J]. 统
计与决策，2009（12）：76-78.

[27] 冷向明，赵德兴. 中国农民工市民化的阶段特性与政策转型
研究 [J]. 政治学研究，2013（1）：17-25.

[28] 李强，张震，吴瑞君. 概率预测方法在小区域人口预测中的
应用——以上海市青浦区为例 [J]. 中国人口科学，2015（1）：79-88，
127-128.

[29] 李新运，徐瑶玉，吴学锰."单独二孩"政策对我国人口自然
变动的影响预测 [J]. 经济与管理评论，2014（5）：47-53.

[30] 李迅雷，周洪荣，朱蕾. 中国农村劳动力转移效应及潜力测
算 [J]. 财经研究，2014（6）：121-131.

[31] 李永胜. 人口统计学 [M]. 四川：西南财经大学出版社，2004.

[32] 黎智辉，黄瑛."半城市化"与"市民化"——新型城镇化背
景下的城市正式移民问题研究 [J]. 规划师，2013（4）：32-36.

[33] 刘怀廉. 农村剩余劳动力转移新论 [M]. 北京：中国经济出
版社，2004.

[34] 刘家强. 我国人口老龄化与经济新常态的传导机制 [J]. 探
索与争鸣，2015（12）：15-18.

[35] 刘莉君. 城乡收入差距、农村劳动力转移就业与消费 [J].
湖南科技大学学报（社会科学版），2016（1）：104-108.

[36] 刘新争. 比较优势、劳动力流动与产业转移 [J]. 经济学家，
2012（2）：45-50.

[37] 卢元，朱国宏. 老龄化过程中上海市劳动力供给变动趋势及
其社会经济影响 [J]. 市场与人口分析，2001（3）：37-44.

[38] 罗明忠，刘恺. 农村劳动力转移就业能力对农地流转影响的

实证分析 [J]. 广东财经大学学报, 2015 (2): 73-84.

[39] 罗明忠, 陶志. 农村劳动力转移就业能力对其就业质量影响实证分析 [J]. 农村经济, 2015 (8): 114-119.

[40] 吕程. 2010~2050 年中国劳动力供求趋势研究 [D]. 南开大学, 2012.

[41] 马忠东, 吕智浩, 叶孔嘉. 劳动参与率与劳动力增长: 1982~2050 年 [J]. 中国人口科学, 2010 (1): 11-27.

[42] 孟令国, 余水燕. 土地流转与农村劳动力转移: 基于人口红利的视角 [J]. 广东财经大学学报, 2014 (2): 61-66.

[43] 宁夏. 农村劳动力转移的实质与动因 [J]. 江西社会科学, 2014 (2): 201-206.

[44] 齐明珠. 我国 2010~2050 年劳动力供给与需求预测 [J]. 人口研究, 2010 (5): 76-87.

[45] 齐明珠. 中国农村劳动力转移对经济增长贡献的量化研究 [J]. 中国人口·资源与环境, 2014 (4): 127-135.

[46] 秦晓娟, 孔祥利. 农村劳动力转移的选择性、城乡收入差距与新型农业经营主体 [J]. 华中农业大学学报 (社会科学版), 2015 (2): 73-78.

[47] 申鹏. 农村劳动力转移的制度创新 [M]. 北京: 社会科学文献出版社, 2012.

[48] 申鹏. 基于禀赋的新生代农民工就业行为研究 [M]. 北京: 中国社会科学出版社, 2016.

[49] 申鹏, 凌玲. 代际禀赋视角下的农民工消费行为研究——以贵州省贵阳市为例 [J]. 农村经济, 2014 (2): 35-40.

[50] 申鹏, 陈藻. 产业转型视角的农村劳动力区域流动研究 [J]. 农村经济, 2015 (5): 108-112.

[51] 唐瑾. 职业教育对农村劳动力转移的影响及对策研究——基于"后危机时期"背景的思考 [J]. 湖南社会科学, 2014 (1): 214-

217.

　　[52] 童玉芬. 人口老龄化过程中我国劳动力供给变化特点及面临的挑战 [J]. 人口研究, 2014 (2): 52-60.

　　[53] 王爱华. 农民工市民化进程中的非制度障碍与制度性矫治 [J]. 江西社会科学, 2013 (1): 182-185.

　　[54] 王桂新. 城市化基本理论与中国城市化的问题及对策 [J]. 人口研究, 2013 (6): 43-51.

　　[55] 王桂新. 我国城市化发展的几点思考 [J]. 人口研究, 2012 (2): 37-44.

　　[56] 王桂新, 陈冠春. 中国人口变动与经济增长 [J]. 人口学刊, 2010 (3): 3-9.

　　[57] 王桂新, 陈冠春, 魏星. 城市农民工市民化意愿影响因素考察——以上海市为例 [J]. 人口与发展, 2010 (2): 2-11.

　　[58] 王桂新, 黄祖宇. 中国城市人口增长来源构成及其对城市化的贡献: 1991~2010 [J]. 中国人口科学, 2014 (2): 2-16, 126.

　　[59] 王桂新, 胡健. 城市农民工社会保障与市民化意愿 [J]. 人口学刊, 2015 (6): 45-55.

　　[60] 王桂新, 陆燕秋. 长三角都市群地区城市化发展动向考察 [J]. 人口与经济, 2014 (1): 8-14.

　　[61] 王桂新, 潘泽瀚, 陆燕秋. 中国省际人口迁移区域模式变化及其影响因素——基于 2000 年和 2010 年人口普查资料的分析 [J]. 中国人口科学, 2012 (5): 2-13, 111.

　　[62] 王桂新, 潘泽瀚. 我国流动人口的空间分布及其影响因素——基于第六次人口普查资料的分析 [J]. 现代城市研究, 2013 (3): 4-11, 32.

　　[63] 王桂新, 苏晓馨, 文鸣. 城市外来人口居住条件对其健康影响之考察——以上海为例 [J]. 人口研究, 2011 (2): 60-72.

　　[64] 王桂新, 魏星, 沈建法. 中国省际人口迁移对区域经济发展

作用关系之研究［J］.复旦学报（社会科学版），2005（3）：148－161.

［65］王桂新，武俊奎.城市农民工与本地居民社会距离影响因素分析——以上海为例［J］.社会学研究，2011（2）：28－47，243.

［66］王桂新，徐丽.中国改革开放以来省际人口迁移重心演化考探［J］.中国人口科学，2010（3）：23－34，111.

［67］王海娟.农民工"半城市化"问题再探讨——以×县进城购房农民工群体为例［J］.现代经济探讨，2016（5）：68－73.

［68］王金营，戈艳霞.2010年人口普查数据质量评估以及对以往人口变动分析校正［J］.人口研究，2013（1）：22－33.

［69］王金营，蔺丽莉.中国人口劳动参与率与未来劳动力供给分析［J］.人口学刊，2006（4）：19－24.

［70］王美艳.城市劳动力市场上的就业机会与工资差异——外来劳动力就业与报酬研究［J］.中国社会科学，2005（5）：36－46，205.

［71］王钦池.出生人口性别比周期性波动研究——兼论中国出生人口性别比的变化趋势［J］.人口学刊，2012（3）：3－11.

［72］王立军，马文秀.人口老龄化与中国劳动力供给变迁［J］.中国人口科学，2012（6）：23－33，111.

［73］许庆，章元，邬璟璟.中国保证粮食安全前提下的农村劳动力转移边界［J］.复旦学报（社会科学版），2013（6）：139－148，171.

［74］许晓红.农村劳动力转移就业质量影响因素的研究［J］.福建论坛（人文社会科学版），2014（12）：30－37.

［75］杨道兵，陆杰华.我国劳动力老化及其对社会经济发展影响的分析［J］.人口学刊，2006（1）：7－12.

［76］杨凡，赵梦晗.2000年以来中国人口生育水平的估计［J］.人口研究，2013（2）：54－65.

［77］杨昕.二元户籍制度下农村劳动力转移对劳动收入占比变动的影响［J］.人口研究，2015（5）：100－112.

[78] 杨雪，侯力. 我国人口老龄化对经济社会的宏观和微观影响研究 [J]. 人口学刊，2011 (4)：46-53.

[79] 姚引妹，李芬，尹文耀. 单独两孩政策实施中堆积夫妇及其生育释放分析 [J]. 人口研究，2014 (4)：3-18.

[80] 曾湘泉，陈力闻，杨玉梅. 城镇化、产业结构与农村劳动力转移吸纳效率 [J]. 中国人民大学学报，2013 (4)：36-46.

[81] 曾旭晖，郑莉. 教育如何影响农村劳动力转移——基于年龄与世代效应的分析 [J]. 人口与经济，2016 (5)：35-46.

[82] 翟振武，张现苓，靳永爱. 立即全面放开二胎政策的人口学后果分析 [J]. 人口研究，2014 (2)：3-17.

[83] 张车伟，蔡翼飞. 中国劳动供求态势变化、问题与对策 [J]. 人口与经济，2012 (4)：1-12.

[84] 赵春雨，苏勤，盛楠. 农村劳动力转移就业的时空路径——以安徽省4个样本村为例 [J]. 地理研究，2014 (8)：1503-1514.

[85] 郑真真，廖少宏. 人口变动对劳动力供给的影响 [J]. 中国劳动经济学，2007 (1)：97-108.

二、英文参考文献

[1] Alders M., Keilman N., Cruijsen H. Assumptions for long-term stochastic population forecasts in 18th European countries [J]. *European Journal of Population*, 2007, 23 (1)：33-69.

[2] Atkinson A. B., Stiglitz J. E. The design of tax structure: direct versus indirect taxation [J]. *Journal of public Economics*, 1976, 6 (1)：55-75.

[3] D. Bloom, D. Canning. P. N. Malaney, Population Dynamics and Economic Growth in Asia [J]. *Population and Development Review*, 2000 (26).

[4] Eckstein Z., Lifshitz, O. Household Interaction and the Labor Supply of Married Women [J]. *International Economic Review*, 2015, 56 (2)：

427 – 455.

[5] E. G. Ravenstein. "The Laws of Migration" [J]. *Journal of the Royal Statistical Society*, 1889 (52): 241 – 301.

[6] Francine D. Blau, Lawrence M. Kahn. Changes in the Labor Supply Behavior of Married Women: 1980 – 2000 [J]. *Journal of Labor Economics*, 2006, 25 (3): 393 – 438.

[7] Futagami K. , Nakajima T. Population aging and economic growth [J]. *Journal of Macroeconomics*, 2001, 23 (1): 31 – 44.

[8] Keane M. P. Labor Supply and Taxes: A Survey [J]. *Journal of Economic Literature*, 2011, 49 (4): 961 – 1075 (115).

[9] Keilman N. Demography. Uncertain population forecasts [J]. *Nature*, 2001, 412: 490 – 1.

[10] Lindskog M. Labour market forecasts and their use: practices in the Scandinavian countries [J]. *Discussion Papers Research Unit Labor Market Policy & Employment*, 2004.

[11] Meyer B. D. , Dan T. R. Welfare, the Earned Income Tax Credit, and the Labor Supply of Single Mothers [J]. *Quarterly Journal of Economics*, 2001, 116 (3): 1063 – 1114.

[12] O. Stark and J. E. Taylor, "Migration Incentives, Migration Types: The Role of Relative Deprivation" [J]. *The Economic Journal*, 1991 (101): 1163 – 1178.

[13] Pei A. , Zhang L. , Jiang B. , et al. Optimal education in an age-structured model under changing labor demand and supply [J]. *Macroeconomic Dynamics*, 2012, 16 (2): 159 – 183.

[14] Shechtman S. Marriage and the economy: Theory and evidence from advanced industrial societies [M]. Cambridge University Press, 2003.

[15] Shrestha L. B. Population aging in developing countries [J]. *Health Affairs*, 2000, 19 (3): 157.

[16] Piore, M. J. The Dual Labor Market: Theory and Application [J]. 1970.

[17] Todaro, Michael P. "A Model of Labor Migration and Urban Un-employment in Less Developed Countries" [J]. *American Economic Review*, 1969 (59): 138 - 148.

[18] Vere J. P. Social Security and elderly labor supply: Evidence from the Health and Retirement Study [J]. *Labour Economics*, 2011, 18 (5): 676 - 686.

[19] Wang W., Tran T. Labor Demand and Supply in Vietnam: The Medium to Long - Term Forecasts [J]. *Research In World Economy*, 2014, 5 (2): 99 - 114.

# 后　　记

　　农村劳动力转移问题是改革开放 40 年来"三农"问题研究的热点话题。不同学科从不同的视野对此问题进行了深入全面的研究，并取得了丰硕的研究成果。2008 年以来，我们一直以农村劳动力转移作为主要研究领域，获得了一些项目立项，并取得了一定的科研成果。

　　近年来，我们完成了农业部软科学项目"产业转型对农村劳动力流动格局影响研究"（2013.8）、贵州省哲学社会科学规划招标课题"新形势下贵州返乡农民工稳定就近就业研究"（2014.3）、霍英东教育基金会基础性研究课题"新生代农民工就业行为研究"（2016.5）、全国统计科学研究项目《贫困地区人口动态变化对易地扶贫搬迁的影响机制与应对策略》（2017.12），并在《人口学刊》《农村经济》《经济问题探索》《贵州社会科学》《调研世界》《广东农业科学》等期刊上发表相关论文近 10 篇，积淀了一定的前期研究成果。本书研究是在上述研究成果基础上，结合农村劳动力转移研究的最新研究成果修改完成。

　　值本书即将付梓之际，感谢贵州大学哲学社会科学研究院、贵州大学管理学院等在我们研究期间提供的研究便利和工作支持；也要感谢我们团队的每一个人，大家在学期间精诚团结、相互合作，不断地取得进步；更要感谢贵州大学管理学院学术创新团队给予的出版经费资助。真诚感谢经济科学出版社李雪女士在本书出版过程中付出的大量心血和辛勤劳动，在此一并谢枕。

　　农村劳动力转移问题是一个多学科研究的话题，也是一个理论界和实践部门值得深思的问题。在此，感谢那些曾对本书作出启发和贡献的国内外学者及其优秀文献。

雄关漫道真如铁，而今迈步从头越。我们已迈向新时代，踏实走好新时代的每一步，抱着感恩的心面对生活工作，时刻惦念那些曾经为我们付出过的人们，用实际行动去感谢每一位帮助过我们的人。

不忘初心，继续前进。且行且珍惜！

**笔　者**

2018 年 3 月于贵阳